Life Is Our Life's Work

Pfizer Austria widmet diesen Ausstellungskatalog

im Interesse der Wiederherstellung einer gesunden Entwicklung von Kindern in sozialer Not

Das Heilpädagogische Zentrum Hinterbrühl hat mit bewundernswerter Energie und aufopferndem Einsatz ein Projekt verwirklicht, das die Öffentlichkeit auf die Botschaften verletzter Kinderseelen aufmerksam machen soll. Weil das Team des Heilpädagogischen Zentrums Hinterbrühl für diese besondere zusätzliche Leistung im Dienste der Erhaltung/Wiedererlangung des psychischen Wohlbefindens mißverstandener, verachteter, alleingelassener und oft auch mißbrauchter Kinder nur eine unzureichende Deckung in der bestehenden Gesundheitsstruktur findet, dotiert Pfizer Austria einen finanziellen Sponsorbeitrag.
Pfizer ist ein global tätiges Unternehmen, das im Gesundheitsbereich intensive Forschungsarbeit betreibt und innovative Produkte in den Sparten Humanarzneimittel und Tiermedizin entwickelt, herstellt und vertreibt.
Das Bewußtsein gesellschaftlicher Verantwortung hat schon immer als wesentlicher Bestandteil des Unternehmensleitbildes das Engagement von Pfizer im Dienste der Gesundheit bestimmt.
Mit der Unterstützung der Bemühungen des Teams des Heilpädagogischen Zentrums Hinterbrühl wünscht Pfizer dem Kinderhilfsprojekt den besten Erfolg.

Dkfm. Erich Zojer
Geschäftsführer Pfizer Austria Ges.m.b.H. Wien

BILDER WUNDER KINDER

BILDER WUNDER KINDER

BOTSCHAFTEN
VERLETZTER SEELEN

Herausgegeben von
Rotraut Erhard und Ernst Tatzer

KRAMMER

Impressum

Medieninhaber und Herausgeber:

Rotraut Erhard, Ernst Tatzer
NÖ Heilpädagogisches Zentrum Hinterbrühl
Urlaubskreuzstraße 15
A-2371 Hinterbrühl

Katalog- und Ausstellungsgestaltung

Atelier Kräftner, Wien

Druck

Grasl Druck & Neue Medien, Bad Vöslau

Kurztitel

BILDER WUNDER KINDER. Botschaften verletzter Seelen.
Hrsg.: R. Erhard, E. Tatzer. Wien: Krammer, 1999

ISBN: 3-901 811-03-6

Eine Ausstellung des NÖ Heilpädagogischen Zentrums Hinterbrühl
Looshaus, 17. 11. – 11. 12. 1999

Ehrenschutz:

Elisabeth Gehrer, Bundesministerin für Unterricht und Kulturelle Angelegenheiten

Eleonore Hostasch, Bundesministerin für Arbeit, Gesundheit und Soziales

Dr. Martin Bartenstein, Bundesminister für Umwelt, Jugend und Familie

Dr. Erwin Pröll, Landeshauptmann von Niederösterreich

Dr. Michael Häupl, Bürgermeister der Stadt Wien

Dkfm. Peter Püspök, Generaldirektor der Raiffeisenlandesbank Niederösterreich Wien

Wir danken:

Raiffeisenlandesbank Niederösterreich Wien für die Beheimatung der Ausstellung und des Rahmenprogramms im Looshaus, die Ausstellungsplakate und den Eröffnungsabend

Pfizer Corporation Austria für die großzügige finanzielle Unterstützung

Heidelberg Austria für den Druck der Poster, Kalender und Kunstkarten für den Museumshop sowie des Werbefalters

Europapapier für das Papier für Kalender, Poster, Kunstkarten und Werbefalter

Höheren Technischen Bundeslehr- und Versuchsanstalt Mödling für die Anfertigung der Rahmen und Ausstellungsaufbauten

Land Niederösterreich für seine Subvention

Gemeinde Wien für ihre Subvention

Bundesministerium für Umwelt, Jugend und Familie für seine Subvention

Bundesministerium für Unterricht und kulturelle Angelegenheiten für den Beitrag zu den Druckkosten des Katalogs

Lundbeck Arzneimittel für den Beitrag zu den Druckkosten des Katalogs

LKW Walter International für den Beitrag zu den Druckkosten des Katalogs

Highspeed Cabling für den Beitrag zu den Druckkosten des Katalogs

Et Lettera für die Passpertouts und die Herstellung der Ausstellungsbeschriftung

Buchhandlung Krammer für die Bezahlung einer Sekretariatskraft zur Aufarbeitung der Sammlung

Austrian Airlines für die Flugtickets für Referenten

NÖ Gesundheits und Sozialfond – Bereich Soziales für die Unterstützung des Symposium

Phillips Austria für die finanzielle Unterstützung

Kunsttrans für den fachgerechten Transport der Bilder und Objekte

Artex für die Realisierung des Ausstellungsaufbaues

Inhaltsverzeichnis

Zum Geleit

Die Kinder von heute sind nicht nur die Erwachsenen von morgen, sie sind auch Hoffnung und Chance für die Zukunft. Aber nicht allen Kindern werden positive Möglichkeiten eröffnet.
In unserer auf Wettbewerb und Leistung konzentrierten Gesellschaft laufen Gruppen, die keine Lobby hinter sich haben, immer mehr Gefahr, an den Rand gedrängt zu werden.

Kinder – und vor allem verhaltensauffällige Kinder – stehen an erster Stelle. Dabei wird oft vergessen, daß diese Kinder nur auf ihre Umwelt reagieren. Sie in jeder Hinsicht zu unterstützen und ihre Probleme, Wünsche und Gefühle zum Ausdruck zu bringen, scheint mir daher von besonderer gesellschaftlicher Bedeutung zu sein.

Ich freue mich über die Initiative des Heilpädagogischen Zentrums Hinterbrühl, die Öffentlichkeit für diese Anliegen zu sensibilisieren. Der Ausstellungskatalog *BILDER WUNDER KINDER* läßt erkennen, mit wieviel Mühe und persönlichem Einsatz die Gefühle und Wahrnehmungen der Kinder – also das, was im Herzen vieler Kinder vor sich geht – in anschauliche Kunst übergeführt worden ist.

Ich danke allen Beteiligten für den großen Einsatz und gratuliere zum Ergebnis. An den Besuchern der Ausstellung liegt es nun, diese Bilder auch „lesen" zu lernen.

Ich wünsche diesen Anliegen eine breite Wirkung und der Ausstellung *BILDER WUNDER KINDER* viel Erfolg!

Dr. Thomas Klestil
Bundespräsident

Vorwort

Die Arbeit mit Kindern und Jugendlichen mit besonderen Bedürfnissen und ihren Familien ist fordernd und bereichernd zugleich. In kaum einer anderen Tätigkeit erfährt man so viel über die Tiefen der menschlichen Seele, wie in der Begegnung mit diesen Kindern und Jugendlichen. Mit der Ausstellung BILDER WUNDER KINDER wollen wir diesen Reichtum teilen. Die Idee zu diesem Projekt erwuchs aber auch aus dem zunehmenden Gefühl der letzten Jahren und den gelegentlich sehr konkreten Erfahrungen, daß die Anliegen von Kindern, insbesondere solchen mit schwierigem Verhalten, in unserer Gesellschaft immer weniger Platz finden. Einsparungen, Rufe nach Ausgrenzung – sei es durch Einsperren oder Abschiebung – und verstärkte Tendenzen, schwierige Kinder und Jugendliche sich selbst zu überlassen, zeichnen ein deutliches Bild. So wie sich manches Kind in seiner Not verlassen fühlt, fühlten auch wir uns gelegentlich allein gelassen von einer Gesellschaft, die uns zwar die Verantwortung für Kinder und Jugendliche gibt, aber dann nichts mehr davon hören möchte.

Heute – zwei Jahre nach Inangriffnahme des Projekts – sind wir um viele positive Erfahrungen reicher. Wir begegneten sehr vielen Menschen, die unser Anliegen sofort verstanden und spontan ihre Hilfe und Unterstützung anboten. Nur mit der Hilfe vieler konnte dieses Projekt die Form annehmen, wie wir es nunmehr der Öffentlichkeit präsentieren. Dies erfüllt uns mit großer Dankbarkeit gegenüber allen, die uns geholfen haben.

Dank gilt zuallererst und größtem Teil Herrn Arch. Dr. Johann Kräftner. Er hat nicht nur die Ausstellung und den Katalog gestaltet, sondern unser Projekt von Anfang an mitgetragen. Er half uns bei der Auswahl der Bilder und Objekte, machte alle Fotos, gestaltete unser gesamtes Material zur Projektbeschreibung und machte das gesamte Layout für die Posters, die Kunstkarten und den Kalender sowie den Werbefalter. Mit großem Einfühlungsvermögen und Respekt vor den Werken der Kinder stellte er uns sein enormes Engagement und seine gesamte Erfahrung in unzähligen Arbeitsstunden zur Verfügung.

Herr Generaldirektor Dkfm. Peter Püspök von der Raiffeisenlandesbank Niederösterreich-Wien machte mit seiner Zusage für das Looshaus – zu einem Zeitpunkt, wo wir neben der Idee nur ein grobes Sample von Kinderzeichnungen vorweisen konnten – die Ausstellung erst möglich.

Herr Hofrat Dir. Dipl. Ing. Alfred Gratzl und Herr Abteilungsvorstand Dipl. Ing. Peter Cernov und Herrn Werkstättenleiter Ing. Johannes Thallinger von der HTBL und VA Mödling gaben dem Projekt einen sicheren Boden, indem sie uns zusagten, die nötigen Holzarbeiten für die Ausstellung durchzuführen.

Das Ehepaar Binder von der Firma et lettera sagte uns die Herstellung der Passepartouts sowie Hilfe bei der Beschriftung der Ausstellung zu und enthoben uns dieser Sorge.

Herr Mag. Robert Plaschko, Frau Susanne Span, Herr Ernst Bayer und ihre Mitarbeiter von Heidelberg Austria ermöglichten uns mit dem Druck der Artikel für den Museumsshop und den Werbefalter eine neue Dimension für Werbung und Fundraising. Herr Mannsberger von Europapier schuf durch die Bereitstellung des Papiers dazu die weiteren Grundlagen.

Herr BM Dr. Martin Bartenstein und Herr Landeshauptmann Dr. Erwin Pröll gaben uns durch ihre schnelle Zusagen einer Subvention die nötige restliche Sicherheit.

Herr Dkfm. Erich Zojer von Pfizer Austria, Frau BM Elisabeth Gehrer, Herr Dkfm. Krauter von LKW Walter, Herr Mag. Blatnik von Lundbeck Arzneimittel und Herr Ing. Norbert Kasper von Highspeed Cabling ermöglichten uns den Druck des Katalogs.

Herr Karl Prendinger von der Fa. Kunsttrans sorgte für den fachgerechten Transport der Bilder und Objekte. Herr Horst Campman von der Fa. Artex realisierte mit einem Team den Ausstellungsaufbau.

Herr Wolfgang Krammer (Buchhandlung Krammer, Wien) stellte uns eine Sekretariatskraft zur wissenschaftlichen Aufarbeitung der Sammlung zur Verfügung.

Herr Peter Turrini, Frau Christine Nöstlinger, Herr Prof. Karl Hodina, Frau Prof. Ingrid Riedl, Herr Prof. Herwig Zens, Frau Sissy Scheickl, Herr Fritz Holy, Herr David Cameron und Herr Mag. Martin Schwarz eröffneten durch ihre Zusagen für das Rahmenprogramm neue Ebenen der Vermittlung unseres Anliegens.

Herr Reinhard Pühringer von der RLB Niederösterreich-Wien begleitete mit großer Geduld das gesamte Projekt und gab uns viele Anregungen zu dessen Durchführung.

Frau Dr. Ruth Pauli nahm uns mit unermüdlichem Engagement die Sorge um die Öffentlichkeitsarbeit und Medienbetreuung ab. Herr Dr. Herbert Salaun leitete das Training der Ausstellungsführer. Herr Florian Kräftner erstellte die Homepage über unser Zentrum und die Ausstellung. Unendlich lang ist auch die Reihe der Mutmacher, Helfer und gelegentlich auch Trostspender, die uns im Hintergrund unterstützten. Ihnen allen sei auf diesem Weg gedankt.

Ein besonderer Dank aber gilt dem Vorstand des "Vereins der Freunde des NÖ HPZ Hinterbrühl", Frau Sissy Scheickl, Frau Christine Pfeiffer, Frau Liselotte Wolfinger, Frau Brigitte Winter, Frau Sonja Innitzer, Frau Gerda Jogl und Frau Monika Spindelegger. Ihre Bereitschaft, das gesamte Projekt mitzutragen und als Verein für eventuelle Ausfälle zu haften, war die Grundlage zur Realisierung unserer Ideen. Daneben unterstützten sie uns noch in vielen Aspekten der Vorbereitung und Durchführung. Frau Sissy Scheickl kümmerte sich mit uns um das Rahmenprogramm. Frau Sonja Innitzer und ihr Team übernahmen die Betreuung des Museumsshops, Frau Gerda Jogl, Frau Christine Pfeiffer und ihre Mitarbeiter das Kaffeehaus.

Nicht zuletzt danken wir allen Mitarbeitern des NöHPZ Hinterbrühl, die mit viel Engagement und trotz ihrer ohnehin großen Belastung durch die eigentliche Betreuungsarbeit beigetragen haben, daß das Projekt verwirklicht werden konnte und dabei sehr viel Freizeit investiert haben. Insbesondere danken wir unserem Sekretariatsteam: Frau Traude Bors, Frau Ursula Hitzenberger, Frau Gabriele Sotny, Frau Barbara Tomschy und Frau Renate Woborny. Ohne ihre ständige Bereitschaft und Effizienz wäre dieses Projekt, insbesondere der Katalog, nie zustande gekommen. Frau Ulrike Heindl betreute sehr gewissenhaft alle anfallenden Arbeiten die Sammlung direkt betreffend. Herr Günter Gerdenitsch und Frau Mag. Susanne Pflanzer legten die EDV-mäßigen Grundlagen, die eine gezielte Aufarbeitung möglich machten. Herr Dr. Karl Krisch, Frau Liselotte Wolfinger und Frau Dr. Renate Fritze übernahmen das Lektorieren des Katalogs. Die fachliche Mitarbeit vieler KollegInnen an der Beschreibung der Kinder und Situationen, in denen die Bilder entstanden sind, ließ erst das bunte Bild entstehen, in dem die Präsentation jetzt möglich wurde.

Daneben war aber auch viel an organisatorischer Arbeit zu leisten. Frau Brigitte Winter und Frau Sonja Innitzer koordinierten alle Aussendungen und erarbeitete das nötige Adressenmaterial. Frau Mag. Susanne Pflanzer erledigte alle vorbereitenden Arbeiten für das Symposium. Frau Mag. Danielle Arn-Stieger und der Öffentlichkeitsarbeitskreis bemühten sich um unser neues Erscheinungsbild. Frau Elke Spurny, Frau Ulrike Bürger und Frau Ulrike Steinhauser unterstützten die Vorbereitungen für den Museumsshop, Herr Erich Voboril, Herr Manfred Primetshofer, Herr Kurt Fischer und ihr Team besorgten das Rahmen der Bilder und den Aufbau des Museumsshops. Frau Dr. Roswitha Hanich koordinierte die Organisation der Künstlerabende. Darüber hinaus brauchte es noch hunderte Wege, Handgriffe und Überlegungen, damit das Ganze entstehen konnte. Hier danken wir Herrn OV Reg. Rat. Dipl. KH-Betriebswirt Herbert Safranek und seinem Team für die immerwährende und tatkräftige Unterstützung.

Rückblickend wissen wir nicht mehr, woher wir den Mut zu diesem Projekt genommen haben. Allein die Unterstützung so vieler Menschen gibt uns aber wohl schon im Vorhinein recht. Wir hoffen nun auf den Besuch und die positive Aufnahme unserer Ausstellung durch viele Menschen, denen Kinder – auch die schwierigen – ein Anliegen sind.

Rotraut Erhard und Ernst Tatzer

Ernst Tatzer, Rotraut Erhard

Zur Einleitung

Man sieht nur mit dem Herzen gut

„Was willst Du heute machen?", fragt die Ergotherapeutin einen 14-jährigen Jugendlichen zu Beginn der wöchentlichen Therapiestunde. „Ich weiß schon", antwortet grinsend der sonst eher gehemmte und unsichere Bursche. Zielsicher wählt er sein Material: eine Schachtel, Holzstücke, Plastilin und Drähte. Höchst konzentriert macht er sich an die Arbeit. Am Schluß der Therapiestunde ist er fertig – mit dem perfekten Modell einer Zeitbombe.

„Komm laß uns etwas malen", fordert die Psychologin das 10jährige Mädchen am Ende seines Affektdurchbruches auf, dessentwegen sie in ihrem Rufbereitschaftsdienst an die Station kommen mußte. Das Mädchen hatte aus kaum ersichtlichem Grund so getobt, daß die personellen Ressourcen der Station nicht ausreichten, das Mädchen selbst, die anderen Kinder und die Einrichtung zu schützen. Im Zimmer der Psychologin werden etliche Zeichenblätter mit Wasserfarbe überschwemmt, das Blatt dann immer wieder zerrissen. Übrig bleibt das letzte Bild: die undeutliche Kontur eines Gesichtes hinter Gittern in Dunkelblau. Dasselbe Mädchen, das kurz zuvor nur mühsam abgehalten werden konnte, ihr gesamtes Zimmer zu verwüsten, machte während der gut einstündigen Malperiode nicht einen Farbklecks außerhalb der Arbeitsplatte.

„Wieso zeichnest du nicht etwas, wenn dir so fad ist", schlägt die Erzieherin einem 15jährigen Mädchen vor, das zwei Wochen vorher bei uns aufgenommen wurde, weil die Wohngemeinschaft, in der sie jahrelang gelebt hat, ohne große Vorankündigungen das Pflegeverhältnis abgebrochen hatte. Die dortigen Betreuer meinten mit dem schwierigen Mädchen nicht mehr zurechtkommen zu können. Das Mädchen beginnt widerwillig, gerät während des Malens aber immer mehr in einen Trance-ähnlichen Schaffensdrang. Zwei Stunden später ist das Bild fertig: eine Pandabärin mit ihrem Jungen – Ausdruck des Wunsches des Mädchens nach Geborgenheit.

Drei von vielen Situationen, in denen die Bilder dieser Ausstellung zustande gekommen sind. Situationen aus dem Alltag des Zusammenlebens mit unseren Kindern. Kinder, die auf Grund ihrer eigenen Probleme oder auf Grund von Problemen, die ihre Umwelt mit ihnen hat, zumindest vorübergehend nicht in ihrem herkömmlichen Umfeld leben können. In einer immer komplexer und für den einzelnen immer komplizierter werdenden Welt der unterschiedlichsten Ansprüche, Notwendigkeiten, Werthaltungen und Normen landen immer mehr Kinder, als ihre schwächsten Mitglieder, am Rande einer zunehmend verunsicherten und orientierungslosen Gesellschaft. Sich rasch ändernde Arbeits- und Wirtschaftsbedingungen, daraus resultierende Arbeitslosigkeit bzw. die Sorge darüber, soziale Not und Benachteiligung, nicht bewältigte chronische Beziehungskrisen, Erwachsene mit Realitätsverlust durch Krankheit und europaweite Wanderbewegungen lassen Kinder neuerlich zum Strandgut gesellschaftlicher Veränderung werden.

Seit über 40 Jahren versorgt das Heilpädagogische Zentrum Hinterbrühl mit einem multidisziplinären Team Kinder und Jugendliche mit besonderen Bedürfnissen und entwickelt Know-how zu ihrer Versorgung. Gilt es doch, die Kinder möglichst schnell in ein normales Leben zu reintegrieren. Die Kinder werden bei uns aufgenommen, weil Eltern erschöpft und hilflos sind, weil Lehrer meinen, sie nicht mehr in ihrem Klassenverband halten zu können, weil bei allem guten Willen die Möglichkeiten nicht ausreichen, ihre Dynamik zukanalisieren, weil Mißhandlung und Mißbrauch drohen oder stattgefunden haben, weil die Kinder in ihrer Entwicklung behindert werden oder wurden, weil sie drohten, an ihrem Schicksal zu verzweifeln, weil sie ganz einfach den Rahmen ihres Alltags sprengten.

Es sind Kinder, die stören, Kinder, die fordern, Kinder, die unser Mitleid erregen, Kinder, die allein gelassen worden sind, und zum Teil Kinder, die keiner mehr will.

Seit langem kennt man das Zeichnen und Malen von Kindern als Ausdruck ihres Erlebens. Kinder bilden die Welt nicht so ab, wie sie ist, sondern wie sie sie erfahren. Bilder als Ausdruckform des manchmal auch Unsagbaren finden daher immer mehr Eingang in das pädagogische und therapeutische Bemühen. Beeindruckt von der Vielfalt und vom starken Ausdruck solcher Bilder haben wir während der letzten Jahre Zeichnungen und Objekte unserer Kinder gesammelt. Vorerst geschah das eher unsystematisch. Wir hoben die Bilder auf, weil sie uns von Kindern, die uns wichtig waren, geschenkt wurden.

Zunehmend aber erkannten wir, welcher Schatz sich hier ansammelte. Wir sahen, daß die Bilder unwiederbringliche Botschaften beinhalten. Botschaften über das Kind und seine Welt, aber auch über uns und unsere Welt. Bei genauem Hinsehen und in Kenntnis der sonstigen Zusammenhänge öffnet sich uns das Kind mittels seiner Zeichnung in einer sehr direkten Art und Weise. Diese Bilder bewegen uns, sie machen uns betroffen, sie erschrecken uns manchmal und sie machen uns nachdenklich. Denn sie gewähren uns doch Einblick in das Seelenleben von Kindern, die sonst keine Sprache haben für das, was sie bewegt, oder die glauben, daß sie das, was ihnen wirklich nahegeht, verstecken müssen hinter einer Fassade der Abweisung, des Schweigens oder der aggressiven Abwehr und Zerstörung. Mit ihren Bildern aber lassen die Kinder uns teilhaben an ihren innersten Geheimnissen, Nöten, Wünschen und Sehnsüchten.

Unter dem Eindruck der Ausstellung „Kunst und Wahn" haben wir uns entschlossen, eine Auswahl dieser Bilder und Objekte in Form einer Ausstellung und Publikation einer breiteren Öffentlichkeit nahe zu bringen, um so diesen Kindern in der sehr direkten Sprache ihrer Objekte Stimme zu verleihen. Wir wollen damit zeigen, daß sich hinter dem auffälligen, manchmal höchst störenden Verhalten Kinder verbergen – enttäuscht, allein gelassen, mißverstanden, verachtet, ja allzu oft mißbraucht. Die Ausstellung soll auch eine Ahnung davon vermitteln, was aus diesen Kindern werden kann, wenn man ihnen nicht hilft, mit ihren Ängsten, Enttäuschungen, ihrer Ohnmacht, ihrem Leid, ihren Aggressionen, ihrem Zorn und ihrer Wut umzugehen.

Darüber hinaus haben wir gelernt, Kinder als Seismographen für eine uns alle nicht befriedigende Umwelt zu sehen. Reagieren sie doch mit dem, was wir gemeinhin als Störungen bezeichnen, vor allem auf Spannungen und Probleme, die letztendlich uns alle betreffen. Wir sehen es daher, neben unserer direkten Betreuungsarbeit, auch als unsere Aufgabe an, am Diskurs über notwendige gesellschaftliche Veränderungen teilzunehmen, indem wir unser an der besonderen Situation gewonnenes Wissen und unsere Erkenntnisse zur Verfügung stellen. Immer noch hat die Gesellschaft aus dem Umgang mit Krisen am meisten gelernt. Sie würde daher gut daran tun, die Arbeit von Einrichtungen wie der unseren mit Spannung zu verfolgen und nicht, wie es leider derzeit nur allzu oft geschieht, Kinder und Menschen mit besonderen Bedürfnissen oder die, die mit ihnen arbeiten, aus ihrem Bewußtsein hinaus zu drängen.

Bei sinkender Kinderzahl insgesamt und ansteigender Zahl betroffener Kinder wird es in nicht allzu ferner Zukunft eine Frage des Überlebens unserer Gesellschaft sein, ob es uns einerseits gelingt, gesellschaftliche Bedingungen herzustellen, die eine gesunde Entwicklung unserer Kinder sicherstellen, und andererseits Wege zu etablieren, über die wir helfen können, Kindern, die in ihrer Entwicklung verwundet worden sind, effizient zu unterstützen. Sollen sich aus dieser Frage nicht neue tiefgreifende gesellschaftliche Spannungen bilden, muß es im Interesse aller sein, und nicht nur derer, die selbst Sorgen mit der Entwicklung der Kinder haben, diesen Kindern zu helfen. Abgesehen davon kann sich niemand sicher sein, nicht selbst einmal davon betroffen zu sein.

„Bilder Wunder Kinder" nennen wir unsere Ausstellung von Bildern und Objekten, in denen sich Kinder uns mit ihrem Innersten anvertraut haben. Sie alle sagen uns „Schau her, schau doch, wie ich wirklich bin, oder wie ich gerne sein möchte". Mit dieser Ausstellung haben wir uns entschlossen, die Mitteilungen und Botschaften unserer Kinder einem größeren Kreis von Menschen anzuvertrauen. Wir tun es in der Hoffnung, daß sich viele Menschen von den Bildern bewegen lassen und wieder mehr Verständnis gewinnen für Kinder, die als schwierig gelten, vielleicht auch mehr Verständnis für Kinder überhaupt. Wir tun es im Vertrauen auf wohlwollende Rezeption. Die Auswahl geschah im Einverständnis mit den betroffenen Kindern und unter absoluter Wahrung ihrer Anonymität. Um diese sicherzustellen, ist die eine oder andere Beschreibung der Kinder vielleicht etwas vage ausgefallen. Es gilt aber, vor allem Sorge dafür zu tragen, keines der Kinder bloßzustellen oder ihm auch nur ansatzweise dieses Gefühl zu vermitteln. Wir haben daher nur soviel an Hintergrund beschrieben, wie zum Verständnis der Bilder notwendig ist. Wir meinen aber, daß viele der Bilder ohnehin für sich sprechen. Wer sehen will, kann sehen, oder wie Saint-Exupery es ausdrückt: „Man sieht nur mit dem Herzen gut".

Dr. Ernst Tatzer

Geb. 1949 in Mistelbach, verheiratet, zwei Kinder.

Studium der Medizin (Wien), Facharzt für Kinder und Jugendheilkunde, Facharzt für Kinder- und Jugendneuropsychiatrie (Ausbildung an der Universitätsklinik für Kinder- und Jugendheilkunde, Wien), Psychotherapeut (Systemische Familientherapie), Lehrtherapeut der Österreichischen Ärztekammer, seit 1987 Leiter des NÖ Heilpädagogischen Zentrums Hinterbrühl.

Lehrtätigkeit an der Pädagogischen Akademie des Bundes in Baden, der Bundesbildungsanstalt für Kindergartenpädagogik St. Pölten und der NÖ Landesakademie.

Zahlreiche Publikationen auf dem Gebiet der Kinder- und Jugendneuropsychiatrie, Sytemischen Familientherapie und zu Fragen der Versorgung von Kindern mit besonderen Bedürfnissen und ihren Familien.

Astrid Bechtold

Die Suche nach der Ursprünglichkeit

Der Einfluß der Kinderzeichnung auf die Kunst im 20. Jahrhundert

Zu Beginn des zwanzigsten Jahrhunderts war die künstlerische Avantgarde auf der Suche nach neuen Vorbildern. Mit der akademischen Tradition wurde bewußt gebrochen, sie konnte nicht mehr als Vorbild für die jungen Künstler wirken. Die naturwissenschaftlichen Erkenntnisse und die revolutionären technologischen Umwälzungen zu Beginn des Jahrhunderts führten zu einer Krise der bürgerlichen Gesellschaft. Diese allgemeine Desillusionierung, Entfremdung und Verunsicherung lockerten die Bindung an bisherige Werte und machten somit eine weitreichende weltanschauliche sowie künstlerische Neuorientierung möglich. Zudem lieferten die Philosophie, Psychologie und Soziologie, die sich zu jener Zeit von der positivistischen Wirklichkeitsauffassung abwandten, neue Denkmodelle. Es kam zur Abkehr vom Rationalismus, zur Aufwertung des Emotionalen, Intuitiven und Unbewußten.

Die Auseinandersetzung mit primitiver Kunst beziehungsweise die Suche nach der Ursprünglichkeit wurde folglich das Thema vieler Künstler der Moderne. Die Bezeichnung primitive Kunst ist eine fluktuierende, die entsprechend ihrem Wortsinn (elementar, ursprünglich) auf einen großen Komplex nichtprofessioneller Kunstäußerungen, wie archaische, ethnographische Kunst, aber auch auf naive Malerei, europäische Volkskunst sowie auf bildnerische Äußerungen von Kindern angewendet wird. Die Auswirkung der Kunstwerke außereuropäischer Kulturen auf die Kunst des 20. Jahrhunderts ist längst bekanntes Wissen, der Einfluß der Kinderzeichnung hingegen wurde leider bis heute nur wenig dokumentiert. Dabei haben sich bereits die Expressionisten, Kubisten, Futuristen und die Künstler der russischen Avantgarde intensiv mit der Kinderkunst auseinandergesetzt, und sie zeigten in Ausstellungen ausgewählte Kinderzeichnungen neben den eigenen Werken. So waren beispielsweise im ersten Raum der Wiener Kunstschau 1908 eine Sammlung von Werken der Schüler von Franz Cizek zu sehen. Der Avantgarde-Fotograf Alfred Stieglitz veranstaltete in seiner New Yorker Galerie zwischen 1912 und 1916 vier Ausstellungen zur Kinderkunst und begründete dies, indem er meinte, daß die Kunst der zwei- bis elfjährigen Kinder viel vom Geist der sogenannten modernen Werke enthalte. In London gab es 1917 und 1919 ebenfalls eine Ausstellung zur Kinderkunst und die Kölner Dada-Ausstellung von 1919 zeigte neben den Werken der Mitglieder der Gruppe auch Bilder von Kindern.

Sammlungen von Kinderzeichnungen

Einige der größten bildenden Künstler des 20. Jahrhunderts waren eifrige Sammler von Kinderkunst. Vermutlich ist der Impuls, Zeichnungen von Kindern zu sammeln, von Wassily Kandinsky ausgegangen, Gabriele Münter schloß sich später an. Die gemeinsame Sammeltätigkeit läßt sich aufgrund der Datierungen der bis heute erhaltenen Zeichnungen in etwa auf die Zeit von 1905 bis 1914 festlegen. Nach der Trennung von Kandinsky hielt Gabriele Münters Interesse an der Kinderzeichnung an, die letztdatierten Zeichnungen sind aus den Jahren 1932. Heute befindet sich die Sammlung im Archiv der Gabriele Münter- und Johannes Eichner-Stiftung in München und umfaßt 250 Zeichnungen.

Wassily Kandinsky pflegte den Kontakt zum russischen Künstlerpaar Michail Larionow und Natalia Gontscharowa. In einer Ausstellung, die Larionow 1913 organisierte, wurden neben Werken der Mitglieder der Künstlergruppe Die Zielscheibe auch Kinderzeichnungen gezeigt. Es ist anzunehmen, daß die Kinderwerke Larionow selbst bzw. Natalia Gontscharowa gehörten, die Kindern privaten Zeichenunterricht gab. Somit besaß das Künstlerpaar bereits zu einem frühen Zeitpunkt eine beachtliche Sammlung von Kinderzeichnungen. Die Auswirkungen dieser Sammeltätigkeit wird in Larionows Schaffensphase um 1912/1913 deutlich spürbar, in der bestimmte Gestaltungsmittel der Kinderzeichnung tatsächlich auftreten. Die Bilder erscheinen wie mit den Augen eines Kindes wahrgenommen und entsprechend verspielt aufgefaßt.

Auch von Paul Klee und Joan Miró weiß man, daß sie systematische Sammler von Kinderkunst waren. Ersterer entdeckte 1902 im elterlichen Haus in Bern einige Zeichnungen aus seiner frühen Kindheit. Seinen Fund erklärte er zum „Bedeutendsten", was er je gemacht hätte, „unabhängig von Italienern und Niederländern, stilvoll in hohem Grade und naiv geschaut"[1].

An dieser Stelle wären noch Pablo Picasso, der die Bilder seiner eigenen Kinder aufhob und öfters gemeinsam mit Kindern malte, Jean Dubuffet und die Mitglieder der Gruppe Cobra zu erwähnen.

Der Einfluß der Kinderzeichnung auf Künstler

Die Künstler des *Blauen Reiters* wendeten sich neben der Volkskunst insbesonders den bildnerischen Äußerungen von Kindern und Naiven zu. Wassily Kandinsky betonte immer wieder die Wichtigkeit der Kinderzeichnung, da er in ihr die Verwirklichung seiner grundlegenden Aussagen sah. „Es ist eine unbewußte, enorme Kraft im Kinde, die sich hier äußert und die das Kinderwerk dem Werk der Erwachsenen gleich hoch (und oft viel höher) stellt"[2]. Das Sehen mit ungewohnten Augen und daher das unserem Empfinden nach Fehlerhafte und Unbeholfene in der kindlichen Darstellungsweise vermittelt nach Kandinskys Verständnis etwas Unsichtbares der Dinge, den reinen inneren Klang, etwas, das über das Sichtbare hinausgeht und nur durch das Gefühl erfaßbar ist. Die Wertschätzung der Primitiven Kunst ist ausführlich im Almanach *Der Blaue Reiter* und in Kandinskys Schrift *Über das Geistige in der Kunst* dargelegt.

Die sehr frühen bildhaften Äußerungen von Kindern wie Leiterformen, Mandalafiguren und Kastenmenschen, wirkten wahrscheinlich in ihrer reduzierten Einfachheit inspirierend auf Kandinskys Malerei in der Phase des Übergangs zur Gegenstandslosigkeit. Kandinsky verläßt die erlernten Darstellungsformen, indem er reduziert und zurück zur einfachen Linie gelangt. Auch das Kind verwendet zunächst die Linie, um einen Gegenstand darzustellen.

Bei Gabriele Münter spielt die Linie in ihrer damaligen Schaffensphase ebenfalls eine wichtige Rolle. Die Schlichtheit ihres Stils, die ihre Gemälde der Jahre 1908 bis 1912 kennzeichnen, resultiert wahrscheinlich aus der intensiven Betrachtung von Zeichnungen ihrer Nichte. Während bei Kandinsky der Linie mit der Zeit immer mehr Eigenständigkeit zukommt, charakterisiert die ausgeprägte Konturzeichnung Münters immer den Gegenstand. Kandinskys Adaption des bildlichen Vokabulars der Kinder ist folglich eine ganz andere als jene von Gabriele Münter. Sie bedient sich sehr direkt der kindlichen Formen und Motive, bei Kandinsky handelt es sich eher um eine Synthese vieler künstlerischer Eindrücke, die allmählich zu einer Befreiung vom Gegenständlichen führt.

Neben der Linie wurden auch beide Künstler von der eigenständigen und unkonventionellen Raumorganisation der Kinder inspiriert. Kandinskys Skizzenbücher der Jahre 1908/1909 enthalten einige Entwürfe mit einem bühnenartig gestaffelten Raumkonzept, wie es auch in Kinderzeichnungen vorkommt. Seine Skizzen weisen häufig eine Boden- und Himmelszone auf, die Zeichnungen erhalten den typischen Charakter des Raumschichtenbildes einer Kinderzeichnung. Wie das Kind setzt Kandinsky zwar raumschaffende Kompositionselemente ein, wie schräggeführte Wege und Zäune oder in die Tiefe führende Hügel und Bergketten, die projektiven Beziehungen sind jedoch nicht als perspektivische Verkürzungen ausgebildet.

Im Nachlaß der Gabriele Münter wurden Ölstudien entdeckt, die die unmittelbare Orientierung der Künstlerin an Kinderzeichnungen belegen. Die Gegenüberstellung der folgenden Abbildungen verdeutlichen die direkte Übernahme der Kinderzeichnung.[3]

Abb. 1: Wassily Kandinsky, Entwurf zu Improvisation 7, 1910

Abb. 2: Kinderzeichnung aus der Sammlung Münter

Abb. 3: Gabriele Münter, Haus, 1914

Nicht nur im engen Kreis des *Blauen Reiters*, sondern auch bei Paul Klee, der seit 1911 mit Kandinsky befreundet war, kam es zur Auseinandersetzung mit der Kinderzeichnung. Wahrscheinlich wurde auch kein anderer Künstler, mit Ausnahme von Jean Dubuffet, so häufig mit dem Bildschaffen von Kindern in Verbindung gebracht. Das Werk von Paul Klee weist über alle Schaffensphasen hinweg Merkmale auf, die auch den Zeichnungen kleiner Kinder zugeschrieben werden: gekritzelte Formen, Strichmännchen, im Umriß gezeichnete Figuren, vereinfachte Kompositionen. Anfänglich war Klee als Einzelgänger auf der Suche nach den Wurzeln der Kreativität, später gemeinsam mit Künstlerinnen und Künstlern der Avantgarde in München. Ein entscheidendes Erlebnis dabei war die bereits erwähnte Entdeckung seiner eigenen Kinderzeichnungen. 1912 wurde eine Stellungnahme von Klee zur Frage der Bedeutung der Kinderzeichnungen für die zeitgenössische Avantgarde im Januarheft der Zeitschrift *Die Alpen* veröffentlicht:

> „Es gibt nämlich auch noch Uranfänge von Kunst, wie man sie eher im ethnographischen Museum findet oder daheim in der Kinderstube (lache nicht, Leser), die Kinder können's auch, und das ist durchaus nicht vernichtend für die jüngsten Bestrebungen, sondern es steckt positive Wahrheit in diesem Umstand. Je hilfloser diese Kinder sind, desto lehrreichere Kunst bieten sie [...]".[4]

Wenn es hingegen um den Vergleich seiner Arbeit mit jenen der Kinder ging, so wehrte sich anfänglich Klee gegen den Vorwurf, wonach seine Werke dem Bildschaffen kleiner Kinder gleichen. In einer Rede in Jena nahm er zu dem vermeintlichen Mißverständnis, welches seine Kunst mit Kinderzeichnungen verknüpfte, Stellung:

> „Die Sage von dem Infantilismus meiner Zeichnung muß ihren Ausgangspunkt bei jenen linearen Gebilden genommen haben, wo ich versuchte, eine gegenständliche Vorstellung, sagen wir einen Menschen, mit reiner Darstellung des linearen Elementes zu verbinden".[5]

Klees Vereinfachungen wurzeln zwar in professionellen Überlegungen, trotzdem ist seine Erklärung nicht stimmig. Wenn das Mißverständnis tatsächlich deshalb entstand, weil sich die Kritiker nicht mit seinem Prinzip der Vereinfachung anfreunden konnten, so war Klees Umsetzung selbst die Ursache des Problems. Klee setzte sich dem Vorwurf des Infantilismus aus, weil seine Arbeiten an Kinderzeichnungen erinnerten und tatsächlich von diesen beeinflußt waren. Klees Verhältnis zur Kinderzeichnung war also zunächst ein zwiespältiges: Einerseits war er äußerst begeistert von der Unmittelbarkeit und Einfachheit der Kinderzeichnung, andererseits war er besorgt, sich aufgrund seiner Arbeit dem Vorwurf der Infantilität und Inkompetenz auszusetzen.

Auch der katalanische Maler Joan Miró sah die Begegnung mit der kindlichen Betrachtungsweise als eine wichtige Basis der eigenen Kreativität an. Sämtliche Autoren, die sich mit Mirós Werk beschäftigt haben, fühlten sich dabei an Kinderzeichnungen erinnert:

„The most insightful among them have broadened the question by observing that Miró „arrives at the suggestion of primitive writing, of prehistoric paintings, of exotic or archaic arts, of graffiti."[6]

Diese Feststellung ist so einleuchtend, daß sie nie eine Diskussion oder Analyse verursachte. Beim Betrachten der Malerei Mirós wird man tatsächlich an die Ursprünge der Kunst, an das Unbekannte erinnert. Genau diese Ebene der Ursprünglichkeit verbindet sein OEuvre mit der Kinderzeichnung. Nicht zufällig ist die Erforschung der Kinderzeichnung seit Freud beachtlich weitergekommen, da in die bildnerische Tätigkeit des Kindes auch sehr viel Unbewußtes einfließt. Wenn also die Malerei von Miró an kindlich-bildnerische Äußerungen erinnert, so geht es eigentlich um die Rolle des Unbewußten. Zwei weitere Eigenheiten des Künstlers weisen Parallelen zur bildnerischen Tätigkeit von Kindern auf. Mit 84 Jahren entdeckte er die Lust, mit Fingern zu malen. Die zweite Anlehnung des Malers an die Kinderzeichnung hängt mit seinen ungewöhnlichen Titeln zusammen. Er liebte es, seine Bilder mit außerordentlich langen Titeln zu versehen, wie zum Beispiel: die Flügel des Vogels, der über den Mond gleitet, um zu den Sternen zu gelangen. Beobachtet man ein Kind während es zeichnet, so erzählt es oftmals eine Geschichte dazu. Mirós Titel klingen wie solche Geschichten und zeugen von einer tiefreichenden Verbindung zur Welt der Kindheit.

Von Pablo Picasso weiß man, daß er seinen eigenen Kindern beim Malen und Zeichnen zusah und ihre Bilder teilweise aufhob. Zudem bezog er öfters die Kinder in seinen Arbeitsprozeß ein. Bereits 1899 treten in Picassos Studien kindlich anmutende Elemente auf, die sein Interesse an den formalen Eigenheiten der Kinderzeichnung bezeugen. Es ist nicht geklärt, ob die Notizen ausschließlich von Picasso stammen, oder ob auch ein Kind daran beteiligt war.

Daß er schon recht früh von den bildnerischen Äußerungen der Kinder begeistert war, bestätigt ein Skizzenbuch aus dem Jahre 1900. Es beinhaltet zwei Zeichnungen, die tatsächlich von Kinderhand angefertigt sind. Picassos vielzitierte Bemerkung nach einem Besuch einer Ausstellung von Kinderkunst in Paris 1945 bringt seine Wertschätzung für die Kinderzeichnung deutlich zum Ausdruck: „Als ich so alt war wie diese Kinder, da konnte ich zeichnen wie Raffael. Es hat viele Jahre gedauert, bis ich zeichnen konnte wie diese Kinder."[7]

Tatsächlich sind viele Werke Picassos von einer kindlichen Spontaneität der Beobachtung geprägt. Sein Spätwerk ist gekennzeichnet durch eine größere expressive Freiheit, Spontaneität und Offenheit. Man könnte sagen, Picasso nimmt in seiner Haltung eine kindliche Unschuld ein. Er setzte sich auch erneut mit den Meistern der Vergangenheit auseinander, jedoch mit den Augen eines Kindes.

In der Zwischenkriegszeit ließ die allgemeine Begeisterung für die Kinderkunst aufgrund der gegebenen Umstände nach. Dennoch wurden 1937 im Pavillon der neuen Zeiten, den Le Corbusier für die Pariser Weltausstellung entworfen hatte, Kinderkunst gezeigt. Der Maler Asger Jorn arbeitete damals als Assistent bei Corbusier und war für die Übertragung von zwei Kinderzeichnungen eines zwölfjährigen Jungen auf jeweils fünfzig Quadratmetern verantwortlich.

Für die dänische Künstlergruppe, die sich 1940 um die Kunstzeitschrift *Helhesten* sammelte, wurde die Kinderzeichnung zu einer der wichtigsten Inspirationsquellen. Asger Jorn, der die Zeitschrift wesentlich mitbetrieb, studierte damals die Sprache und kindliche Vorstellungswelt seines heranwachsenden Sohnes. Eine Reihe von Worten aus dem Kindervokabular schrieb er nieder und verwendete sie dann zum Teil als Titel für seine Bilder. Ähnliches passierte in der Zeit zwischen 1946 und 1948 in der damaligen Tschechoslowakei, als sich Schriftsteller und Künstler um die Zeitschrift Blok gruppierten. Auch sie interessierten sich für sprachliche und bildhafte Äußerungen von Kindern.

Die Ende 1948 gegründete Künstlergruppe *Cobra*, zu deren bekanntesten Mitgliedern Asger Jorn, Karel Appel, Constant, Corneille und Pierre Alechinsky zählten, strebten nach einem befreiten Ausdruck des Selbst durch einen direkten sinnlichen Austausch mit der Wirklichkeit. So ist es nicht verwunderlich, daß für die Cobra-Künstler die Kinderzeichnung Vorbildwirkung hatte. „Wir wollten wieder wie die Kinder beginnen"[8] betonte Karel Appel. Geprägt von Psychoanalyse und

Abb. 4: Kinderzeichnung von Asger Jorn, vergrößert für den Pavillon der neuen Zeiten, 1937

Surrealismus suchten sie eine Begegnung mit der Realität, in der die irrationalen Kräfte des Unbewußten ihren Platz haben sollten. Nach ihrer Auffassung setzen die unbewußten oder inneren Normen die von außen auferlegten Konventionen außer Kraft und befreien dadurch das Individuum vom konventionellen Denken. Die Arbeiten der Cobra-Mitglieder zeichnen sich durch eine ungezügelte, lebendige Expressivität in der Behandlung der Farbe aus, wie sie in Kinderzeichnungen zu finden ist. Die Begeisterung für die kindliche Sichtweise und Unmittelbarkeit veranlaßte die Künstler auch mehrmals, mit ihren eigenen Kindern gemeinsam zu arbeiten.

Neben den Cobra-Künstlern holte sich auch Jean Dubuffet Anregungen von der Kinderzeichnung. Er sah die Kinderkunst als Quelle neuer Möglichkeiten zur Wahrnehmung alltäglicher Dinge an. Die Kunst strebt nach Dubuffets Auffassung in erster Linie nach der unmittelbaren Projektion dessen, was sich im tiefsten Inneren eines Menschen bewegt. Um einen Zugang zu den irrationalen Mächten des Unbewußten zu bekommen, versucht Dubuffet die Konventionen der Kultur aus seiner eigenen Kunst zu verbannen. „Die eigentliche Funktion der Kunst, betonte er, bestehe darin, Denkmodelle zu verändern, [...] um eine neues Denken zu ermöglichen"[9]. Dubuffets große Vorbilder waren die Werke von Personen, die unberührt von den Zwängen ihrer Kultur geblieben sind, die *Art brut* von Geisteskranken, Außenseitern der Gesellschaft und Kindern. Zunächst überwogen in seinen Bildern zweidimensionale Figuren mit dunklen Umrissen, die einer kindlichen Vereinfachung glichen. In seinen darauffolgenden Arbeiten treten verstärkt Merkmale auf, die in der Kinderzeichnung zu finden sind, wie zum Beispiel eine naive Wiedergabe der Motive, stereotype Zeichen, das Fehlen der Perspektive, die Kombination von Frontalansicht und Vogelperspektive usw. Aber auch die Art und Weise, wie er Farbe und Material einsetzt, erinnert an kindliches Bildschaffen. Die Abbildung *Glückliche Gegend* veranschaulicht die Übernahme solcher kindlicher Darstellungsweisen.

In diesem Werk bedient sich Dubuffet der kindhaften Kombination von Frontalansicht und Draufsicht. Die Landschaft ist in klar abgegrenzte Farbfelder aufgeteilt und die Figuren, Bäume und Häuser sind in einer naiven Weise wiedergegeben und verweisen somit stilistisch auf die stereotypen Zeichen der Kinderzeichnung.

Anfang der vierziger Jahre legte Dubuffet eine Sammlung von Kinderzeichnungen an. Diese Kinderwerke haben teilweise eine verblüffende Ähnlichkeit bezüglich Farbigkeit und Motive mit dem Stil seiner eigenen Arbeiten. Zu dieser Sammlung gehört auch eine erwähnenswerte Serie von Kopfdarstellungen. Die Blätter sind wahrscheinlich von einer Schulklasse gemalt worden, da sie alle das gleiche Format aufweisen. Aus der Zeit zwischen 1944 und den frühen sechziger Jahren gibt es von Dubuffet ebenfalls eine Reihe von Portraits, die diesen Kindermalereien sehr ähnlich sind. Zwar ist nicht eindeutig feststellbar, ob eine dieser Arbeiten konkret als Vorbild für ein spezifisches Bild wirkte, aber es ist anzunehmen, daß sich der Künstler bestimmte Anregungen von den Kinderportraits holte.

Durch die Gegenüberstellung der beiden Portraits wird ihre geistige Verwandtschaft deutlich. Beide Personen sind vereinfacht dargestellt, die Proportionen sind unstimmig (Köpfe stark ver-

Abb. 5: Jean Dubuffet, Glückliche Gegend, 1944
Abb. 6: Anonyme Kinderzeichnung

größert, Hals und Ohren zu dünn...), und die Gesichtszüge sind weitestgehend schematisch angedeutet.

Bei der Beschäftigung mit der Kinderzeichnung ging es Dubuffet nicht nur um eine formale Übernahme, sondern in den Bildern der Kinder bewunderte er den Ausdruck einer bestimmten Art von Offenheit und Wildheit. Mittels seiner Sammlung studierte Dubuffet die Weltsicht des Kindes und gewann dadurch neue Einsichten für sein eigenes künstlerisches Schaffen.

Ein weiterer Bewunderer der bildnerischen Äußerungen von Kindern ist der österreichische Maler Peter Pongratz. Die Ausstellung *Peter Pongratz soulpainting* (1962–1997) im Historischen Museum der Stadt Wien 1998 ließ deutlich erkennen, daß der Künstler zu seinen frühen, kratzigen und unfrisierten Ausdrucksformen zurückgekehrt war. Die Quellen, aus denen Pongratz geschöpft hat, und denen er Anregung und Antrieb verdankte, sind die primitiven, also ursprünglichen Zeugnisse, sich mit der Welt auseinanderzusetzen. Ihnen wird auch das Reagieren von Kindern und Geisteskranken auf innere und äußere Reize zugeschrieben. In einem Interview anläßlich der Ausstellung erwähnt Pongratz neben seiner großen Liebe zur Kunst der Geisteskranken den Einfluß der Cobra-Gruppe und der Kinderzeichnung.[10]

Ab 1992 entstehen collageartige, aus Papier gerissene Bilder, die an den Zeichenunterricht für Kinder erinnern. Pongratz verbindet die gerissenen Papiere mit bunter Acrylfarbe auf der Leinwand, sodaß erst durch genaueres Betrachten die nur mehr teilweise weiße Rißspur die Vorgangsweise verrät. Die Titel wie zum Beispiel Kinderspielplatz, Auszählreim, Kristallgeister, Gute-Nacht-Lied usw. unterstreichen die Verbindung zur Kinderzeichnung. Auch der Schaffensakt weist eine Parallele zur bildnerischen Tätigkeit von Kindern auf:

„[...] das Rhythmische der Hand ist wichtiger als das bewußte Schreiben; die automatische Bewegung des aus dem Unterbewußten, Halbwachen, tagträumerischen Geschriebenen versucht sich dem Ausdruck der Kinderzeichnung oder jenem der Geisteskranken oder aber auch der ein-

Abb. 7. Jean Dubuffet, Henri Michaux, 1946
Abb. 8. Peter Pongratz, Gute-Nacht-Lied, 1993

fachen Höhlenmalerei eidetisch zu nähern, um jene eigentliche Offenbarung der Form wiederzufinden".[11]

Die Arbeit mit Kindern

An dieser Stelle sollen noch zwei Künstler genannt werden, für die die Zusammenarbeit mit Kindern sehr wichtig war: Keith Haring und Jean-Michel Basquiat. Während der achtziger Jahre arbeitete Keith Haring öfters mit Kindern zusammen, und eine seiner letzten Serien von Radierungen aus dem Jahre 1989 enstand gemeinsam mit dem neunjährigen Sean Kalish.

Für Jean-Michel Basquiat war die Arbeit mit Kindern so selbstverständlich, daß er einen achtjährigen Jungen als Assistenten anstellte und ihn auch dafür bezahlte. Angeblich soll Basquiat bei der Eröffnung seiner Ausstellung 1986 in New York den Jungen seinem Freund Andy Warhol als den besten Maler in New York vorgestellt haben. Auch die Anwort Basquiats auf die Frage eines Galeristen, welchen zeitgenössischen Maler er am meisten bewundere, bringt seine hohe Wertschätzung der Kinderzeichnung zum Ausdruck, indem er meinte, „er ziehe die Kunst eines Drei- oder Vierjährigen jedem Werk eines Zeitgenossen vor".[12]

Neben den genannten Personen befaßte sich beinahe jeder bedeutende Künstler der Nachkriegsgeneration mit der Psychoanalyse und dem Existentialismus. Dank der Freudschen Psychologie wußte man, daß die Einflüsse aus der Kindheit nicht nur bis ins Erwachsenenalter fortwirken, sondern in hohem Maße auch prägend sind. Dies trug dazu bei, daß das Interesse an der Kindheit und folglich an der Kinderkunst stark zunahm und so in direkter oder indirekter Weise zu einem Hauptthema in der Malerei der Nachkriegszeit wurde. Der Einfluß der Kinder und ihrer ästhetischen Sensibilität auf die Künstler des zwanzigsten Jahrhunderts ist in seinen Ausprägungen so vielgestaltig, daß es sich bei der erfolgten Aufzählung nur um eine Auswahl handelt.

Abb.6: Keith Haring und Sean Kalish (im Alter von 9 Jahren), Ohne Titel, 1989

Der Vergleich Kinderkunst und Moderne Kunst

Im Zusammenhang mit moderner Kunst wird der Betrachter oftmals mit einem der beliebtesten Klischees konfrontiert, dem Vorwurf, daß die Werke von etablierten Künstlern genauso von Kinderhänden stammten könnten. Meist dient dieser Vergleich zwischen avantgardistischer Kunst und den bildnerischen Versuchen von Kindern dazu, um dieser Art von Kunst jede Existenzberechtigung abzusprechen. Diesen Vorwurf haben viele bedeutende Künstler in der ersten Hälfte dieses Jahrhunderts in sein Gegenteil gekehrt, indem sie ihn zu einer Tugend erhoben und ausdrücklich auf die geistige Verwandtschaft zwischen dem Bildschaffen von Kindern und ihren Arbeiten hinwiesen, sie wehrten sich jedoch entschieden gegen Vorwürfe der reinen Nachahmung.

Es wäre falsch, die Unterschiede und die Spannung zwischen der Kinderzeichnung und den Werken moderner Künstler zu übersehen. Zeichnungen von Kindern, haben – im Gegensatz zur Kunst – weder eine Geschichte noch eine geschichtliche Entwicklungsmöglichkeit. Sie entstehen ohne Verbindung miteinander und durchlaufen ohne Wissen und Kenntnisse eine Entwicklung und verschwinden wieder. Die Kunst des Kindes ist nicht Bildung, sondern das Ergebnis von psychischen Wachstumsphasen. Ein Kind erfährt die Welt hauptsächlich durch das Sehen und den Tastsinn, und es liegt in seiner Natur, auf diese Erfahrungen mit dem Schaffen von Abbildungen zu reagieren. Das Zeichnen dient dem Kind dazu, sich in der unübersichtlichen Welt zurechtzufinden. Die Analyse und Organisation der Dinge beginnen mit den einfachsten Formen und gelangen dann schrittweise zu immer komplizierteren.

Die Lebendigkeit und Unmittelbarkeit, mit der Kinder die Wirklichkeit auszudrücken verstehen, ist das Faszinierende an der Kinderzeichnung für Erwachsene. Diese Eigenschaften der kindlichen Äußerungen haben den Künstlerinnen und Künstlern der Moderne geholfen, neu zu sehen.

Anmerkungen:

1 Zit. nach Franciscono 1995, S. 27
2 Kandinsky 1994, S. 169
3 Vgl. Rhodes 1994, S. 55
4 Fineberg 1995, S. 11
5 Franciscono 1995, S. 26
6 Fineberg 1998, S. 201
7 Zit. nach Fineberg 1995, S. 143
8 Zit. nach Fineberg 1995, S. 192
9 Zit. nach Fineberg 1995, S. 163
10 Vgl. Presse Schaufenster 27. Februar 1998, S. 4
11 Soulpainting 1997, S. 113
12 Fineberg 1995, S. 229

Literatur

Fineberg, Jonathan: Mit dem Auge des Kindes. Kinderzeichnung und moderne Kunst. Verlag Gerd Hatje, Stuttgart 1995.

Fineberg, Jonathan: Discovering Child Art. Essays on Childhood, Primitivism and Modernism. Princeton University Press, New Jersey 1998.

Franciscono, Marcel: Paul Klee und die Kinderzeichnung. In: Kinderzeichnung und die Kunst des 20. Jahrhunderts. Verlag Gerd Hatje, Stuttgart 1995.

Kandinsky, Wassily: Über die Formfrage. In: Der Blaue Reiter. Dokumentarische Neuaus gabe von Klaus Lankheit, 9. Auflage, München/Zürich 1994.

Rhodes, Colin: Primitivism and Modern Art. World of Art. Thames & Hudson Ltd, London 1994.

Astrid Bechtold, Mag. art.

1969 in Rankweil, Vorarlberg geboren
Studium an der Pädagogischen Akademie in Feldkirch (Deutsch und Bildnerische Erziehung)
Seit 1992 Studium der Kunstgeschichte und Unterrichtstätigkeit im Fach Bildnerische Erziehung
1995–1999 Studium an der Akademie der bildenden Künste Lehramt Bildnerische Erziehung und an der Universität Wien Lehramt Philosophie, Pädagogik und Psychologie
Seit 1998 Studium der Malerei und Graphik an der Akademie der bildenden Künste bei Prof. Damisch

Rotraut Erhard

Malen – Eine andere Art von Kommunikation

Einleitung

Zeichnen gehört zum Leben der Kinder wie Spielen, Bewegung und Essen. Pubertierende und Jugendliche hingegen produzieren immer spontan Zeichnungen und haben Hemmungen, auf Aufforderung zu zeichnen. Spontaneität und Unbekümmertheit werden durch die zunehmende Selbstkritik beeinträchtigt. Jüngere Kinder zeichnen und malen spontan und gern. Sie lernen dabei visuelle Diskriminierung, Detailwiedergabe, Raum-Lage-Wahrnehmung und vieles mehr, wodurch sie in ihrer kognitiven Entwicklung Fortschritte machen. Durch Zeichnen und Malen bringen die Kinder aber auch Erlebtes und ihre Gefühle zum Ausdruck, oft mehr als durch Worte. Dafür gibt es mehrere Gründe:

- Das Kind im Alter bis zu 10 Jahren hat oft noch eine zu wenig differenzierte Sprache, mit der es sein Gefühlsleben mitteilen könnte.
- In manchen Familien werden emotionale Inhalte kaum, rudimentär oder durch der Vulgärsprache entstammende Kurzformeln zum Ausdruck gebracht. Die Kinder können also schon deswegen die Mitteilung von Gefühlen über Worte nicht erlernen.
- Viele Kinder sind gehemmt und können und wollen deshalb über ihre Gefühle und ihre Erlebnisse nicht sprechen. Gerade das seelisch verwundete Kind tendiert dazu, seine Emotionen abzuwehren, sie z.B. zu verdrängen, zu verleugnen oder abzuspalten und sich damit in seiner emotionalen Weiterentwicklung zu hemmen.

Gefühle und Triebwünsche werden aus verschiedenen Gründen abgewehrt. So kann man sich seiner Gefühle z.B. schämen, sich wegen seiner Gefühle oder Wünsche für einen schlechten Menschen halten oder Angst haben, neuerlich verletzt zu werden, wenn man sie preis gibt. Man kann aber auch vor seinen eigenen Gefühlen und Triebwünschen Angst haben und sie schon deshalb nicht zulassen. Das führt dazu, daß sich ein Kind mancher, und zwar sehr heftiger Gefühle oft gar nicht bewußt ist und sich daher gar nicht imstande sieht, seine Gefühle überhaupt mitzuteilen.

Es ist nicht notwendig und angebracht, seinen Gefühlen immer und überall freien Lauf zu lassen. Totale Verschlossenheit jedoch bringt den Menschen in eine Isolation und blockiert ihn schließlich in seinen Handlungen, in seiner Kontakt- und Leistungsfähigkeit. Blockierungen dieser Art bei Kindern und Jugendlichen werden von ihrer Umgebung zwar oft wahrgenommen. Es fehlt aber oft die Möglichkeit, diese Blockaden aufzuheben. Kinder und Jugendliche leiden in einem solchen Zustand und finden keinen Ausweg, da ihnen ein großer Teil ihrer Gefühle und Wünsche in diesem Zustand nicht bewußt ist.

Der ideale Zugang zu unbewußten Inhalten ist nach Freud der Traum. Auch Tagträume können einen Zugang dazu eröffnen, was spontan sehr oft im Jugendalter praktiziert wird. Kinder erzählen selten über Tagträume und über Träume im Schlaf, weil sie sich dafür häufig genieren.

Für Kinder bietet sich als Zugang zum Unbewußten in idealer Weise das Zeichnen und Malen an. Es ist dies eine Tätigkeit, die Kinder gerne spontan und mit Freude ausüben, wenn man sie nicht durch Kritik in ihrem Schaffensdrang hemmt. Malen ist weitgehend ein unbewußter Prozeß. Nolens volens werden Ängste und Aggressionen, Hoffnungen und Wünsche durch das Malen zum Ausdruck gebracht. Gefühle, die üblicherweise abgewehrt werden, die nicht ins Bewußtsein gelangen, werden dargestellt, anfangs zaghaft, versteckt, schließlich deutlicher sichtbar. Unsagbares wird auf einer vorsprachlichen Ebene mitgeteilt (Primärprozeß). Seelische Inhalte, zu denen der Mensch sonst nur im Traum oder Tagtraum Zugang findet, können zutage kommen und werden durch Bilder, ihre Farben und Formen kommuniziert. Die Kommunikation durch Bilder bedient sich wie der Traum eigener Ausdrucksmittel und findet in ihren essentiellen Inhalten auf der Symbolebene statt.

All das erschwert es, Bilder von Kindern und Jugendlichen zu verstehen, sie als Kommunikationsmittel zu begreifen und damit die Botschaft zu entschlüsseln, die das Kind oder der Jugendliche über die Zeichnung geben will.

Das Zusammenleben mit seelisch wunden Kindern und Jugendlichen im NÖHPZ Hinterbrühl hat es uns ermöglicht, ihre Zeichnungen und Bilder besser zu verstehen, wobei wir einerseits auf bereits in der Literatur vorliegende Erkenntnisse zurückgreifen konnten, andererseits unsere jahrzehntelangen Beobachtungen zu einer Weiterentwicklung dieser Zugangsweisen geführt haben.

Was macht es uns möglich, Zeichnungen und Bilder von Heranwachsenden zu verstehen, um damit in angemessener Form auf die verschlüsselten Inhalte eingehen zu können?

- Voraussetzung dafür, das Bild als Kommunikationsmittel erfahren zu können, ist das Zulassen von eigenen Gefühlen beim Betrachten eines Bildes. Der Zugang zu einem Bild verläuft primär und wesentlich über die Betroffenheit, das Angesprochensein und Mitschwingen auf der emotionalen Ebene. Ohne die Bereitschaft, sich auf die emotionale Botschaft einzulassen, bleibt das Bild für den Betrachter stumm.
- Gerade im Kindesalter ist es notwendig, den Entwicklungsstand allgemein und im Zeichnen zu berücksichtigen. Die Möglichkeit von Kleinkindern, sich über Malen auszudrücken, ist aufgrund ihrer Unbeholfenheit und mangelnden Technik eingeschränkt, aber nichtsdestoweniger sehr eindrucksvoll.
- Darüber hinaus ist die Kenntnis von formalen Strukturen und Gesetzmäßigkeiten in der Gestaltung hilfreich und ermöglicht ein differenzierteres Begreifen des Dargestellten.

Die formalen Kriterien des bildnerischen Ausdrucks haben zum Großteil auch bei Werken Erwachsener Gültigkeit. Wir können dabei auf die Ergebnisse verschiedener Autoren (Kramer, Koch, Kos-Robes, Baumgardt, Riedel, Schmeer, Widlöcher, Rambert, Reinelt, Jacobi u. a.) zurückgreifen. Diese Autoren sind und waren in Europa und den USA tätig und stimmen in ihren Erkenntnissen in wesentlichen Punkten überein. Es kann daher angenommen werden, daß diese Ausdrucksmittel von allgemeiner Gültigkeit sind, zumindest für den europäisch-westlichen Kulturkreis.

Die Anwendung und Weiterentwicklung dieser Erkenntnisse in unserer Arbeit mit Kindern und Jugendlichen hat uns von der Richtigkeit dieser Kriterien überzeugt. Obwohl uns klar ist, daß eine statistische Verifizierung nicht erfolgt ist, halten wir doch die Zusammenstellung und Anwendung dieser Richtlinien für wissenschaftlich gerechtfertigt, weil sie in Übereinstimmung mit den genannten Autoren und durch intensive Fallstudien unsererseits erstellt worden sind.

- Das genaue Hinschauen auf das Bild, um zu erkennen, was dargestellt worden ist, ist, so banal es klingen mag, eine weitere Voraussetzung dafür, um das Bild zu verstehen. Die Wahrnehmung von Details ermöglicht es oft erst, insbesondere bei Standardmotiven wie Mensch, Haus, Baum, Tier, Auto usw., das Spezifische dieses Bildes zu erkennen. Das Kind kann zu dem Teil des Inhalts, der ihm bewußt ist, spontan eine Erklärung abgeben.
  Daneben gibt es den unbewußten Inhalt des Bildes, den das Kind nicht mit Worten erklären kann.
- Der unbewußte Inhalt kann sich über eine psychodynamische Deutung des Bildes erschließen. Die psychodynamische Deutung eines Bildes wurde von verschiedenen tiefenpsychologischen Schulen und Therapierichtungen nach verschiedenen Aspekten vorgenommen. In diesem Zusammenhang sei vor allem auf die Literatur des kathatym-imaginativen Bild-Erlebens verwiesen (Horn und u.a.), in welchem durch einen gelenkten Tagtraum auch Kinder Zugang zu ihrem Unbewußten finden können.

Interpretationsebenen eines Bildes

Als Ebenen für die Interpretation eines Bildes ergeben sich demnach:
- emotionale Betroffenheit
- Entwicklungsstand des Zeichnens
- formale Kriterien des bildnerischen Ausdrucks
- inhaltliche Aussage
- psychodynamische Deutung

Emotionale Betroffenheit

Auf dieser Ebene sollte man Fragen zulassen wie: Ist das Bild für mich interessant? Was gefällt mir? Was gefällt mir nicht? Was stößt mich ab? Was zieht mich an? Was läßt mich gleichgültig? Was macht mich betroffen?

Gerade wenn man einen Zugang zum seelisch wunden Kind finden möchte, ist es wichtig, sich mit den Bildelementen zu konfrontieren, die man selbst als negativ erlebt. Geht man von der Annahme aus, daß viele dieser Kinder in ihrer Kommunikation mit ihrer Umwelt gestört sind, das heißt, daß die Botschaft, die sie aussenden, in der Umwelt nicht ankommt, so ist es notwendig, Ursachen dieser Kommunikationsstörung nachzugehen. Eine der Ursachen ist sicherlich die, daß uns diese Kinder etwas mitteilen wollen, was wir selbst als negativ erleben. Wir, die Betrachter, wehren ja auch bei uns selbst Negatives ab und sind daher auch in unserer Kommunikationsfähigkeit eingeschränkt.

Das Kind kann also durch sein Bild in uns Erinnerung an eigenes Leid oder an eigene Wünsche, die wir uns selbst nicht zugestehen, wachrufen. Je offener wir als Betrachter sind, je mehr wir eigene negative Anteile und Leiderfahrung zulassen, umso eher wird uns die Kommunikation mit dem seelisch wunden Kind möglich werden.

Der Entwicklungsstand im Zeichnen

Bei der Entwicklung des Zeichnens sind verschiedene Stadien erkennbar: Im Kleinkindalter unterscheiden wir zwischen Kritzelstadium, Symbolstadium und werkschaffendem Zeichnen (Schenk-Danzinger 1977).

Im Kritzelstadium erlernt das Kind den Umgang mit dem Material (Bleistift, Papier) und die Darstellung der Urformen wie Strich, Punkt, Kreis, Kreuz, Spirale. Die Absicht, durch das Zeichnen in diesem Stadium etwas darzustellen, ist wahrscheinlich nicht bei jeder Zeichnung gegeben. Es überwiegt in diesem Stadium vielmehr die Lust am Tun, was das Üben von graphischer Wiedergabe der Urformen in Gang hält (Funktionsspiel).

Im Symbolstadium hingegen werden vom Kind zeichnerische Darstellungen bereits benannt, auch wenn sie für den Betrachter nicht erkennbar sind. In diesem Stadium nimmt das Kind einige wenige, für es wichtige Details und stellt damit einen Inhalt dar, z.B. wird ein in sich geschlossenes Gebilde als Haus bezeichnet.

Im nächsten Stadium, dem Stadium des werkschaffenden Zeichnens, finden sich beim Kind Plan, Durchführung und die Darstellung charakteristischer Merkmale. Hierbei bemüht sich das Kind zunächst um intellektuellen Realismus, indem es das zeichnerisch festhält, was das Erkennen des Gegenstandes erlaubt. In diesem Stadium werden auch unsichtbare Details dargestellt. So wird z.B. ein Sack mitsamt seinem Inhalt gezeichnet, obwohl man diesen in der Realität nicht wahrnehmen kann. Die Weiterentwicklung findet sich im visuellen Realismus. Hier ordnet sich die Zeichnung immer mehr einem einzigen Blickpunkt unter, was dazu führt, daß nur das gezeichnet wird, was man auch sieht. Dies führt schließlich zur perspektivischen Darstellung (Widlöcher 1995).

Im Schulkindalter findet man auf diese Weise die Entwicklung in der Darstellung von Einzeldingen, von räumlicher Darstellung und von Raum-Lagebeziehungen (Malina-Angerer und Safer 1998). Bereits im Alter von 10–14 Jahren kann sich verständnisvoller Zugang zur bildenden Kunst in eigenen Werken niederschlagen (Schreiner-Maierhofer 1998).

Bei dieser Interpretationsebene ergeben sich folgende Fragen:

- In welchem Entwicklungsstadium des Zeichnens befindet sich das Kind?
- Entspricht das Entwicklungsstadium der Zeichnung dem Alter und dem kognitiven Entwicklungsstand des Kindes?
- Sind unterschiedliche Entwicklungsstadien innerhalb einer Zeichnung oder verschiedener Zeichnungen ein- und desselben Kindes erkennbar?

Legt das Kind möglichst großes Gewicht auf eine „schöne Zeichnung", bemüht es sich also um ein möglichst hohes formales Niveau, wie z.B. um Perspektive, so geht dies üblicherweise zu Lasten des emotionalen Ausdrucks. So wie das Kind im Kritzelstadium erst wenig über das Kritzeln ausdrücken kann, so ringt auch das Kind im späteren Alter um die möglichst „richtige" Darstellung, übt diese ein und kann sie erst für emotionalen Ausdruck einsetzen, wenn es das jeweilige zeichnerische Niveau auch tatsächlich beherrscht. Das führt dazu, daß emotional betonte Zeichnungen in der Regel auf einem niedrigeren Entwicklungsniveau des Zeichnens erfolgen, als das Kind es bei gezielter Anstrengung tatsächlich hat. Eine in den Augen des Schulkindes „schöne" Zeichnung entspricht möglichst der äußeren Realität, weshalb es dann im pubertären Alter überhaupt zu zeichnen aufhört. Gelingt es, das Kind vorübergehend von diesem Anspruch zu befreien, so kann es auch im fortgeschrittenen Alter eine emotional aussagestarke Zeichnung produzieren.

Wie weit Zeichnungen im Kritzelstadium als Mitteilung eingestuft werden können oder vor allem das Einüben bestimmter Bewegungsabläufe und -formen sind, kann nicht mit Sicherheit gesagt werden. Kritzeln bei älteren Kindern kann auch Ausdruck von einem Zustand der Symbiose oder dem Wunsch danach sein. Insbesondere Kritzelknäuel (allmähliche Verdichtungstendenz beim Kritzeln) scheinen darauf hinzuweisen (Bachmann 1985).

Das Symbolstadium erlaubt eine Deutung des Bildes. Zeichnet ein kognitiv im Rahmen der Norm befähigtes Kind deutlich unter seinem Niveau, so ist dies auf jeden Fall als auffällig einzustufen. Werden z.B. Säugetiere mit einem Körper versehen, aber Menschen nur als Strichmännchen dargestellt, so weist dies auf Probleme mit dem menschlichen Körper hin, wie sie z.B. mißbrauchte Kinder haben.

Häufig verwenden Kinder vorübergehend in der Regression (Zurückfallen auf frühere Entwicklungsstufen) bildnerische Ausdrucksmittel sehr früher Entwicklungsstufen. Das Bild kann also Hinweis auf Regression geben, z.B. bei Affektdurchbrüchen (vgl. das Bild „Hände hinter Gitter", 54). Das Erreichen eines altersadäquaten Niveaus in der zeichnerischen Darstellung nach solchen regressiven Stadien spricht für eine Konsolidierung der Persönlichkeit. Dies kann innerhalb von Stunden, aber auch erst von Wochen oder Monaten erreicht werden.

Auch Kinder mit einem sehr geringen kognitiven Entwicklungsstand (Intelligenzminderung), oft gepaart mit dem Fehlen von Sprache, können sich über das Malen ausdrücken. Gerade für diese Kinder ist das Malen eine gute Möglichkeit, ihre emotionale Befindlichkeit mitzuteilen. Kinder mit einer Intelligenzminderung befinden sich auch in ihrem Entwicklungsstand des Zeichnens auf einem reduzierten Niveau (vgl. das Bild „Im Dorf", 199).

Formale Kriterien des bildnerischen Ausdrucks

Bevor auf formale Ausdrucksmittel im einzelnen eingegangen wird, ist es notwendig, daß Setting zu bedenken, in dem die Zeichnung entstanden ist. Es stellt sich die Frage, ob die Zeichnung spontan oder aufgrund einer Anregung entstanden ist. Spontane Zeichnungen werden nur von Kindern produziert, die sich ein gewisses Maß an Freiheit und Spontaneität erhalten oder wieder errungen haben. Dabei ist zu unterscheiden zwischen Werken, die vom Kind in der Absicht, eine möglichst „schöne Zeichnung" zu produzieren, entstehen und solchen, durch die das Kind sich emotional mitteilen möchte.

Weiters ergibt sich die Frage: Ist die Zeichnung in einer pädagogischen oder therapeutischen Situation, und wenn ja, in welcher Art von Therapie, entstanden? Vorher gegebene Anregungen und Impulse können es dem Kind möglich gemacht haben, sich zu öffnen. In Gruppensituationen ist es besonders schwierig, Kindern von dem Bestreben des „schönen Zeichnens" wegzubringen und zu einem persönlichen Ausdruck zu führen.

Ein weiteres Kriterium ist das Material: Ist es dem Kind möglich gewesen, zwischen verschiedenen Papierarten, Formaten, Stiften und Farben zu wählen, oder war dies jeweils vorgegeben? Bei freier Wahl spricht größeres Papierformat für ein größeres Selbstwertgefühl und kleineres Papierformat für ängstliche Gehemmtheit. Der Griff zu färbigem Papier spricht für emotionale Lockerheit.

Die ausschließliche Verwendung von Bleistiften weist auf emotionale Gehemmtheit und rationale Einstellung hin. Farbstiftzeichnungen lassen schon etwas mehr an emotionalem Ausdruck zu, und andere Farben (Filzstifte, Fingerfarben, Wasserfarben, Malfarben) sprechen für den Mut, Emotionen zuzulassen und mitzuteilen.

Das Blatt spiegelt den Lebensraum des Kindes wider, was es möglich macht, von der Strukturierung der Zeichnung auf dem Blatt auf die Lebenssituation des Kindes zu schließen. Wird das Blatt in seiner ganzen Größe genützt, so spricht dies für die gute Entfaltung des Kindes in seinem Lebensraum. Verwendet das Kind nur sehr wenig Platz im Verhältnis zu dem zur Verfügung stehenden, so kann dies als Hinweis genommen werden, daß es seine inneren und äußeren Möglichkeiten nicht ausschöpft. Reicht die Zeichnung bis unmittelbar an die Blattgrenze bzw. tendiert das Kind dazu, diese zu überschreiten, so weist dies auf ein erhöhtes Expansionsbedürfnis und schließlich auf die Tendenz hin, vorgegebene Grenzen zu überschreiten.

Die Raumlage auf dem Blatt, nämlich links, rechts oder in der Mitte, ist Ausdruck für das Selbstwertgefühl, aber auch für das Verhältnis zur Vergangenheit, zur Gegenwart und zur Zukunft. In der Raumlage entspricht die linke Seite der Vergangenheit, erhöhter Bezogenheit auf die Mutter und einer Tendenz zum Rückzug. So verweist z.B. ein unharmonischer Strich nach links darauf, daß die Vergangenheit noch nicht bewältigt ist (vgl. das Bild „Wer bin ich?", 177, eines 12-jährigen Flüchtlingsmädchens). Die rechte Seite steht für Aktivität, Zukunftsbezogenheit. Eine Abwendung von dieser Seite spiegelt die Vermeidung von Aktivität und Anforderungen der Zukunft wider (vgl. das Bild „Gestreifte Katze", 78 eines leistungsgehemmten Jugendlichen). Die Positionierung in der Mitte weist auf eine harmonische Einfügung in die Umgebung und auch in die zeitliche Dimension Vergangenheit und Zukunft. Situierung des Dargestellten, vor allem im oberen Blattbereich, spricht für erhöhtes, unrealistisches Selbstwertgefühl, während eine Situierung am unteren Blattrand für Minderwertigkeitsgefühle steht. Die unrealistische Selbstüberschätzung ist deutlich sichtbar in dem Bild „Teufels-Ich" (106).

Auch die Wahl des Formates (Quer- oder Längsformat) kann von Bedeutung sein. Es wird einerseits vom Motiv, andererseits von der emotionalen Befindlichkeit bestimmt. So ist das Querformat eines A4 Blattes im Kleinkindalter üblich; es weist ab Beginn des Schulalters auf ein erhöhtes Bedürfnis hin, sich auf mütterliche Personen zu stützen bzw. in die Regression zu gehen. Das wird z.B. besonders anschaulich in dem Bild „Immer, wenn ich verliere" (55) oder in der „Selbstdarstellung" (175) eines 9-jährigen Flüchtlingsbuben.

Fügt das Kind einen Rahmen um sein Bild, so versucht es sich zu schützen, zu begrenzen oder einzuschränken. So findet sich z.B. in dem Bild „Im Dorf" (199) eines 12-jährigen geistig behinderten Knaben an zwei Seiten ein Rahmen, wobei offen bleibt, wovor sich der Knabe tatsächlich schützen möchte.

Die Proportionen des Dargestellten drücken ihren Stellenwert an Wichtigkeit für das Kind, aber auch seine emotionale Befindlichkeit aus. So sind besonders kleine Darstellungen ein Hinweis auf Angst und Zurückgezogenheit, während übergroße Darstellungen die Dominanz dieses Inhalts für das Kind hervorstreichen. Eine Betonung der Augenpartien findet sich z.B. bei Kindern, die sich in übergroßem Ausmaß beobachtet, das heißt im weiteren Sinn verfolgt fühlen (vgl. „Büste", 4). Das, was übergroß dargestellt wird, wird als besonders mächtig und bedrohlich erlebt, wie z.B. auf dem Bild „Kugelfisch" (167) eines 10-jährigen Knaben, der sich mit dem Tod seiner Mutter konfrontiert sah.

Besondere Phänomene sind Übermalungen, Weglassungen (trotz zeichnerischen Vermögens) sowie Beschneidung eines Motivs durch den Blattrand. Übermalungen können als der Versuch, etwas aus Scham, aus Minderwertigkeitsgefühlen, aus Angst ungeschehen zu machen, interpretiert werden. Übermalungen sind für den Betrachter in der Regel nicht erkenntlich. So findet sich z.B. auf dem Bild „Rote Blume" (195) eines 12-jährigen Mädchens aus unzulänglicher familiärer Betreuung eine Übermalung einer sehr kleinen Knolle, aus der die Blume entstanden ist. Weglassungen sind sehr deutliche Hinweise dafür, daß der weggelassene Bereich angstbesetzt, konfliktbeladen ist und abgespalten wird. Es kann angenommen werden, daß dieser Bereich nicht unmittelbar dem Bewußtsein zugänglich ist. Ebenso sind Beschneidungen am Blattrand zu verstehen. Wir finden dies besonders häufig bei sexuell mißbrauchten Kindern, die ihren eigenen Körper und/oder den Körper des Mißbrauchers nicht darstellen (vgl. „Simpa", 202).

Die Dynamik des Dargestellten entspricht der Dynamik des Kindes. Eine Bewegung nach rechts steht für Zukunftsorientiertheit und Extravertiertheit, während eine Bewegung nach links für Regression und Introversion sowie Vergangenheitsorientierung steht. Bei vielen unserer Kinder dominiert die Bewegung nach links, was ihre Angst vor den Anforderungen der Gegenwart und der Zukunft widerspiegelt. Ein Mangel an Dynamik im Blatt spricht für massive Gehemmtheit eines Kindes (vgl. „Drache in der Höhle", 95, 13-jähriger Knaber mit einer psychogenen Bewegungsstörung und einer Sprechhemmung). Einen Überfluß an Bewegung finden wir durchwegs in den Bildern hyperaktiver Kinder, was sich z.B. in dem Bild „Meine Mutter" (66) eines hyperaktiven Schulkindes deutlich manifestiert.

Der Raumdynamik entspricht auch die Dynamik einer Spirale. So sind nach rechts drehende Spiralen Symbole für Tendenzen zur Bewußtwerdung, Weiterentwicklung und Aktivität, während nach links drehende Spiralen auf Regression und Hinwendung zum Unbewußten stehen.

In der Druckstärke und der Breite des Striches spiegeln sich einerseits das Temperament und andererseits Ängstlichkeit bzw. Freiheit von Angst wider. So sieht man in der „Skizze von einem Menschen" (144) eines 12-jährigen Knaben mit massiver Angst vor dem Vater eine äußerst zarte Strichführung, wie dies sehr oft bei ängstlichen Kindern zu beobachten ist.

Ein Bild, in dem Perspektive erkennbar ist und auch Emotionen ausgedrückt werden, spricht für eine reife Darstellung und die Integration von eigenen negativen Anteilen. Bei Kindern und psychotischen Jugendlichen finden sich eher selten Darstellungen mit Perspektive. Diese Menschen sind sich ihrer Schatteneigenschaften (das vom Bewußtsein aus Gründen der Anpassung Verdrängte) nicht bewußt und tendieren dazu, ihre negativen Anteile in erhöhtem Ausmaß auf ihre Umgebung zu projizieren (Jacobi 1992). So finden sich z.B. in dem Bild „Kapelle auf der Wiese" (11) eines 16-jährigen Jugendlichen mit sozialen Schwierigkeiten Wolken über die Äste der Bäume gemalt, was ein deutliches Unreifezeichen in diesem Alter ist.

Farben stehen allgemein für die Affektivität des Werkschaffenden, seine Stimmung, seine Gefühle, das Zulassen von Gefühlen und seinen Zugang zu seinen Gefühlen. Werden keine Farben verwendet, so kann geschlossen werden, daß der Zeichner Scheu hat, seine Emotionen auszudrücken und sich mit ihnen auseinanderzusetzen. Das Gegenteil sind Farbflecken ohne formale Gestaltung, ein Zeichen für die Dominanz der Affekte ohne Steuerung.

Das Ausmalen der Zeichnung mit Farben spricht für eine gute emotionale Ansprechbarkeit. Werden bei einzelnen Motiven in ein und demselben Bild Farben weggelassen, so spricht dies für emotionale Gehemmtheit in diesem Bereich. So findet sich z.B. in dem Bild „Wer bin ich?" (177) eines 12-jährigen Flüchtlingsmädchens eine intensive Farbgebung. Nur der Schmetterling, vermutlich Symbol für ihre eigene Person, hat keine gefärbten Flügel, was für das Vermeiden der Emotionalität hinsichtlich der eigenen Person spricht.

Dominiert eine Farbe, so dürfte auch der damit verbundene Affekt im Erleben des Kindes vorherrschen. Wird dieselbe Farbe für verschiedene Motive verwendet, so ist dies ein diskreter Hinweis auf Ähnlichkeit oder Zugehörigkeit. Eine sehr spärliche Verwendung von Farben spricht für Leere, Einsamkeit und Depression (vgl. das Bild „Vulkan" 7 eines Angstkindes).

Der Symbolgehalt einer Farbe ist mehrdeutig und sollte womöglich durch Assoziationen des Kindes zum Bild erhellt werden. Daher können die nachstehenden Hinweise für bestimmte Farbdeutungen nur mit Vorbehalt für das Verständnis eines Bildes Anwendung finden. Eine sehr häufig verwendete Farbe der traumatisierten Kinder ist Schwarz, welche für Angst, Bedrohung und Aggressivität aus Angst stehen dürfte. Rot, die Lieblingsfarbe kleiner Kinder, stellt Lebensfreude, Vitalität und Liebe dar, kann aber auch Aggressivität und Verletzung zum Ausdruck bringen. Blau steht unter anderem für Sehnsucht und Introversion, Gelb für Lebensfreude, Macht und Intelligenz.

Grün ist die Farbe der Pflanzen und drückt Hoffnung aus, während Braun einerseits für mütterliche Kraft, andererseits für Zwanghaftigkeit und Einkoten steht.

Die Strukturiertheit einer Zeichnung ist Abbild der Strukturiertheit der Persönlichkeit des Zeichners. So findet sich eine Überbetonung der Struktur bei zwanghaften, d.h. übergenauen, sehr regelbewußten und überangepaßten Menschen. Der Mangel an Spontaneität und Impulsivität ist z.B. deutlich sichtbar in den Selbstdarstellungen der Mädchen mit dem Symptom autoaggressives Haareausreißen (37–41). Ein Chaos in der Zeichnung hingegen spiegelt den Mangel an Strukturiertheit der eigenen Persönlichkeit wider. Die Desintegration, nämlich die Darstellung von Merkmalen außerhalb der jeweiligen Gestalt oder am unpassenden Platz, findet sich bei sehr jungen Kindern im Symbolstadium, wird von geistig Behinderten beibehalten, und findet sich in Bildern von psychotischen Jugendlichen wieder. So ist z.B. „Der Teigprinz" (13), das Bild eines paranoiden Jugendlichen, mit 2 Mündern und einem Kopf mitten im Bauch versehen. Im Symbolstadium beim Kleinkind wird dies als Dislokation bezeichnet.

Im Kleinkindalter finden sich häufig Ich-Inseln (Schmeer 1995), womit gutstrukturierte Elemente in einem scheinbaren Chaos von Farben und Formen gemeint sind. Dies spricht dafür, daß das Kleinkind in bestimmten Bereichen oder zu bestimmten Zeiten Struktur d.h. Steuerung über sich selbst erlangt hat, während der übrige Teil noch unstrukturiert und damit ungesteuert ist (vgl. „Im Käfig", 101).

Interpretation des Inhalts

Auch hier ist es wichtig, sich vom Kind das Gezeichnete erklären zu lassen, um ein besseres Verständnis für die Darstellung zu erlangen. Die Zeichnung kann etwas Erlebtes, etwas Gefürchtetes, aber auch etwas Gewünschtes zum Ausdruck bringen. So können eigene Mangelerlebnisse durch das Zeichnen, ähnlich wie durch Phantasiegeschichten, kompensiert werden, wie z.B. in dem Bild „Ich als Fee" (206) eines Kindes aus schlechten finanziellen Verhältnissen, in dem sich das Kind den Wunsch nach Schmuck und schöner Kleidung und strahlendem Aussehen erfüllt. Daß dies schwerer gestörten Kindern nicht möglich ist, und auch trotz entsprechender Anregung, wie durch die Frage „Was ich gerne einen Tag lang sein möchte", gibt das Bild eines Angstkindes wieder, welches mit „Ein Punkt" (212) reagiert. Dieses Kind ist zu ängstlich, um sich in der Phantasie Wünsche zu erfüllen.

Anregungen hinsichtlich einer inhaltlichen Darstellung sollten das Kind nicht im Negativen, im Angstbereich oder in seinem Trauma fixieren. So ist z.B. die Fragestellung „Was ich gerne mit dem Krampus machen würde" ein guter Impuls, sich mit fremder und eigener Angst und Aggressivität auseinanderzusetzen und läßt dadurch das Kind eigene Bewältigungsmechanismen finden.

Spontan wird im Alter bis zu 8 Jahren zumeist ein Haus gezeichnet, welches Symbol für das eigene Selbst sein kann. Tiere sind in diesem Alter häufig Symbole für Menschen.

Im Kleinkindalter werden auch scheinbar nicht zusammengehörige Inhalte auf einem Blatt zur Darstellung gebracht. Erfolgt dies auch noch später, sind sie als Durchbrüche von unbewußten Inhalten anzusehen.

Zeichnen Kinder spontan, so malen Realitätszugewandte und emotional Integrierte häufig Themen, die mit der Jahreszeit oder mit dem Alltagsgeschehen in Bezug stehen. Andere Motive, die scheinbar völlig zusammenhanglos zu Papier gebracht werden, sind aber diejenigen, die uns zu tieferen Schichten des Kindes führen können. Dazu dienen auch Motive aus dem katathym-imaginativen Bilderleben, einer tiefenpsychologisch orientierten Form der Psychotherapie, wie z.B. Wiese oder Bach.

Der Baum ist ein besonders beliebtes Motiv, welches in dem Kapitel über die Baumzeichnung von Marianne Mairhofer in diesem Band ausführlich dargestellt wird.

Fragen auf dieser Interpretationsebene sind z.B.:

- Was hat das Kind dargestellt?
- Was ist erkennbar?
- Ist es eine Einzeldarstellung oder eine Szene, mit welcher Handlung?
- Was passiert im Bild?
- Kommt das Kind in dem Bild bewußt vor?
- In welchem Zusammenhang kommt es vor?

- Wer oder was wird noch dargestellt?
- Gibt es Details, die „unpassend" oder unverständlich sind?
- Wurde ein Thema gestellt?
- Wie wurde dieses verarbeitet?

Kinder, die mit ihrer eigenen Problematik nicht zurechtkommen, können auf Themenstellungen schlecht eingehen und tendieren dazu, ihre eigene persönliche Situation darzustellen (vgl. „Böser Kobold", 196). Das Mädchen konnte der Aufforderung, einen Kobold zu zeichnen, nicht wie die anderen Kinder der Gruppe erfüllen. Es stellte vielmehr seine eigene Befindlichkeit dar, die durch seine Abstammung aus einem Gewaltmilieu erklärbar ist.

Psychodynamische Deutung

Eine psychodynamische Interpretation sollte nur bei Kenntnis der Vorgeschichte, der Situation, in der die Zeichnung entstanden ist und des Kommentars des Werkschaffenden vorgenommen werden und setzt fundierte Kenntnis des tiefenpsychologischen Paradigmas voraus. Ausgehend von der Erfahrung, daß Malen im Kindes- und auch im Jugendalter ein Zugang zu den unbewußten Schichten der Persönlichkeit sein kann, liegt es nahe, bei der psychodynamischen Interpretation eines Bildes wie bei einem Traum vorzugehen.

Bei der Bildarbeit (Schmeer 1995) werden Verdichtung, Verschiebung und sekundäre Bearbeitung wie beim Traum wirksam. In der Verdichtung werden verschiedene Elemente in einem Symbol ausgedrückt, ein zumeist unbewußter Vorgang. Durch die Verschiebung erhält ein Element eine im usprünglichen Erleben des Kindes nicht zugestandene Bedeutung, wodurch die Aussage verschleiert wird. So hat z.B. der Knabe mit dem abgetrennten Finger im Bild einen abgetrennten Kopf dargestellt (Bild „Große Krake", 147), welcher für den abgetrennten Finger steht. In der sekundären Bearbeitung eines Traumes wird dieser den Gesetzen der Logik unterworfen, das heißt, Unlogisches wird korrigiert und Lücken werden ausgefüllt. Beim Malen ist dies durch Korrekturen, Radieren, Übermalen, Neuanfänge etc. erkennbar. Je perfekter das Bild wird, desto mehr ist der unbewußte Inhalt verhüllt. Ratschläge und Kritik verstärken die sekundäre Bearbeitung oder lassen unbewußte Inhalte überhaupt nicht aufkommen.

Die Deutung von Symbolen sollte, wenn überhaupt, zusammen mit dem Kind erarbeitet werden. Deshalb soll die folgende Aufzählung, die im wesentlichen mit den Symbolinterpretationen bei Erwachsenen übereinstimmt (vgl. Schmeer 1995),.nur als Hilfsinstrument verstanden werden.

- Die Menschendarstellung in einer Zeichnung spiegelt zumeist das Verständnis der eigenen Persönlichkeit wider. So ist eine Ausführung des Körpers mit Rumpf etwa ab dem Alter von 6 Jahren Zeichen für eine gute Selbststeuerung (Kraft-Ich). Die Ausführung von Händen spricht für Handlungsbereitschaft, die Darstellung von Füßen und Schuhen für Standfestigkeit. Überbetonung von Schuhen kann auf erhöhte Aggressivität hinweisen. Die Beine sind Zeichen für die Fähigkeit und Bereitschaft zur Mobilität. Die Darstellung eines Sinnesorganes spricht für die Nützung dieses Sinneskanales, das Weglassen für eine Blockierung.
- Auch Bäume sind Symbole für die eigene Persönlichkeit, nämlich für das Geworden- und Gewachsen-Sein. Wurzeln sind Symbol für die Verbindung zur Familie oder einem Kollektiv. Der Stamm zeigt die Belastungsfähigkeit und Vitalität an. Über die Krone wird schließlich die Entfaltung der Persönlichkeit ausgedrückt. Eine besonders wichtige Stelle ist der Übergang vom Stamm in die Krone. Bei frühen Störungen (z.B. Frühverwahrlosung) finden sich hier ausgeprägte Mängel und Defekte.
- Fahrzeuge sind bei Knaben häufig auch ein Symbol ihrer eigenen Persönlichkeit. Fehlt die Person, die das Fahrzeug steuert, so spricht dies für Orientierungslosigkeit, Unsicherheit und Getriebenheit.
- Möbelstücke sind häufig bei Überkontrollierten, Isolierten und Kindern mit Schulproblemen zu finden.
- Eine Schnur stellt eine regressive Verbindung her. Demnach ist die Selbständigkeit des Angebundenen eher als gering einzuschätzen.
- Ursymbole sind Kreis, Kreuz und Punkt. Der Kreis symbolisiert Abgrenzung, das Kreuz Orientierung

im äußeren und inneren Raum, und Punkte sind Ausdruck von Leben.
- Ein von Kindern fast durchwegs gezeichnetes Symbol ist die Sonne, welche für positive männliche, väterliche Kraft steht. Im Bild „Sonnenuntergang" (43) wird das Älterwerden des Vaters durch eine untergehende Sonne deutlich symbolisiert.
- Boden, Erde, Grund werden für die symbolische Darstellung von nährender, haltender und tragender Mütterlichkeit verwendet.
- Die Anzahl gleicher Motive (z.B. Blumen, Wolken) entspricht oft der Anzahl der Familienmitglieder oder der Anzahl der Kinder in der Geschwisterreihe oder der Anzahl der Kinder in der Gruppe.

Es kann davon ausgegangen werden, daß das Kind sich zumindest in Teilaspekten in jedem Bild darstellt. So kann z.B. in dem Bild „Fuchs im Wald" (51) der aggressive Anteil des Jugendlichen in dem Fuchsgesicht, sein Erleben eines Traumas in dem Fuchs mit herabhängendem Schwanz gesehen werden.

In diesem Bild ist auch sehr gut die Mehrdeutigkeit eines Symbols zu finden. Das Fuchsgesicht dürfte sowohl der Jugendliche selbst als auch ein ihn ehemals bedrohender Mensch sein.

Bilderserien

Unter Bilderserien verstehen wir eine Reihe von Bildern, die von ein und demselben Kind in einem mehr oder weniger langen Zeitraum produziert werden. Sie zeichnen sich nach unseren Erfahrungen durch folgende Merkmale aus:
- Der Zeitraum, in dem diese Bilderserien entstehen, kann sich auf wenige Wochen, aber auch über Monate und auch Jahre erstrecken. Das Tempo dieses kathartischen Prozesses wird vom Kind selbst bestimmt.
- Der Aufbau solcher Serien erinnert an den Aufbau von klassischen Dramen, in denen es nach Einleitungsakten Akte des Konfliktes, des Höhepunktes und der Lösung gibt. Bei den Bildern nimmt die Steigerung der Ausdrucksintensität von Bild zu Bild zu.
- Den Höhepunkt bildet ein Werk, in dem die Traumatisierung des Kindes in stark verdichteter Form konzentriert dargestellt wird. Je mehr sich die Darstellung dem eigentlich traumatischen Geschehen beim Kind nähert, desto intensiver werden Farbgebung, Dynamik und Konzentration auf einige wesentliche Inhalte.
- Nach dem Höhepunkt läßt die Ausdrucksintensität nach, manchmal tritt ein Absinken in die Banalität und Versiegen der kreativen Impulse überhaupt auf (vgl. Serie dean 145–151).
- Charakteristisch für Serien mit therapeutischer Effizienz ist die zeitweise sehr intensive Darstellung von aggressiven und destruktiven Elementen. Das aggressive Symbol steht dabei sowohl für eine von außen auf das Kind einwirkende Bedrohung als auch für die eigene Aggressivität (Subjektebene/ Objektebene).
- Es ist auch an den formalen Elementen ersichtlich, ob es zur Lösung der gesamten Problematik oder nur einer Teilproblematik gekommen ist (vgl. Serie sond 79–84).
- Manchmal produzieren Kinder sogenannte „Einakter", also während ihrer gesamten Betreuung ein einziges, dafür aber besonders intensives Bild, indem sie ihre gesamte Problematik zum Ausdruck bringen (vgl. „Pandabär", 174 und „Abgesoffene Boote", 163).
- Immer beobachtbar ist nach dem Höhepunkt-Bild eine Verhaltensänderung des Kindes im Sinne einer besseren Integration und einer größeren Selbstakzeptanz.

„Wenn unsere Kinder sich überhaupt selbst finden, werden sie erst zufrieden sein, wenn sie ihr ganzes Selbst gefunden haben – einschließlich der aggressiven und destruktiven Anteile, die ebenso dazugehören wie die, die wir als lieb bezeichnen" (Winnicott, 1989).

Eingehen auf das Bild – der heilende Aspekt

Seelisch wunde Kinder können im Malen ihr Trauma und ihre Traumatisiertheit zum Ausdruck bringen. Was als Trauma erfahren und wie es verarbeitet wird, hängt von den traumatisierenden Ereignissen (Krieg, Mißhandlung, Verachtung, ...) und vom Kind ab. Es gibt Kinder, die aufgrund ihrer genetischen Disposition, aber auch auf Grund von biologischen und psychosozialen Einflüssen zu erhöhter Vulnerabilität (Verletzbarkeit) tendieren. In der Regel hat das Kind nicht nur das Trauma selbst, sondern auch die Reaktion der Umwelt auf seine Traumatisierung zu bewältigen. Zum Beispiel hat ein Kind mit einer Lese-/Rechtschreibschwäche nicht nur sein eigenes Versagen zu verarbeiten. Es muß außerdem die Reaktion der Umwelt, nämlich schlechte Noten und möglicherweise Spott und Ablehnung durch andere Kinder, hinnehmen. Diese sekundäre Traumatisierung erstreckt sich oft über Jahre und kann zur Ausbildung von Verhaltensauffälligkeiten (Symptomen) führen. In der Folge ist schwer feststellbar, ob die primäre oder die sekundäre Traumatisierung für das Kind eine größere Belastung ist.

Der Umgang mit dem in einem therapeutischen Setting malenden Kind sollte daher in erster Linie eine weitere Traumatisierung und Chronifizierung vermeiden. Das, was uns das Kind über sein Bild mitteilt, darf nicht korrigiert und nicht kritisiert werden. Das Mitgeteilte, nicht in Worte gefaßte, auf der Symbolebene Dargestellte wird vom Therapeuten oder dem in einem therapeutischen Setting arbeitenden Pädagogen als wertvoll erkannt und akzeptiert. Die emotional warme Wertschätzung für das Werk erstreckt sich auf das Kind, wodurch dieses wieder zu einer besseren Selbstakzeptanz gelangen kann. Sollten weitere Interventionen stattfinden, so erfolgen sie vorerst wie im katathym – imaginativen Bilderleben auf der Symbolebene. Eine zu frühe Bewußtmachung zerstört das therapeutische Geschehen und erhöht die Abwehr. Zumeist ist eine Deutung des Bildes gegenüber dem Kind überhaupt nicht angebracht und würde das Kind in seiner Produktivität und seinem Zugang zu unbewußten Inhalten schwer beeinträchtigen. Es besteht vielmehr die Gefahr, das Kind durch Erklärungen und Deutungen zu verletzen und damit die Kommunikation zwischen Kind und Erwachsenem wieder zu zerstören.

In vielen Bildern bleiben Inhalte über, die nicht erklärt und nicht gedeutet werden können. Gerade sie geben einen wichtigen Hinweis darauf, daß das Kind oder der Jugendliche noch nicht imstande ist, etwas deutlich mitteilen zu können, was ihn jedoch belastet. Keinesfalls sollte ein Kind diesbezüglich mit Fragen überhäuft werden, weil es dadurch in seiner Produktivität und in seiner Spontaneität gehemmt wird. Seine psychische Abwehr würde sich verstärken.

Die spezifisch heilenden Kräfte beim Malen sind:

- der Ausdruck und damit die Kommunikation von bedeutenden Inhalten
- die dem Bewußtsein zunehmend bessere Zugänglichkeit
- die emotionale Transformierung
- der Vorgang der Sublimierung
- die Entwicklung steuernder positiver Kräfte (Ich-Stärke)

Das Nichtbenennbare, das im Bild zum Ausdruck kommt, wird durch den Vorgang des Malens in seinem emotionalen Gehalt transformiert, verliert etwas von seiner Schrecklichkeit, von seiner Übermächtigkeit. Finden wir keine negativen Besonderheiten mehr, so können wir annehmen, daß das Kind nun die kathartische Phase seiner Therapie hinter sich gebracht hat und fähig und bereit ist, sich in altersgemäßer Weise weiterzuentwickeln. Das Malen selbst ist ja schon ein Schritt zu einer höheren Entwicklung im Sinne einer Sublimierung. So wird z.B. Aggressivität nicht mehr direkt am nächsten Kind abreagiert, sondern im Bild zur Darstellung gebracht. Nach Abschluß der kathartischen Phase ist parallel mit Veränderungen im Malen eine Veränderung des Kindes auf der Handlungsebene zu beobachten, auf der es nun freier, weniger getrieben, mit größerer Selbststeuerung und zielorientierter vorgehen kann.

„Das Leben kann nur in der Schau nach rückwärts verstanden, aber nur in der Schau nach vorwärts gelebt werden" (Sören Kierkegaard).

Zusammenfassung

- Das Bild wird nur dann zum Kommunikationsmittel zwischen Kind und Erwachsenem, wenn dieser als Empfänger die emotionalen Voraussetzungen dafür mitbringt und Störungen wie Kritik, Richtlinien und Ratschläge vermeidet.
- Störungen sind auch alle Deutungen, die dem Kind über sein Bild unqualifiziert gesagt werden. Nur in bestimmter Form sind Kinder und Jugendliche imstande, Deutungen anzunehmen. Sie soll-

ten daher nur von Psychotherapeuten, wenn überhaupt, erfolgen.
- Voraussetzung für das Verständnis eines Bildes ist das eigene emotionale Mitschwingen. Erst auf dieser Basis können Interpretationen hinsichtlich Entwicklungsstand, formaler Kriterien, Inhalt und Psychodynamik entstehen.
- Der Ausdruck von Wertschätzung des Bildes gegenüber dem Kind ist wichtiger als das Verstehen des Bildes.
- Das Malen von Bildern kann als Mittel zur Weiterentwicklung der Persönlichkeit eingesetzt werden. Ein Mittel der Psychotherapie ist es nur in einem therapeutischen Setting unter der Führung eines Psychotherapeuten.

„Es ist darum auch die optimistische Voraussetzung der Psychotherapie, daß die Bewußtwerdung das Vorhandensein des Guten mehr betont als das verdunkelnde Böse. Die Bewußtwerdung ist tatsächlich eine Versöhnung von Gegensätzen und bildet damit ein höheres Drittes" (C. G. Jung).

Literatur:

Bach, S.R.: Spontanes Malen und Zeichnen im neurochirurgischen Bereich. Ein Beitrag zur Früh- und Differenzialdiagnose. Zürich 1961. Sonderdruck aus Schweizer Archiv für Neurologie, Neurochirurgie und Psychiatrie, Band 87/1.

Bachmann, Helen: Malen und Ich-Entwicklung. In Zollinger (Hrsg.): Kinder im Vorschulalter. Haupt, Bern, Stuttgart, Wien 1998.

Baukus, Peter und Thies, Jürgen: Kunsttherapie. G.Fischer, Stuttgart, Jena, Lübeck, Ulm 1997.

Baumgardt, Ursula: Kinderzeichnungen – Spiegel der Seele. Kinder zeichnen Konflikte ihrer Familie. Kreuz, Zürich 1985.

Crotti, Evi und Magni, Alberto: Die geheime Sprache der Kinder. Kinderzeichnungen richtig deuten. Beust, München 1999.

Franzke, Erich: Der Mensch und sein Gestaltungserleben. Huber, Bern 1989.

Gerber, Gisela und Sedlak, Franz (Hrsg.): Katahtymes Bilderleben innovativ. Motive und Methoden. Reinhard, 1994.

Hilweg, Werner und Ullmann, Elisabeth (Hrsg.): Kindheit und Trauma. Trennung, Mißbrauch, Krieg. Vandenhoeck und Ruprecht, Göttingen 1997.

Horn, Günther: Kindheit und Phantasie. Entwicklungsphasen im Spiegel innerer Bilder. Pabst Science Publishers, Berlin u.a. 1998.

Jacobi, Jolande: Vom Bilderreich der Seele. Wege und Umwege zu sich selbst. Walter, Zürich u. Düsseldorf 1992.

Jung, C.G.: Vom Gut und Böse. Einsichten und Weisheiten. Walter, Olten und Freiburg, 1990.

Klessmann, Edda und Eibach, Hannelore: Traumpfade. Weg – Erfahrungen in der Imagination. Huber. Bern 1996.

Klessmann, Edda und Eibach, Hannelore: Das imaginäre Haus als Spiegel menschlicher Erfahrungen und Entwicklungen. Huber, Bern 1993.

Kos-Robes, M. und Biermann, G.: Die Verzauberte Familie – Ein tiefenpsychologischer Zeichentest. Reinhardt, München-Basel 1990.

Koch, Karl: Der Baumtest. Huber, 1957.

Kramer, Edith: Kunst als Therapie mit Kindern. Reinhardt, München, Basel 1997.

Kraus, Werner: Die Heilkraft des Malens. Einführung in die Kunsttherapie. Beck'sche Reihe, 1996.

Malina-Angerer, Anna und Safer, Elisabeth: Das Kind und seine Bildsprache. Lesen-Verstehen-Unterrichten. Österreichischer Kunst- und Kulturverlag 1998.

Navratil, Leo: Die Gugginger Methode. Kunst in der Psychiatrie. G. Fischer, Ulm, Stuttgart, Jena, Lübeck 1998.

Rambert, Madeleine: Das Zeichnen als therapeutisches Mittel in der Kinderanalyse. In: Handbuch der Kinderpsychotherapie, Band 1 (Hrsg.: Biermann G.). Reinhardt, München 1969.

Reinelt, Toni: Maltherapie mit einem jugendlichen Zwangsneurotiker. In: Handbuch der Kinderpsychotherapie, Band 3 (Hrsg.: Biermann G.). Reinhardt, München 1976.

Riedel, Ingrid: Formen. Kreis, Kreuz, Dreieck, Quadrat, Spirale. Kreuz, Stuttgart 1985.

Riedel, Ingrid: Farben in Religion, Gesellschaft, Kunst und Psychotherapie. Kreuz, Stuttgart 1983.
Schenk-Danzinger, Lotte: Entwicklungspsychologie. Österreichischer Bundesverlag für Unterricht, Wissenschaft und Kunst, Wien 1977.
Schmeer, Gisela: Das Ich im Bild. Ein psychodynamischer Ansatz in der Kunstherapie. Pfeiffer, München 1995.
Schreiner-Maierhofer, Maria: Kinder kennen/können Kunst. Heyn, Wien 1998.
Schuster, Martin: Wodurch Bilder wirken. Psychologie der Kunst. Dumont, Köln 1997.
Widlöcher, Daniel: Was eine Kinderzeichnung verrät. Methode und Beispiele psychoanalytischer Deutung. Fischer, Frankfurt/Main 1995.
Winnicott, D.W.: Vom Spiel zur Kreativität. Klett-Cotta, Stuttgart 1989.

Dr. Rotraut Erhard

1943 in der Tschechei geboren, verh., 2 Pflegekinder.
Studium der Pädagogischen Psychologie und Germanistik in Wien.
Klin. Psychologin, Gesundheitspsychologin, Psychotherapeutin (Individualpsychologie u. Fortbildung in div. anderen Psychotherapiemethoden), allg. beeidete und gerichtlich zertifizierte Sachverständige.
Nach Tätigkeiten in der Child-Guidance-Clinic in Wien, am Österr. Institut für Jugendkunde und in der Anton-Proksch-Stiftung Kalksburg bei jugendlichen Suchtpatienten seit 1974 an der Heilpädagogischen Station des Landes Niederösterreich beschäftigt.
Lehr- und Vortragstätigkeit, Supervision.

Brigitte Jakubowics

Die Darstellung seelischer Prozesse in kreativen Objekten

Hindernisse auf dem Weg zur Handlung

Ich habe meine Arbeit „Hindernisse auf dem Weg zur Handlung" bezeichnet, weil ich mich mit Verweigerungstendenzen im Jugendalter und den dahinter liegenden, oft unbewußten Ängsten auseinandersetzen möchte, die die Handlungsfähigkeit behindern oder erschweren.

Anhand zweier Fallbeispiele von Gruppenpsychotherapien mit männlichen Jugendlichen werde ich einen besonderen Schwerpunkt auf die Darstellung der Angst vor dem Versagen legen.

In der ersten Fallvignette möchte ich die narzißtische Komponente der Versagensangst darstellen und die unterschiedlichen Abwehrstrategien der Gruppenmitglieder beschreiben. In diesem Beispiel möchte ich auch zeigen, wie durch das Bewußtmachen der Ängste diese gebunden und dadurch die Arbeits- bzw. Handlungsfähigkeit wieder erreicht werden kann.

Im zweiten Fallbeispiel werde ich mich mit der neurotischen Komponente der Angst vor dem Versagen beschäftigen. Hier möchte ich darstellen, wie durch das Bewußtwerden der aggressiven Impulse bei einem Vorhaben die Aggression gehemmt und die Handlung verhindert werden muß.

Kinder und Jugendliche versuchen, die Welt in der sie leben, in Besitz zu nehmen. Dabei stoßen sie immer wieder auch auf nötige Grenzen und Realitäten. Im Spiel und im kreativen Handeln werden solche Auseinandersetzungen mit der Umwelt sehr deutlich. Das Kind versucht aus einer passiven Position in eine aktive, handelnde Position zu gelangen und damit Erlebnisse und Situationen zu verstehen, zu verarbeiten und sie teilweise auch ungeschehen zu machen.

Kinder, die aufgrund erschwerter Lebensbedingungen mit seelischen Konflikten zu kämpfen haben, drücken u.a. durch verstärkte Aktivitäten ihre Probleme aus. Oft verwandelt sich dann das kreative Tun in ein zerstörerisches Ausagieren. Sie versuchen damit, den innerpsychischen Konflikt nach außen zu verlagern, um besser damit fertig werden zu können.

Dadurch entstehen zusätzliche Probleme in ihrer Umwelt, die wieder, wenn sie nicht verstanden werden, ausgelebt werden müssen. Der so entstehende Circulus vitiosus bewirkt, daß solche Kinder oft sehr abgelehnt werden. Das Kind selbst entwickelt durch die Reaktionen der Umwelt ein negatives Selbstbild, es erlebt sich dann selbst als böse und schlecht.

Eine Auswirkung bei manchen Kindern und später bei vielen Jugendlichen ist eine starke Hemmung bei handelnden Tätigkeiten. Kinder spielen dann nicht mehr, Jugendliche sind unfähig, sich zu beschäftigen, einer Arbeit nachzugehen bzw. kreativ zu werden.

Viele ziehen sich dann, aus Schutz vor ihren Minderwertigkeitsgefühlen, in Größenphantasien zurück. Die Angst vor dem Versagen oder ihren Aggressionen ist zu stark geworden, die Hoffnung, erfolgreich zu sein, ist nicht mehr erlebbar.

In meiner Arbeit mit männlichen Jugendlichen versuche ich durch einfache Aufgabenstellungen mit ansprechendem, jugendlichen-adäquatem Material, Neugierde und Lust auf kreatives Tun zu wecken. Es werden immer überdimensional große Projekte aus Ytong, Gips, Styropor, PU-Schaum, Lacksprays, Metall u.v.m. geplant. Zu Beginn ist die Faszination des Angebotes sehr groß, und die ersten Stunden werden eifrig mitgestaltet. Nach wenigen Stunden treten dann erste Verweigerungstendenzen auf. Hier versuche ich dann mit den Jugendlichen die dahinter liegenden, oft unbewußten Ängste zu erfassen und zu bearbeiten, die die Handlungsfähigkeit behindern oder erschweren.

Das Phänomen Abwehr

Ich begann mich verstärkt mit den Motiven von Verweigerungstendenzen zu befassen, als ich in meiner Arbeit mit den Jugendlichen immer wieder feststellte, daß gerade nach gemeinsamen Zielvereinbarungen die Jugendlichen alles zu unternehmen schienen, um dieses Ziel nicht zu erreichen. Dieses Phänomen war auch in vielen anderen Lebensbereichen der Jugendlichen zu beobachten: Die Jugendlichen arbeiten während des Tages in Werkstätten, wo sie Grundkenntnisse in der Werkstoffbearbeitung erwerben und einen Arbeitstag von 6 Stunden bewältigen lernen sollen.

Ein Jugendlicher zeigte mir z.B. am Vormittag bei einem Werkstättenbesuch, an welchem Werkstück er als nächstes arbeiten würde. Am Nachmittag erschien er dann nicht in der Werkstatt. Ein Anderer wiederum wollte immer wieder neue Werkstücke beginnen, ohne die letzten fertigzustellen, und verhinderte so, erfolgreich zu sein. Ein Dritter verließ bei dem kleinsten Mißerfolg seinen Arbeitsplatz und erzählte danach überzeugt, daß der Werkerzieher oder ein anderer Jugendlicher Schuld an diesem Mißerfolg hätten.

Ähnliche Mechanismen sind jedoch auch bei Erwachsenen immer wieder zu beobachten. Ich erkannte z.B. auch beim Vorbereiten dieser Arbeit meine eigenen Abwehrmechanismen. Ich wurde müde, sobald ich mich nur zum Schreibtisch setzte, dann wieder konnte kein Satz perfekt genug ausgedrückt werden. Sobald er auf dem Papier stand, war ich unzufrieden damit. Schließlich vergaß ich meine Unterlagen, als ich in meiner Supervision den Artikel besprechen wollte.

Ich möchte mit diesen Beispielen darstellen, daß wir alle mit diesen Phänomenen zu kämpfen haben und diese nicht nur speziell bei Adoleszenten beobachtbar sind.

In der psychoanalytischen Literatur[1] werden alle intrapsychischen Vorgänge, die das Ziel haben, unlustvolle Gefühle, Affekte und Wahrnehmungen vom Bewußtsein fernzuhalten, als Abwehr bezeichnet. Das heißt, diese unlustvollen Reize werden, noch bevor sie bewußt wahrgenommen werden, abgewehrt.

Stavros Mentzos schreibt, daß Abwehrvorgänge im Dienst der Schutz- und Bewältigungsaufgaben des Ichs stehen. Diese Mechanismen werden aber auch eingesetzt, um Angst, seelischen Schmerz und Schuldgefühle, die aus neurotischen Konflikten entstehen, unbewußt zu machen oder unbewußt zu halten. Damit erreicht das Individuum eine gewisse Entlastung, der Konflikt bleibt aber ungelöst. Von der bewußten Seelentätigkeit unkontrolliert, können die abgewehrten Vorstellungen im Dunkeln wuchern und extreme Ausdrucksformen und Phantasien entwickeln. Diese zwingen zu immer intensiveren und komplizierteren Abwehrstrategien in Form von Symptombildungen. Pathologisch werden diese Mechanismen, wenn sie zu einer erheblichen Ich-Einschränkung und der Reduzierung der freien Selbstentfaltung und -verwirklichung führen.

Die Angst des Ichs

Abwehroperationen werden durch Angstsignale ausgelöst, die das Ich von der drohenden Gefahrensituation alarmieren.

Anna Freud[2] beschrieb drei Gefahrenquellen:

- Gefahren aus der Außenwelt (Realängste: die Angst vor Trennungen, die Angst vor Objektverlust, die Angst vor Liebesverlust, die Angst vor Kritik und Strafe, die Angst vor Kastration, d.h. Angst vor Entwertung und Verletzungen)
  All diese Gefahren existieren in der Realität tatsächlich. Menschen müssen Trennungen und Verluste von wichtigen Personen verkraften, es besteht die Möglichkeit, die Liebe einer Person zu verlieren, kritisiert und bestraft zu werden bzw. gar verachtet und ausgelacht zu werden. Diese Ängste werden deshalb als Realängste bezeichnet.
- Gefahren, die vom Über-Ich drohen
  Neben der Selbstbeobachtung und Idealbildung ist der bedrohliche Anteil des Über-Ichs das Gewissen. Die Schuldgefühle, die bei Übertretung der verinnerlichten Ge- und Verbote entstehen, entwickeln sich aber auch bei verbotenen Phantasien und Wünschen.
  Aber auch das Ichideal, als ein Teil des Über-Ichs, kann bedrohlich werden. Viele Menschen stel-

len sich aufgrund ihres Idealbildes, das sie von sich fordern, viel zu hohe Anforderungen und müssen damit scheitern. Sie können ihren Ansprüchen nicht genügen, beginnen sich selbst zu kritisieren und projizieren ihre Kritik dann auf andere Menschen. Damit fühlen sie sich so streng von anderen Menschen beobachtet, wie sie es eigentlich selbst tun.

- Gefahren, die von den Trieben selbst ausgehen
  Stellen wir uns den Trieb als drängenden Wunsch vor, so ist es verständlich, daß dieser Wunsch auch auf Erfüllung hindrängt. Manche dieser Triebabkömmlinge können ungehindert bewußt werden und sofort der Befriedigung zugeführt werden. Andere hingegen würden dem Individuum große Probleme in der Realität bereiten, weil sie verboten und verpönt sind. Deshalb werden die ins Bewußtsein aufsteigenden Triebrepräsentanzen vom Ich kontrolliert und abhängig von der Realität oder bestehenden Verboten zugelassen oder abgewehrt.

Die Angst zu versagen

Jede Art von Handlung beinhaltet das Risiko zu versagen. Daher muß die Chance auf Erfolg gegeben sein, damit das Tun Freude machen kann. Mit anderen Worten ausgedrückt ist Handlung nur dann möglich, wenn die Erwartung der aus ihr gezogenen Triebbefriedigung (wie Stolz, Anerkennung und Macht etc.) größer ist als die Angst zu versagen. Dennoch gibt es oft Situationen, in denen Menschen trotz realistischen Erfolgsaussichten nicht aktiv werden können. Erfolgreiches Handeln würde zur Eigenständigkeit und Unabhängigkeit führen und damit zu einer Ablösung bzw. Aufweichung bestehender Abhängigkeitsverhältnisse. Die Angst vor der Trennung von wichtigen Personen steht hier im Vordergrund.

Entwicklungsgeschichtlich waren wir von der ersten Bezugsperson (der Mutter oder einem Mutterersatz) absolut abhängig und haben zu dieser Person eine exklusive Nähe entwickelt. Die Angst vor Unabhängigkeit (die oft durch ein permanentes Beweisenwollen der eigenen Selbständigkeit sichtbar wird) ist daher oft die Befürchtung, die Nähe wichtiger Personen zu verlieren. Besonders stark ausgeprägt ist diese Angst in krisenhaften Beziehungen, wo emotionale Nähe durch ein verstärktes Appellieren, den anderen zu brauchen, ersetzt wird. Jugendliche im Ablösungsprozeß von schwierigen Eltern-Kind-Beziehungen haben hier einen besonders schwierigen Schritt zu tun. Prinzipiell ist eine geglückte Ablösung nur durch ein Verinnerlichen der guten Anteile realer Bezugspersonen möglich, wo der Jugendliche dann für sich „mütterlich" bzw. „väterlich" werden kann. Bei diesem sogenannten narzißtischen Aspekt der Versagensangst besteht im Unbewußten zugleich auch der Wunsch zu versagen, d.h. der Wunsch mit der Mutter vereint zu bleiben und durch ein Verhindern von Erfolgen die Nähe zu ihr zu erhalten.

Erfolgreiches Handeln beinhaltet aber andererseits auch eine Herausforderung und Konkurrenz mit anderen Handelnden. Manche Jugendliche haben eine starke Hemmung, besser zu sein als erwachsene Bezugspersonen. Im Wettkampf, bei der Arbeit, im sozialen Kontext besser zu sein als der Andere, bedeutet im Unbewußten auch, diese Person zu überwältigen und zu vernichten. Diese Vernichtungsphantasien wurden in der frühen Kindheit, nämlich in der ödipalen Phase, besonders intensiv durchlebt, wo das kleine Kind mit einem Dritten (meist der väterliche Elternteil) um das Liebesobjekt (in der frühesten Phase ist das immer die Mutter bzw. ein Mutterersatz) rivalisiert. Durch das Einsetzen des Realitätsprinzips und aus Angst vor Vergeltungsschlägen wurden diese Phantasien unerträglich und deshalb verdrängt.

In der Adoleszenz werden diese Gefühle aktualisiert, Krisen können in Situationen entstehen, in denen der Jugendliche im Begriff steht, tatsächlich seine Eltern zu überholen. So scheitern manche ohne ersichtlichen Grund bei wichtigen Prüfungen (Lehrabschluß, Matura, Studiumsabschluß) oder treten erst gar nicht an. Oft stellt sich heraus, daß die Eltern diesen Ausbildungsschritt nicht absolviert haben. Erfolgreich sein würde unbewußt bedeuten, über den „Vater" zu triumphieren, besser zu werden als er, wodurch die ödipalen Vernichtungsphantasien dem „Vater" gegenüber aktiviert werden.

Beim neurotischen Aspekt steht der Wunsch des Über-Ichs zu versagen, im Vordergrund. Die in der Konkurrenz bestehenden Aggressionen sind zu gefährlich und müssen deshalb abgewehrt werden.

Anhand von zwei Fallvignetten möchte ich nun den narzißtischen und den neurotischen Aspekt der Angst zu versagen veranschaulichen und versuchen, die Hintergründe zu beleuchten. Die zwei Jahresgruppen, aus denen ich je eine Stunde darstellen werde, finden wöchentlich statt und dauern 60 Minuten.Den Jugendlichen gemeinsam ist das Scheitern eines oder mehrerer Arbeitsversuche nach Abschluß der Haupt- oder Allgemeinen Sonderschule.

Fallvignette 1

Das nach 10 Sitzungen geplante Projekt dieser Gruppe war eine Burg aus Pappmaché-Ziegeln. Sie sollte aus 6 Trakten bestehen, sodaß jeder der Jugendlichen nach Aufbau der Grundmauern einen Trakt nach seinen Vorstellungen gestalten, bemalen und mit Flaggen ausstatten konnte. Es gab die verschiedensten Pläne, wie der jeweilige Burgabschnitt aussehen würde, es kamen Ideen, eine Schatzburg, eine Rätselburg und eine Mörderburg zu gestalten.

Der Stundenbeginn

In der 12. Gruppenstunde, die ich jetzt beschreiben möchte, kamen Ferdinand und Ivan und setzten sich sofort in die Sitzecke, die für Besprechungen und Feierlichkeiten benützt wird. Winfried betrat als Nächster den Raum und setzte sich zu den Beiden. Schließlich trafen die anderen drei Jugendlichen ein, die ich nun aufforderte, auch in die Sitzecke zu kommen.

Ferdinand sagte, daß er sauer sei, weil er nach der Gruppentherapie statt dem geplanten Kochen in seine Werkstätte gehen sollte. Er beschloß deshalb, heute gar nichts zu tun. Winfried schloß sich sofort diesem Vorhaben an, und schließlich meinte auch Anton, daß er nicht in seine Werkstatt gehen möchte. Ivan hingegen meinte, daß er gleich jetzt arbeiten gehen möchte, diese Gruppe hier sei vergeudete Zeit.

Interpretation

Wie ist die Dynamik zu verstehen, daß die Jugendlichen ihren Entschluß, die Burg zu bauen, sofort bei auftretenden Schwierigkeiten, die noch dazu gar nichts mit dem Projekt zu tun hatten, fallen ließen?

Der Auslöser der Verweigerung war das Versagen der Institution, das geplante Kochen entfiel. Horst Eberhard Richter[3] beschreibt in seinem Buch „Die Gruppe", wie Schwierigkeiten im Umfeld die Identität einer Gruppe verunsichern können. Ein Außenfeind verhindert immer den Konflikt innerhalb der Gruppe bzw. den Konflikt des Individuums in der Gruppe zu sehen.

Nach Bions Modell[4] hat in dieser Gruppe die Grundannahme der Abhängigkeit vorgeherrscht. Jugendliche neigen in besonders hohem Maße dazu, auf Abhängigkeit mit einer Gegenabhängigkeit zu reagieren. Durch den Ausfall des Kochens bekommen sie nicht das, was sie brauchen. Der Zorn entsteht durch die gekränkte Abhängigkeit.

Als Repräsentantin der Institution habe auch ich in ihren Augen versagt. Auf diese Destabilisierung gehen sie in die Regression und reagieren mit Verweigerung. Die Gruppe ist somit nicht mehr Entwicklungsraum, sondern wird zur Wiederholung früherer Enttäuschungen verwendet. Sie ist also nicht mehr progressiv, sondern regressiv. Sie ist zu meiner Gruppe geworden bzw. dient sie der Erwachsenenwelt. Um sie von Seiten der Jugendlichen wieder in Besitz zu nehmen, müßten sie die Aggression, die zur Verweigerung geführt hat, für die Bewältigung dieses Problems einsetzen. Jedoch gibt es auf dem Weg zur Handlung noch zusätzliche Schwierigkeiten.

So ist jede Verwirklichung eines Vorhabens auch ein Stück narzißtischer Kränkung, da das tatsächliche Werk doch nie so genial werden kann, wie es in Gedanken ausgemalt wurde. Realität bedeutet auch immer ein Abschiednehmen von Größenphantasien und ein Akzeptieren der Durchschnittlichkeit und Begrenztheit.

Dies war ein zusätzliches Problem der Gruppe, hatten sie doch auch Phantasien geäußert, daß sie die Burg Liechtenstein bauen wollten. Mit diesem Vorbild mußten sie scheitern. Der Grund der Verweigerung war also auch die Angst, gemeinsam zu versagen, so wie die Institution versagt hatte.

Fallvignette 1: Burg

Individuelle Konfliktlösungsversuche
Im Folgenden möchte ich nun beschreiben, wie einzelne Jugendliche individuell auf diesen Konflikt reagierten und damit versuchten, mit der unbewußten Angst vorm Scheitern fertig zu werden. Ferdinand redete in dieser Stunde vor allem übers Essen, Trinken und Rauchen. Er hatte sich auch Süßigkeiten in die Stunde mitgenommen, die er hier verzehrte. Er schien in diesem Moment auf ein früheres Verhaltensschema zurückzugehen, indem er nur orale Bedürfnisse äußerte und trotzig auf den unvorhersehbaren Ausfall des Kochunterrichtes reagierte. Er war enttäuscht, daß seine Lieblingserzieherin, die diesen Kochkurs gewöhnlich leitete, krank war. Er zeigte in dieser Situation ein regressives Verhalten, er wollte getröstet werden und nichts leisten müssen. Ferdinand stand in dem Konflikt, einerseits selbständig und erfolgreich sein zu wollen (d.h. die Burg nach seinen Ideen zu verwirklichen) und andererseits gehalten und umsorgt zu werden. Der Schritt in die Selbständigkeit machte ihm Angst, er könnte Zuwendung in Form von Versorgtwerden verlieren.

Mit dem Gewinn der Selbständigkeit und Unabhängigkeit muß jeder auch die schmerzvolle Erfahrung machen, alleine und getrennt von anderen Personen zu sein. Jede Veränderung bedeutet ein Verlassen eines vertrauten Zustandes und die Reise in unbekanntes Land mit der verbundenen Ungewißheit, ob dieser Weg nicht zu unvorhersehbaren Konsequenzen führt. Das löst große Ängste aus und läßt viele Menschen in unbefriedigenden, jedoch bekannten Situationen verharren.

Wenn Ferdinand die Sicherheit hätte, die Burg nach seinen Vorstellungen verwirklichen zu können, würde ihm dieser Schritt in die Unabhängigkeit leichter fallen. Aber die Angst zu scheitern läßt ihn lieber in bekannte Verhaltensschemata zurückgehen.

David reagierte auf ganz andere Weise: Er saß halb liegend mit verschlossenen Augen auf der Couch und schimpfte vor sich her: „Scheiß Rapid, Scheiß Heim, Scheiß Erzieher..." Das ging eine Weile in dieser Form weiter, schließlich meinte er, eine bestimmte Erzieherin sei gut, nämlich zum Bumsen. Er phantasierte sich als stark und potent. Es schien eine Reaktion auf sein Minderwertigkeitsgefühl zu sein, auf die Angst, die Burg könnte nicht schön, groß und gut genug werden. Anstatt seine Aggressionen in den Dienst der Handlung zu stellen, d.h. verbissen ans Werk zu gehen und zu beweisen, was in ihm steckt, verzichtete er darauf, in Konkurrenz zu gehen und zog sich in Größenphantasien zurück.

Ivan, der gemeint hatte, die Gruppe sei vergeudete Zeit, zog es auch vor, in seinen Idealvorstellungen über sich zu verweilen und sich nicht an der Realität zu messen. Indem er Verachtung ausdrückte, teilte er uns mit, daß die Burg es nicht wert wäre, sich anzustrengen. Wenn er wollte, könnte er Großes leisten, z.B. in der Werkstatt.

Moritz sagte in regelmäßigen Abständen, wie fad es sei. Dazu möchte ich ergänzen, daß er auch in der vorigen Stunde, in der alle an der Burg mitgearbeitet hatten, dieses Gefühl der Langeweile erwähnt hatte. Moritz äußerte also dieses Gefühl unabhängig davon, ob er an der Burg arbeitete oder nicht. Bei ihm fiel deutlich die Hemmung auf, das Werk positiv oder negativ zu besetzen, wodurch sich dieses Gefühl der Langeweile einstellte. Die Burg zu bauen, würde bedeuten, daß er sich von seinem Produkt wieder trennen müßte, da er die Burg nicht mitnehmen können würde. Das wird besser verständlich, wenn ich an vorhergehende Gruppensituationen denke, wo Moritz öfter fragte, was denn nach Abschluß der Gruppe mit dem Projekt passieren würde.

Auch hier taucht wieder die Frage auf, für wen die Gruppe ist. Gehört die Burg den Jugendlichen oder den Erwachsenen? Setzen sich die Jugendlichen mit der Burg ein Denkmal oder wird ihnen etwas weggenommen? Indem Moritz das Burgbauen als eine langweilige Tätigkeit empfindet, vermeidet er eine Auseinandersetzung mit dieser Fragestellung. Er geht keine emotionale Bindung zu diesem Werk ein, die Trennung fällt ihm dadurch leichter. Zugleich würde ihn ein Mißerfolg nicht besonders treffen, da das Burgbauen sowieso eine langweilige Tätigkeit war.

Ich habe nun unterschiedliche Verhaltensstrategien dargestellt, die die Jugendlichen in Reaktion auf die Angst zu versagen zeigten. Ferdinand reagierte auf den Konflikt: Ich möchte eine tolle Burg bauen, sie könnte aber nicht gelingen, mit regressivem Verhalten. Die Burg zu produzieren würde eine innere Bewertung (vom Ichideal) mit sich bringen, das phantasierte Idealbild würde dann mit der wirklichen Burg verglichen und kritisiert werden. Nach dem Schema Anna Freuds hat Ferdinand Angst vor der Kritik, der verinnerlichten Kritik vom Über-Ich ausgehend, und auch Angst vor Kritik, die von anderen Personen kommen könnte. Er befürchtet vielleicht sogar, daß er von anderen ausgelacht und verspottet werden könnte.

Auch die anderen Jugendlichen versuchen diese Ängste vor Kritik und vor Abwertung mit spezifischen Verhaltensweisen abzuwehren. Indem Moritz das Bauen der Burg als eine langweilige Tätigkeit empfindet, wertet er die Burg genau so ab, wie Ivan, der meint, er vergeude damit nur Zeit. Auch David, der träumt, wie stark und potent er ist, versucht sich mit diesen Größenphantasien zu schützen.

Meine Intervention

Durch die unterschiedlichen Reaktionen der Einzelnen wurde das gemeinsame Problem der Gruppe verdeckt, das ja der Ausgangspunkt zu diesen Verhaltensweisen war. In dieser Stunde reagierte ich deshalb mit der Feststellung, daß es schwierig sei, gemeinsam an unserem Projekt zu arbeiten. Ich erwähnte ihr mangelndes Vertrauen, daß das Produkt, das sie schaffen wollten, etwas Gutes werden könnte, daß es ihren und anderen Ansprüchen genügen könnte. Außerdem zeigte ich Verständnis über die Kränkung, die aus der Differenz zwischen der Vorstellung, wie toll die Burg sein würde, und der tatsächlichen Arbeit entstand. An diesem Tag schien keiner der Jugendlichen zuzuhören, sie unterbrachen mich und versuchten mich daran zu hindern, zu Wort zu kommen.

Hier scheint sich die Beobachtung Bions[5] zu bestätigen, der schreibt, daß die Gruppe Deutungen gegenüber feindselig eingestellt ist. Er meint, daß sich die Gruppe in solchen Fällen als Gruppe zusammengeschlossen hat, um den Interventionen ein Ende zu setzen und bringt das anschauliche Bild einer schalldichten Glasscheibe, durch die der Gruppenleiter von der übrigen Gruppe getrennt zu sein scheint. Jedenfalls hatten meine Deutungen in dieser Sitzung nicht den geringsten Einfluß auf das Verhalten der Gruppe. In der nächsten Stunde arbeiteten wieder alle am Projekt. Das war überraschend, hatte ich doch den Eindruck gehabt, daß meinen Worten vorige Woche niemand Beachtung schenkte.

Interpretation

Trotzdem hat meine Intervention anscheinend bewirkt, daß es den Jugendlichen wieder möglich war, mitzutun. Ich vermutete, daß sie weniger Angst vor dem Scheitern hatten. Die unbewußte

Angst, „Wir könnten scheitern", „Die Burg wird in Wirklichkeit nicht so schön, wir haben versagt" etc. wurde angesprochen. Durch das Benennen der Realangst wurde es möglich, die Angst zu binden, d.h. sie mußte nicht mehr ausagiert werden. Dem Einzelnen wurde es möglich, die Angst abzuwägen, d.h. zu relativieren, und gegen die Angst anzukämpfen. Ich habe schon erwähnt, daß unbewußte Affekte immer furchterregender sind; sobald sie bewußt werden, können sie auf den Platz verwiesen werden, der ihnen gebührt. Mit diesem Beispiel versuchte ich vor allem den narzißtischen Aspekt der Versagensangst herauszuarbeiten. Jedoch wurden sowohl bei David als auch bei Ivan die neurotische Komponente dieser Angst deutlich.

Fallvignette 2

Mit dem nächsten Fallbeispiel möchte ich nun eine Stunde in einer anderen Gruppe darstellen, in der die neurotische Versagensangst mit dem aggressiven Impuls gegen den Vater so deutlich wurde, daß das Projekt verworfen werden mußte.

Stundenbeschreibung

In dieser Gruppe entschieden sich die Jugendlichen in der 9. Gruppenstunde „Hugo, den Geisterfahrer" als Jahresprojekt zu gestalten. Es sollte ein lebensgroßer Mann sitzend hinter einem Lenkrad werden.

Hugo ist ein Wohngruppenerzieher, der zu Beginn jeder Einheit schaute, daß die Burschen in die Gruppentherapie kamen. Hugo kümmerte sich vor allem immer um Dieter, der sehr oft versuchte, der Therapie fern zu bleiben. Es schien, als ob Dieter von Hugo in die Stunde begleitet werden wollte. Hugo gehörte also zum Anfangszeremoniell jeder Stunde. Den Spitznamen bekam er, da er die Autobahn, über die er zur Arbeit fuhr, immer als Geisterbahn bezeichnete. Jede Geisterfahrermeldung im Radio wurde dann intensiv von den Jugendlichen besprochen, und scherzend sagten sie, daß Hugo schon wieder Geisterbahn fahre.

Die Jugendlichen beschäftigten sich auch in früheren Gruppenstunden sehr oft mit der Person Hugos, wobei dieses Thema vor allem Dieter immer wieder brachte. So entdeckte Dieter eines Tages eine Spinne in meinem Raum, die er Hugo nannte, alle Burschen suchten dann zu Beginn jeder Stunde diese Spinne. Dann rätselten sie wieder gemeinsam, ob Hugo ein Toupè tragen würde, was er gerne essen würde, etc. Konrad war der einzige, der nicht mitmachte und sich auch für ein anderes Jahresprojekt aussprach.

In der 10. Gruppenstunde meinte Konrad, daß er aus der Gruppe aussteigen möchte, da er bei dem Jahresprojekt nicht mitmachen möchte. Für ihn sei es eine arge Beschimpfung Hugos, er möchte niemanden in Schutz nehmen, aber wenn den anderen etwas an Hugo nicht paßt, sollen sie es ihm ins Gesicht sagen. Zuerst beschimpfte Dieter Konrad. Ich meinte, daß Konrad das Projekt als Beleidigung Hugos sehe. Dieter begann daraufhin zu erzählen, wie Hugo den Spitznamen erhalten hatte. Für ihn sei es nur ein Spaß. Ralf sagte, daß nicht nur Geistesgestörte Geisterfahrer seien, auch Betrunkenen oder Menschen unter Streß passiere das. Martin und Peter waren sich einig, daß Geisterfahrer eingesperrt gehörten.

Ich meinte, daß Hugo ein abwesendes Mitglied unserer Gruppe sei, das die Jugendlichen präsent machen wollten. Außerdem schaue er als „Gruppenvater" darauf, daß alle Jugendlichen in die Therapie kommen. Mit der Darstellung „Hugos" würden sie sich mit vielen Themen auseinander setzen können, die sie beschäftigten: Ein Thema wäre das Mannsein, ein anderes, ob man in die „richtige" oder „verkehrte" Richtung fahre bzw. fahren will. Ich griff dabei Themen vergangener Stunden auf, wo sich die Jugendlichen mit Homosexualität, Verrücktsein und Berufswahl auseinandergesetzt hatten.

Gerade aber durch die Reaktionen von Ralf, Martin und Peter wurde deutlich, daß der Bau des Denkmals „Hugo, der Geisterfahrer" vor allem die Darstellung der Abwertung, also die Kastration Hugos, sein sollte. Plötzlich sprachen sich alle einstimmig gegen das Projekt aus. Besonders Dieter war reumütig und meinte, daß er Hugo nie mehr beschimpfen wolle. Nur Martin bemerkte den schnellen Stimmungswechsel nicht. Er machte noch einige Späße über Hugo, die Dieter sonst immer zum Lachen brachten. Diesmal jedoch ging er auf Martin los und beschimpfte ihn.

Interpretation

Der Geisterfahrer ist einerseits eine starke Vaterfigur, mit der sich die Jugendlichen über viele Stunden beschäftigt hatten. Hugo war der „abwesende" Vater der Gruppe, der darauf schaute, daß alle zu mir kamen, sonst aber an der Gruppe nicht real teilnahm. Mit der Figur des Geisterfahrers wurden auch die passiven Hingabewünsche, also vom Vater geliebt zu werden, ausgedrückt. Der Geisterfahrer war aber auch der Verrückte, der Orientierungslose, der alles verkehrt macht, der sein Auto zerstört, etc. Symbolisch wäre der Geisterfahrer auch das Denkmal gewesen, den Vater zu kastrieren bzw. kastriert zu haben.

Das Mischungsverhältnis[6] zwischen Eros und Destruktionstrieb war gestört, der im Schaffen liegende aggressive Impuls gegen den Vater wurde in der Stunde so deutlich, daß er gehemmt werden mußte. Zugleich waren auch die libidinösen Triebe in Form der homophilen Gefühle bedrohlich geworden und wurden daher abgewehrt.

Das Rangdynamikmodell von Raoul Schindler[7]

Nach dem Rangdynamikmodell von Raoul Schindler war Dieter in der Alpha-Position. Mit Hugo versuchte er seinen Konflikt mit Autoritätspersonen zu lösen und schwankte dabei zwischen Aggression bzw. Verachtung und Anlehnungsbedürfnis. Der Gegner war die väterliche Autorität. Dieters unbewußter Konflikt wurde durch seine Alpha-Position in die Gruppe projiziert und dort recht gut sichtbar. Die Gruppenmitglieder in der Gamma-Position folgten ihm. Sie unterstützen ideenreich das Thema und nahmen so Dieters Lösungsvorschlag, Autoritätspersonen abzuwerten und lächerlich zu machen, an. Vor allem Martin war äußerst aktiv, er machte viele Witze über Hugo, um Dieter zu belustigen. Konrad, der Hugo auch als Bezugserzieher hatte und ihn daher verteidigen wollte, wurde zum Omega der Gruppe. Er war am stärksten mit Hugo identifiziert und wehrte sich gegen die Verachtung.

Mit meiner Interpretation des Geisterfahrers hatte ich vor allem Dieter gedeutet. Dadurch war seine Position als Alpha gefährdet, hätte er an der Figur Hugos festgehalten. So schwenkte er in dieser Situation sofort und verbündete sich mit dem Omega. Es wäre zielführender gewesen, in dieser Stunde auf die Motive Konrads, nicht am Projekt mitzumachen, einzugehen und somit seine Omega-Position aufzuweichen.

In den nächsten Stunden war die Gruppe orientierungslos, es schien so, als ob wir die Geister, die wir wachgerufen hatten, nicht mehr los werden konnten. Am Beschluß, „Hugo, den Geisterfahrer" nicht darzustellen, wurde festgehalten, es kam aber auch nicht zu einer neuen Projektidee. Über die Umwege der Auseinandersetzung mit der eigenen Geschlechtsidentität und Aufklärungsgespräche in der Gruppe wurde der „Vatermord" aufgearbeitet. Schließlich begannen wir, Geister aus Ton zu formen, und bauten nach dem Vorbild von dem Film „Ghost Buster" für sie einen Käfig. Erst nach dieser Arbeit war es der Gruppe wieder möglich, kreativ zu werden, und die Jugendlichen beschlossen Skulpturen aus Ytong-Steinen zu hauen.

Überlegungen zur Arbeit mit Jugendlichen

Die Bedeutung der Gruppe im Jugendalter

Generell hat die Gruppe für den Jugendlichen eine besondere Bedeutung. Sie dient einerseits der Ablösung vom Elternhaus. In der Gruppe kann der Adoleszente seine Ziele und Werte neu definieren und ein unabhängigeres Selbstbewußtsein entwickeln. Die Gesellschaft fordert Anpassung. Das Charakteristische für den Ablösungsprozeß der Adolszenten ist jedoch die Verweigerung der bestehenden Normen.

Die Gruppe hat die Aufgabe, den Jugendlichen aus der Einsamkeit, die diese Verweigerung auch bewirkt, zu führen und eine neue Gruppenzugehörigkeit anzubieten.

Andererseits ermöglicht die Gruppe den Jugendlichen eine gemeinsame Wiederannäherung an bestehende gesellschaftliche Normen, ohne seine narzißtische Integrität aufgeben zu müssen. Weiters hat der Einzelne auch die Möglichkeit, seine, für die Adoleszenz typischen, Schwierigkeiten und Probleme zu bewältigen.

Probleme in der Adoleszenz[8]

Die wesentlichen Anforderungen der Adoleszenz sind:

- Durch die unproportionalen körperlichen Veränderungen ist die Körperrepräsentanz unstimmig geworden. Der Körper paßt nicht mehr zu dem Vorstellungsbild, das der Adoleszente von sich hat, wodurch ein zentraler Teil des Selbst irritiert wird.
- Aus der Fülle der Identifizierungen von Primärobjekten und idealisierten Objektbeziehungen muß eine eigene Identität entwickelt werden.
- Der mit der Adoleszenz einsetzende sexuelle Reifungsprozeß bewirkt eine Wiederbelebung präödipaler und ödipaler Konflikte und damit eine Aktualisierung der infantilen Krise. Die infantilen Liebesobjekte müssen aufgegeben werden, um die Hinwendung zur eigenen Generation zu ermöglichen.[9]

Karl Landauer beschreibt, wie mit der Steigerung der genitalen Sexualität der Jugendliche permanent versucht, mit immer neuen Liebesobjekten zu verschmelzen. Durch die Wirkung des Wiederholungszwanges wird dabei das alte Ödipusverhältnis in abgeschwächter Form hergestellt, damit das Ich in gesunden Fällen mit jeder Wiederholung unabhängiger gegen innere Zensur und äußere Enttäuschung wird.

Ist der Untergang des Ödipuskomplexes in der Kindheit unter erschwerten Bedingungen erfolgt, dann wiederholt sich immer wieder die Katastrophe seiner Zertrümmerung. Der Jugendliche verbohrt sich dann in das „Alles oder Nichts"-Prinzip, „verläßt die reale Welt um in eine Prägenitale zu regredieren."[10]

Der Jugendliche wird mit einem größeren Ausmaß an Konkurrenz und Selbstentscheidungen konfrontiert. Die Schulzeit ist für die Jugendlichen, mit denen ich arbeite, abgelaufen, eine Berufsentscheidung steht an. Die Angst, in die Erwachsenenwelt hineinzugehen, und die Ungewißheit, in dieser bestehen zu können, ergeben zusätzliche Schwierigkeiten im Ablösungsprozeß.

Gruppenpsychotherapie mit Jugendlichen

Eine therapeutische Gruppe muß den Jugendlichen dementsprechend Platz und Möglichkeiten bieten, damit diese oben angeführten Anforderungen, die die Adoleszenz an sie stellt, bewältigt werden können. Damit sich ein stabiler Selbstwert etablieren kann, muß jeder Einzelne zwischen Größenphantasien und Minderwertigkeitsgefühlen ein realistisches Bild von sich entwickeln. In meiner Arbeit mit Jugendlichen versuche ich anhand konkreter Aufgabenstellungen, die Gruppenmitglieder bei der Entwicklung der Ideen und deren Umsetzung zu begleiten. Anhand eines Projektes, das gemeinsam geplant, beschlossen und verwirklicht werden soll, sollen auftretende Konflikte aufgezeigt und verständlich gemacht und wenn möglich neue Lösungsstrategien entwickelt werden. Wichtig dabei ist mir die Förderung der Kreativität, die realistische Umsetzung eines Planes, die Erfahrung, gemeinsam an einem Werk zu arbeiten und dabei als Einzelner wichtige Beiträge für die Gruppenarbeit liefern zu können. Intrapsychisch bedeutet es, die narzißtischen Größenvorstellungen zu revidieren und ein eigenes Über-Ich zu errichten. Moralische Werte werden zu eigenen gemacht und letztendlich integriert. Nicht ein archaisches Über-Ich, das streng und unerbittlich waltet, sondern ein mildes, gütiges Über-Ich ist nötig, um ein erreichbares Idealbild herstellen zu können. Dieser Prozeß ist wesentlich für die Entwicklung einer Identität, die der Realitätsprüfung auch standhalten kann. In der Gruppenpsychotherapie mit Jugendlichen versuche ich, weitgehend Ich-stärkend zu arbeiten und nicht zur Regression einzuladen. Jugendliche brauchen Erfolge, damit eine Entwicklung möglich ist.

Anna Freud[11] schreibt, daß das Ich in der Adoleszenz geschwächt wird und die Triebstärke zunimmt. Den erhöhten Triebansprüchen treten erhöhte Abwehranstrengungen entgegen. „Von Realangst und Gewissensangst getrieben, bedient sich (das Ich) wahllos aller Abwehrmethoden, die es im infantilen Leben und in der Latenzzeit jemals geübt hat. Es verdrängt, verschiebt, verleugnet, verkehrt ins Gegenteil, wendet die Triebe gegen die eigene Person, es erzeugt Phobien, hysterische Symptome, bindet Angst mit Zwangsdenken und Zwangshandlungen"[12]. Daher muß das Ich, das eine Vermittlerrolle zwischen Über-Ich und Es und zwischen Es und Außenwelt einnimmt, gestärkt werden, damit die Ängste reduziert werden können und eine bessere Realitätsprüfung gewährleistet wird. Die Gruppe muß vom Umfeld wichtig und ernst genommen werden, damit sie die Jugendlichen selbst wichtig nehmen können. Souveränität und Selbstsicherheit fehlt ihnen noch. Über das Zusammengehörigkeitsgefühl entsteht ein Wir-Gefühl, das sie nach außen repräsentieren.

Eine andere Schwierigkeit, mit denen Jugendliche und damit auch GruppenleiterInnen, die mit Adoleszenten arbeiten wollen, zu kämpfen haben, ist die Ambivalenz zwischen Abhängigkeit und Autonomie. Der/Die GruppentherapeutIn lädt zu einer Abhängigkeit, die jede therapeutische Situation auch benötigt, ein, obwohl gerade in dieser Zeit das Ideal der Unabhängigkeit zum wichtigsten Ziel der Jugendlichen zählt. Es ist eine der stärksten Anforderungen des Gruppenleiters bzw. der Gruppenleiterin, die Einladung zur Abhängigkeit in Zusammenhang mit größtmöglicher Autonomie zu gewährleisten.

Als Therapeutin muß ich mich den Autoritätskonflikten stellen. Ich werde als Vertreterin der Gesellschaft und im Sinne der Übertragung als „Elternteil" gesehen. Mit mir werden deshalb auch Konflikte durchgefochten. Wichtig ist, den Jugendlichen immer wieder Angebote und Wahlmöglichkeiten anzubieten, die strukturierend wirken. Es ermöglicht ihnen auch, diese abzulehnen und eigenständig Ideen zu entwickeln.

Anmerkungen

1 Stavros Mentzos: „Neurotische Konfliktverarbeitung" S. 60– 61, Fischer, Frankfurt, 1984
2 Anna Freud: „Zur Psychoanalyse der Kindheit", S. 117–124, 1993
3 Horst Eberhard Richter: „Die Gruppe" S. 47–50
4 R. Bion (1990): „Erfahrungen in Gruppen"
5 R. Bion: „Erfahrungen in Gruppen" S.52
6 Sigmund Freud: „Abriß der Psychoanalyse", Fischer, Frankfurt, 1972
7 Raoul Schindler (1957): Grundprinzipien der Psychodynamik in der Gruppe. Psyche, 11
8 Dieses Kapitel habe ich in Anlehnung an den Vortrag „Jugendgruppen – Gruppen mit Jugendlichen" von Hr. Dr. Fliedl geschrieben.
9 Edith Jacobson: „Das Selbst und die Welt der Objekte", S. 182, Suhrkamp, Frankfurt, 1973
10 Karl Landauer: "Theorie der Affekte und andere Schriften zur Ich-Organisation" (Hg) Hans-Joachim Rothe, S. 267, Fischer, Frankfurt, 1991
11 Anna Freud (1936): „Das Ich und die Abwehrmechanismen" S. 109, Fischer, Frankfurt, 1984
12 Zitat Anna Freud: „Das Ich und die Abwehrmechanismen" S.115

Literatur:

Bion R.: „Erfahrungen in Gruppen", Fischer, Frankfurt, 1990.
Fliedl, Rainer: „Jugendgruppen – Gruppen mit Jugendlichen" Vortrag in Gallneukirchen 1997, veröffentlicht in „Wege und Visionen", Studienverlag.
Freud Anna: „Das Ich und die Abwehrmechanismen", Fischer, Frankfurt, 1984.
Freud Anna „Zur Psychoanalyse der Kindheit (Die Harvard-Vorlesungen)", Fischer, Frankfurt, 1993
Freud Sigmund: „Abriß der Psychoanalyse", Fischer, Frankfurt, 1972.
Jacobson Edith: „Das Selbst und die Welt der Objekte", Suhrkamp, Frankfurt, 1973.
König Karl, Lindner Wulf–Volker: "Psychoanalytische Gruppentherapie", Vandenhoeck & Ruprecht, 1992.
Landauer Karl: "Theorie der Affekte und andere Schriften zur Ich-Organisation" (Hg.) Hans-Joachim Rothe, S. 267, Fischer, Frankfurt, 1991.
Mentzos Stavros: „Neurotische Konfliktverarbeitung", Fischer, Frankfurt, 1984.
Richter Horst Eberhard: „Die Gruppe (Hoffnung auf einen neuen Weg, sich selbst und andere zu befreien)", Rowohlt, 1972.
Schindler Raoul (1957): Grundprinzipien der Psychodynamik in der Gruppe, Psyche, 11.

Brigitte Jakubowics

Geb.12.12.1964, Dipl. Ergotherapeutin, Psychotherapeutin.

Ausbildungen:
- Akademie für den ergotherapeutischen Dienst im AKH Wien
- Dynamische Gruppenpsychotherapeutin (ÖAGG)
- In Ausbildung beim Wiener Arbeitskreis für Psychoanalyse (Kontrollstadium)
- Vier Jahre Ausbildung im ÖAPS (psychoanalytisch-orientierte Sozialtherapie)
- Drei Monate Auslandspraktikum in psychoanalytisch-orientierter Psychomotorik (Methode nach Lapierre und Aucouturier) in Bologna
- Ausbildungen für Sensorische Integrationstherapie und Bobaththerapie

Berufliche Tätigkeiten mit Kindern und Jugendlichen
- 1989–1994 Ergo- und psychotherapeutische Tätigkeit in der Dr. Adolf Lorenz Schule in Wien 23
- Seit 1994 Ergo- und Psychotherapeutin in der Sozialtherapeutischen Abteilung für männliche Jugendliche im Heilpädagogischen Zentrum Hinterbrühl
- Freiberufliche Tätigkeit als Ergo- und Psychotherapeutin im SOS Kinderdorf Wienerwald

Seit 1998 psychotherapeutische Praxis in Wien

Kat.-Nr. 125 verso

Ernst Tatzer

Wunde Kinder – Wunderkinder?

Was schwierige Kinder uns lehren könnten

Schwierige und verhaltensauffällige Kinder werden in der Regel als Störung, ja als wahre Heimsuchung angesehen. Wann immer Menschen zusammentreffen, die mehr oder weniger professionell mit Kindern zu tun haben, beherrscht nach kurzer Zeit ein Thema das Gespräch: nämlich daß Kinder heutzutage immer schwieriger werden, daß Egoismus und Selbstzentriertheit unter ihnen vorherrschen, daß Aggression und Widerstand den pädagogischen Alltag prägen und erzieherische Arbeit gelegentlich unmöglich machen.

Auch wir im NÖ Heilpädagogischen Zentrum Hinterbrühl merken, daß die Arbeit mit den Kindern zunehmend schwieriger und herausfordernder geworden ist. Wenn wir nicht wüßten, daß sich hinter der Fassade der Schwierigkeiten Wunden und Narben früherer Verletzungen der Kinder verbergen, würde so mancher wohl resignieren.

Schwierige Kinder sind unserer Meinung nach nämlich primär verletzliche Kinder. Es sind Kinder, die die Kanten unserer Welt stärker spüren als andere. Sie reagieren weniger gut mit Anpassung auf Herausforderungen, die die Welt ihnen bietet. Sie schreien daher früher, sie protestieren daher heftiger und länger, sie beharren trotziger auf ihrem Weg und ihrer Sichtweise. Wenn sie dann keine Hilfe zum Verstehen dieser Welt erhalten, rennen sie nur noch fester an die Kanten, bis sie sich verletzen oder verletzt werden. Oft aber sind auch die Kanten unserer Gesellschaft so scharf geworden, daß sie auch weniger verletzliche Kinder verwunden. Schwierige Kinder sind daher oft verletzte Kinder.

Kinder sind also auch Produkte ihrer Umwelt. Im immerwährenden Streit darüber, ob der Mensch primär durch seine Erbanlagen oder primär durch die Umwelt geprägt ist, setzt sich im heutigen Verständnis ein interaktives Modell durch. Wir haben gelernt, den Menschen als ein System zu begreifen, das nach seinen inneren Gesetzlichkeiten agiert und reagiert. Ebenso haben wir aber gelernt, daß der Mensch zu seiner Menschwerdung andere Menschen braucht. „Erst am Du wird der Mensch zum Ich" (Martin Buber).

Aus entwicklungspsychologischer Sicht des Schwierig-Werdens von Kindern ist dieses Du kein nur personales. Es ist schon gar nicht nur die Mutter (nur die Eltern), wie es in manchen kurzgefaßten Aussagen zum Ausdruck kommt und so eine Schuldzuschreibung für das scheinbare Versagen von Kindern konstruiert. Auch das Versagen der Familie als Primärsystem zuzuschreiben und damit in der Familie einen neuen erweiterten Schuldigen gefunden zu haben, ist zu einfach. Von der Schule als derzeit beliebtestem gesellschaftlichen Sündenbock ganz zu schweigen. All diese einfach linearen Erklärungs- und vor allem Schuldzuschreibungsmodelle greifen in unserer pluralen, arbeitsteiligen Informationsgesellschaft zu kurz.

Erziehung und Erwachsenwerden von Kindern ist und war immer ein sehr komplexes Geschehen und ist abhängig vom Zusammenwirken vieler Kräfte. Auch bildet das Kind Einflüsse nicht als Spiegelbild eins zu eins ab, sondern es hängt von seinen Möglichkeiten, Empfindlichkeiten, Begabungen und Kräften ab, welche dieser Einflüsse sich letztendlich wie auf seine Entwicklung auswirken. Andererseits sehen wir auch, welche Kraft in schwierigen Kindern steckt, Kraft, die sie bei entsprechender Hilfe befähigt, ihr Leben wieder positiv in die Hand zu bekommen.

In der Arbeit mit Kindern erleben wir aber auch, daß sie in uns Prozesse der eigenen Reflexion und Entwicklung anregen. Pädagogische und therapeutische Arbeit ist keine Einbahnstraße, sondern bewirkt auch beim Erziehenden oder Therapeuten eine Auseinandersetzung mit sich und seinen verschiedenen Seiten. Immer mehr lernen wir, Erziehung und Therapie als interaktiven Prozeß zu verstehen, bei dem der Erziehende zwar die Führung übernimmt, aber keineswegs unbetroffen bleibt. Dies sind letztendlich auch die lohnendsten Aspekte erzieherischer und therapeutischer Arbeit.

Was aber im individuellen Prozeß gültig und erlebbar ist, stimmt auch für größere Gruppen und wahrscheinlich auch für unsere Gesellschaft als Ganzes. Wenn wir also die Schwierigkeiten der Kinder auch als Ausfluß gesellschaftlicher Prozesse und Herausforderungen ansehen, müssen wir uns fragen, was uns die Kinder damit sagen wollen. Oder meinen wir, es sei ein Zufall, daß wir in einer Zeit des Überflusses eine Zunahme von Störungen wie Anorexie (Pubertätsmagersucht) haben, daß wir bei der höchst ausgeprägten Freizeit- und Beglückungsindustrie eine Zunahme von depressiv verstimmten Kindern und Jugendlichen sehen, und daß uns trotz nahezu vollkommenen Informationszugangs und Kommunikationsmöglichkeiten gerade Kinder und Jugendliche mit sozialen Störungsbildern in Atem halten? Welche Mitteilung an uns und über uns liegt in diesen Phänomenen? Was können wir daraus für uns persönlich und als Gesellschaft lernen?

Schwierige Kinder sind also auch Seismographen für die Entwicklung unserer Gesellschaft. Nachdem Kinder auf Grund ihres Entwicklungsprozesses viel intensiver mit ihrer Umwelt im Austausch stehen, nehmen sie Dinge auch intensiver wahr als Erwachsene. Sie haben noch weniger Barrieren aufgebaut. Ihr Zugang zu den Dingen dieser Welt ist ein noch direkter, vor allem was Gefühle, Emotionen und Affekte anbelangt. Nicht zuletzt durch ihre Abhängigkeit sind sie viel direkter in das Spiel der sozialen Kräfte eingespannt. Vieles, was sie so aufnehmen an Ängsten, Spannungen und Inkohärenzen, aber auch an Glück, Zufriedenheit und Übereinstimmung, ist für sie nicht in Worten auszudrücken. Vielfach ist es dann ihr Verhalten, ihr körperlicher Ausdruck, mit dem sie uns das Unbenennbare zu vermitteln suchen, mit Verhaltensweisen, die wir oft als sehr störend bewerten. Wenn wir aber versuchen, dieses Verhalten zu interpretieren oder es von der Logik der Kinder her zu betrachten, müssen wir oft erkennen, daß auch wir selbst den einen oder anderen auslösenden Umstand als sehr belastend und ablehnenswert finden.

Kinder lassen uns Dinge wahrnehmen, die wir zu sehen verlernt haben. Wer sich je mit einem Kind in ein vertiefendes Spiel eingelassen, wer je mit einem Kind müßig die Natur durchstreift hat, weiß, wie sich ihm gemeinsam mit dem Kind eine neue Welt eröffnet hat, welch andere Bedeutung Dinge plötzlich hatten, welch innere Werte sich hier erschlossen haben. „Kinder und Narren sagen die Wahrheit", sagt schon der Volksmund. Vielfach bringen uns Kinder damit in Verlegenheit, daß sie Dinge, oft in Form von Fragen, benennen. Mit ihren Fragen und direkten Interpretationen durchbrechen sie unsere mühsam errichteten Barrieren der Halbwahrheiten und Unverbindlichkeiten .

Um von Kindern lernen zu können, müssen wir uns wieder vermehrt auf sie einlassen und wieder ein Stück Weges gemeinsam mit ihnen gehen. Indem wir dem Kind helfen, die Welt zu interpretieren, gewinnen wir neue Gesichtspunkte. Indem wir uns auf die Gefühle, Emotionen und Affekte des Kindes, ob schwierig oder nicht, einlassen, lassen wir uns auch auf unsere eigenen Gefühle und Empfindungen ein. Indem wir ihnen helfen, die Welt zu bewältigen, können wir unsere eigenen Muster und Bewältigungsstrategien auf ihre Effizienz hin überprüfen. Schwierige Kinder sind hier eine besondere Herausforderung. Laßt uns von ihnen lernen – als Einzelperson, als Familie, als Gesellschaft insgesamt.

Karl Krisch und Ernst Tatzer

Das NÖ Heilpädagogische Zentrum Hinterbrühl

Das NÖ Heilpädagogische Zentrum Hinterbrühl (NöHPZ) ist eine Einrichtung des Landes Niederösterreich, in der Kinder und Jugendliche mit besonderen Bedürfnissen ambulant, teil- und vollstationär betreut werden. Es gibt diese Institution – wenn auch erst seit kurzem unter ihrem neuen Namen – schon seit 1978 in der Hinterbrühl. Davor waren das NÖ Landesjugendheim, das aus der 1886 eröffneten „Hyrtl'schen Waisenanstalt" hervorgegangen ist, und die unter Erwin Schmuttermeier 1955 gegründete „Heilpädagogische Beobachtungsstation" in den Gebäudekomplexen des ehemaligen Waisenhauses in Mödling untergebracht.

Das Areal des NöHPZ in der Hinterbrühl ist mit ca. 80.000 m^2 Grundfläche relativ weitläufig. Die mehr als 200 stationär aufgenommenen Kinder und Jugendlichen leben in sechs zweigeschossigen Wohnhäusern, und zwar in Gruppen, deren Größe maximal zehn beträgt. Aus rein baulicher Sicht zu nennen sind außerdem der „Ambulanztrakt" der Heilpädagogischen Station, der ebenso wie die sechs Kinderwohnhäuser mit Therapieräumen ausgestattet ist, weiters der Gebäudekomplex des Direktions-, Verwaltungs- und Wirtschaftstraktes, ein Wohnhaus für Erzieher, die Reit-Therapiehalle und nicht zuletzt die (derzeit im Ausbau befindliche) große Landessonderschule mit angeschlossenem Hallenbad und Turnsaal.

Das Zentrum gliedert sich in fünf Abteilungen mit verschiedenen Arbeitsschwerpunkten und Zielen, nämlich in die Heilpädagogische Ambulanz, die Sozialtherapeutische Abteilung für Jugendliche, die Sozialpädagogische Abteilung, die Förderabteilung und die Heilpädagogische Station. Das NöHPZ stellt den gemeinsamen Rahmen für diese fünf weitgehend autonomen Abteilungen dar und bietet neben einer relativ einheitlichen Infrastruktur verschiedene abteilungsübergreifende Veranstaltungen und Aktivitäten, Ausbildungs-, Betreuungs- und Freizeitmöglichkeiten an.

Es gibt eine übergeordnete Leitung (Direktion und Verwaltung), und es gibt ein gemeinsames Leitbild, das sich in dem Motto „Wir geben Kindern eine Chance" verdichtet. Es gibt außerdem ein gemeinsames, und daher eher allgemein gehaltenes Betreuungskonzept für die Kinder und Jugendlichen, getragen von den drei Säulen „Familienähnlichkeit", „Familienunterstützung, nicht Familienersatz" sowie „Pädagogik und Therapie", wie man sie schlagwortartig umreißen könnte.

Das allgemeine Betreuungskonzept des NöHPZ

„Familienähnlichkeit" bedeutet, daß die stationär aufgenommenen Kinder und Jugendlichen in ihren Wohngruppen mit möglichst gleichbleibenden Bezugspersonen Alltagsprozesse erleben können sollen, wie sie gewöhnlich auch in einer Familie erfahrbar sind – also etwa im Umgang mit Eigentum, Wünschen und Bedürfnissen, in den Möglichkeiten zur Mitgestaltung des Lebensraums, in Verhandlungen über Grenzen und Freiräume, manchmal auch bei der Wiedergutmachung angerichteten Schadens, im Erarbeiten gewaltfreier Konfliktlösungen und in der sinnvollen Nutzung ökonomischer Mittel.

In den Wohngruppen soll, kurz gesagt, wie in einer Familie in einer Grundstimmung der gegenseitigen emotionalen Akzeptanz Erziehung über Beziehung möglich sein, vor allem dort kann und muß soziales Lernen stattfinden. Vorbildwirkung der Betreuer, Mitgestaltung des Gruppenlebens durch die Kinder und Jugendlichen, konstante und überschaubare Strukturen mit Ordnung und Regelhaftigkeit einerseits und flexiblen Grenzen andererseits sind also wichtige Elemente dessen, was man im NöHPZ mit „Familienähnlichkeit" meint. Mit diesem pädagogischen Ansatz sollen – wie in einer Familie auch – Werte vermittelt und gewisse Erziehungsziele in kognitiver, emotionaler, sozialer und ethischer Hinsicht verfolgt und erreicht werden. Getragen wird diese Arbeit großteils von ausgebildeten Sozialpädagogen, die gelernt haben, mit Beziehungen zu Kindern, Jugendlichen und Eltern professionell umzugehen.

„Familienunterstützung, nicht Familienersatz" wirkt aufs erste vielleicht wie ein Widerspruch zu dem zuvor Gesagten – ist es aber nicht wirklich. Denn im NöHPZ will man den Kindern und Jugendlichen – selbst wenn sie in ihren Familien zum Teil schlimme Erfahrungen machen mußten – durchaus ihre familiäre Identität erhalten, weshalb die Arbeit mit ihren Eltern und Angehörigen als Anstoß zur positiven Veränderung besonders wichtig erscheint.

Den betroffenen Familien soll Entlastung und Unterstützung angeboten werden, dazu auch die Möglichkeit, Abstand von den häuslichen Problemen zu gewinnen, und damit die Gelegenheit, ein realistischeres Bild von sich selbst und den anderen zu bekommen.

In der Elternarbeit wird versucht, mit den Familien neue Perspektiven zu entwickeln und neue Erfahrungen anzuregen, um dadurch schließlich zu einer Erweiterung der elterlichen Kompetenz, zu einem verstärkten Bewußt-Werden der Eigenverantwortlichkeit und zu einem altersadäquaten Umgang der Eltern mit ihren Kindern zu kommen.

Das heißt zusammengefaßt nochmals: Familienunterstützung, oft auch –ergänzung, aber nicht Familienersatz – und daher möglichst intensive Zusammenarbeit mit den Eltern oder anderen Angehörigen der Kinder und Jugendlichen.

„Pädagogik und Therapie" (oder umgekehrt), jedenfalls die dritte Säule im allgemeinen Betreuungskonzept des NöHPZ, thematisiert den Umstand, daß die aufgenommenen Kinder und Jugendlichen, eben weil sie das noch sind, nämlich Heranwachsende, natürlich unbedingt eines brauchen: Erziehung, Anleitung, Pädagogik, Führung, oder wie sonst immer man das noch nennen mag. Mit all ihren Problemen, früher erlebten Versagungen, Benachteiligungen und seelischen Verletzungen, ihren Fördermängeln, mit ihren nunmehr erkennbaren Defiziten, Auffälligkeiten und Symptomen brauchen sie aber auch noch etwas anderes – nämlich eine spezielle Form von Therapie.

Funktionelle Therapien wie z.B. Logopädie, Teilleistungstraining, Ergo- oder Physiotherapie, also im wesentlichen übende Verfahren, in denen gewisse Fertigkeiten im Bereich der Wahrnehmung, der Psychomotorik, der Sprache usw. neu aufgebaut oder gefördert werden, müssen daher ebenso ihren Platz haben wie die verschiedenen Formen von Psychotherapie, in denen versucht wird, auf die innere Befindlichkeit, auf Phantasien, Ängste und Wünsche der Kinder und Jugendlichen einzugehen, um auf diesem Wege innere Blockaden und Widerstände aufzulösen und Weiterentwicklung möglich zu machen.

Pädagogik und Therapie als einander ergänzende Wege zur Persönlichkeitsentfaltung der Kinder und Jugendlichen stellen deshalb zwei gleichwertige Teile der angebotenen Betreuung dar. Sie sind sinnvoll miteinander und dem gesamten Geschehen im NöHPZ verknüpft. Vor allem die gegenseitige Information zwischen pädagogisch und therapeutisch Tätigen ist unbedingt notwendig und daher in der täglichen Arbeit fix verankert.

Gemeinsame Einrichtungen und Angebote im NöHPZ

Die (eher wenigen) Klein- und Vorschulkinder im NöHPZ werden an den Vormittagen in einer Art „Kindergartengruppe" von einer Sonderkindergärtnerin und einer Therapiehelferin betreut. Die Schulkinder besuchen zum größeren Teil die Heilstätten-, ASO- oder S-Klassen der Landessonderschule am Areal; vor allem die Heilstättenklassen machen – auch für Volks- und Hauptschüler – eine sehr individuell ausgerichtete Form der schulischen Förderung möglich. Ein etwas kleinerer Teil der aufgenommenen Schulkinder kann dagegen in den verschiedenen öffentlichen Volks-, Haupt- oder sonstigen Schulen in der Umgebung unterrichtet werden. Für ASO-Schüler am Ende ihrer Schulpflicht gibt es noch die Möglichkeit, in der Hauptschule Guntramsdorf einen

Hauptschulabschluß zu erlangen. Und für Jugendliche schließlich, die nicht mehr schulpflichtig sind, stehen zur Vorbereitung auf das Berufsleben am Gelände mehrere Räume für Werkerziehung (Holz, Metall, Malerei usw.) zur Verfügung.

Das Areal bietet für die Kinder und Jugendlichen viele Freizeitmöglichkeiten. Es gibt einen Fußball- und einen Leichtathletikplatz, zwei Streetballplätze, einen Turnsaal, mehrere Gymnastikräume, einige Kinderspielplätze, ein Hallenbad, lange breite Wege, auf denen man Rad-, Rollerblades oder Skateboard fahren kann, und schließlich auch eine Bibliothek für Kinder und Jugendliche. Eine Rodel- und Schiwiese liegt in nächster Nähe. Da die Einrichtung ganzjährig in Betrieb ist, gibt es in den Ferien verschiedene zusätzliche Angebote, wie z.B. Sommerlager, mehrtägige Ausflüge und Wanderungen, Reitlager und weitere erlebnispädagogische Projekte.

Im Jahresablauf werden gemeinsame Feste gefeiert – wie Spielfest, Erntedankfest usw. –, zu denen auch die Eltern und Freunde der Kinder und Jugendlichen eingeladen sind. An den „Discos", die in regelmäßigen Abständen im Mehrzwecksaal der Schule stattfinden, können dagegen nur ältere Kinder und Jugendliche, die im NöHPZ aufgenommen sind, teilnehmen.

Die Wochenenden und die Ferien verbringen die Kinder und Jugendlichen, soweit möglich, zu Hause. Für jene von ihnen, die weder mit öffentlichen Verkehrsmitteln heimfahren noch von ihren Eltern mit dem PKW abgeholt werden können, sind über die Abteilung Jugendwohlfahrt Gemeinschaftstransporte eingerichtet; das heißt, daß Busse die Kinder und Jugendlichen, wo immer sie in Niederösterreich auch wohnen, bei Bedarf während des Schuljahres am Freitag nach Hause bringen und von dort am Sonntag wieder abholen.

Die nach modernen Managementmethoden arbeitende Verwaltung versteht sich als Dienstleister für das gesamte Areal. Sie orientiert sich einerseits an den Bedürfnissen der Kinder und Jugendlichen, andererseits an den Prämissen eines ökonomischen Einsatzes der Mittel innerhalb der vom Träger festgesetzten Rahmenbedingungen. Die gemeinsame Verwaltung verbindet und nutzt daher in Übereinstimmung mit dem pädagogischen Konzept des NöHPZ sowohl Elemente einer sehr Kinder-und-Jugendlichen-nahen Organisation wie auch die Möglichkeiten einer Großorganisation in Form zentraler Einrichtungen wie Küche, Wäscherei und Näherei, Hauswerkstatt und Lagerhaltung.

Einige Beispiele: Das Mittagessen wird zwar in der zentralen Großküche gekocht, dann aber in Warmhalte-Containern in die einzelnen Wohngruppen geliefert, sodaß beim Essen selbst ein intimer Rahmen gegeben ist. Die Küchen in den Wohngruppen werden hauptsächlich für die gemeinsame Zubereitung von Frühstück und Abendessen genutzt und machen dadurch den Kindern und Jugendlichen wichtige lebensnahe Erfahrungen möglich. In der Verfügung über die Wohngruppenbudgets sind die Erzieher autonom. Kleidung, die nicht von den Familien gestellt werden kann, wird individuell mit dem einzelnen Kind oder Jugendlichen eingekauft.

Ein derzeit im Aufbau befindliches EDV-Netz wird in Zukunft helfen, die Kommunikation über die Kind-und-Jugendlichen-bezogenen Daten zu erweitern und zu beschleunigen, administrative Vorgänge zu vereinfachen und die Leistungsanalyse bzw. Evaluation der pädagogisch-therapeutischen Arbeit zu verbessern.

Die an den Kindern und Jugendlichen orientierte Haltung auch des Verwaltungs- und Hauspersonals trägt viel zum einem positiven Klima bei. Die schnelle Behebung von Schäden durch das Hauspersonal etwa signalisiert allen Heranwachsenden den Wert einer „funktionierenden", einer „heilen" Umwelt. Transporte mit den eigenen Kleinbussen, von der Verwaltung organisiert und durchgeführt, erweitern den Erlebnis- und Erfahrungsradius der Kinder und Jugendlichen. Kontakte mit dem Hauspersonal – z.B. beim Mithelfen in Haus und Garten sowie bei der Beseitigung angerichteter Schäden – lassen Kinder und Jugendliche ein weiteres Stück von „Normalität" erleben.

Erwähnt sei schließlich auch noch, daß der Rechtsträger jungen behinderten Menschen im Bereich der Verwaltung geschützte Arbeitsplätze zur Verfügung stellt.

Eine weitere gemeinsame Einrichtung des NöHPZ ist schließlich die Krankenstation. Sie dient einerseits natürlich ihrem ursprünglichsten Zweck, nämlich der Betreuung und Behandlung kranker Kinder und Jugendlicher unter Leitung des Heimarztes; andererseits ist sie aber auch Krisenstation, eine Einrichtung, in der Kinder und Jugendliche mit Kontrollverlusten vorübergehend untergebracht werden können.

Stichwort Krisen: Um einen qualifizierten Umgang mit schwierigen Situationen auch am Abend und in der Nacht abzusichern, gibt es für die Heilpädagogische Station und die Sozialtherapeutische Abteilung eine gemeinsame Psychotherapeuten-Rufbereitschaft rund um die Uhr. Die Förderabteilung und die Sozialpädagogische Abteilung zusammen haben ebenfalls einen entsprechenden Rufbereitschaftsdienst, der von den Pädagogisch-Therapeutischen Leitern und den Erziehungsleitern versehen wird.

Die fünf Abteilungen

Heilpädagogische Ambulanz
(Ambulatorium für Kinder- und Jugendneuropsychiatrie und Psychotherapie)
Die Heilpädagogische Ambulanz , nach dem Krankenanstaltengesetz eingerichtet, ist ein selbständiges Ambulatorium für Kinder- und Jugendneuropsychiatrie und Psychotherapie. Ihre Zielgruppe sind niederösterreichische Kinder im Vor- und Pflichtschulalter sowie Jugendliche (bis 18 Jahre), die Störungen des Erlebens, des Verhaltens oder Entwicklungsstörungen aufweisen bzw. in akute psychosoziale Krisen geraten sind. Ihnen und ihren Familien werden klinisch-psychologische, psychotherapeutische sowie kinder- und jugendpsychiatrische Untersuchungen, Beratungen und Behandlungen angeboten.

Notwendig für die erste Vorstellung eines Kindes oder Jugendlichen in der Heilpädagogischen Ambulanz sind für gewöhnlich eine telefonische Terminvereinbarung zum einen und eine ärztliche Überweisung zum anderen. In akuten Krisensituationen ist eine telefonische Beratung oder eine Erstvorstellung aber auch ohne diese Vorbedingungen (und im Rahmen der Psychotherapeuten-Rufbereitschaft praktisch rund um die Uhr) für Menschen aus ganz Niederösterreich möglich.

Ziel der Arbeit dieser Einrichtung ist es primär, die ambulant betreuten Kinder und Jugendlichen sowie ihre Familien mit psychologischen, (psycho)therapeutischen und psychiatrischen Methoden in der Bewältigung ihrer Probleme oder Krisen zu unterstützen bzw. nach entsprechender Abklärung an andere „Helfer" oder Institutionen zur adäquaten Weiterbetreuung oder -behandlung vor Ort zu überweisen. Erscheint jedoch eine ambulante Betreuung nicht ausreichend und daher eine stationäre Aufnahme notwendig, soll diese Aufnahme im Rahmen der Heilpädagogischen Ambulanz möglichst gut vorbereitet werden. Hinzu kommt schließlich noch ein weiteres Aufgabengebiet, nämlich die ambulante Nachbetreuung von (zwar nicht allen, aber so manchen) Kindern und Jugendlichen, die zuvor im NöHPZ stationär aufgenommen waren.

Die Heilpädagogische Ambulanz, in der jährlich ungefähr 350 bis 400 Kinder und Jugendliche erstmals vorgestellt werden, gibt zugleich auch den formalrechtlichen Hintergrund für die Krankenbehandlung an der Heilpädagogischen Station und in der Sozialtherapeutischen Abteilung für Jugendliche. Sie wird dementsprechend von den Mitarbeitern dieser beiden Abteilungen betrieben.

Heilpädagogische Station
Die Heilpädagogische Station ist eine psychotherapeutische und kinderpsychiatrische Einrichtung zur stationären Versorgung und Behandlung von „Problemkindern" aus ganz Niederösterreich, d.h. konkret von Kindern im Vor- und Pflichtschulalter, die Störungen des Erlebens, des Verhaltens oder Entwicklungsstörungen aufweisen bzw. in akuten psychosozialen Krisen sind. Aufgabenschwerpunkte sind die diagnostische Abklärung, die heilpädagogische Anleitung und Förderung sowie die therapeutische Betreuung der stationär aufgenommenen Kinder wie auch die Arbeit mit ihren Eltern und Familien.

Ziel ist es allgemein, die Kinder mit pädagogischen und therapeutischen Mitteln in der Bewältigung ihrer Probleme oder Krisen zu unterstützen und sie dann möglichst rasch wieder in ihre Familien zu integrieren – oder, wenn das nicht möglich ist, in das für sie am besten geeignete soziale Umfeld. Dazu ist oft eine intensive Zusammenarbeit mit anderen „Helfern" und Institutionen (wie Jugendabteilungen, Schulen, Kindergärten usw.) notwendig.

An der Station gibt es fünf Gruppen mit jeweils sechs bis neun Kindern, insgesamt stehen 38 Plätze zur Verfügung. Die Aufenthaltsdauer der Kinder beträgt meist nur wenige Monate. Pro Jahr werden rund um 100 Kinder vorübergehend stationär behandelt. Das Betreuungs- und Behandlungsangebot umfaßt allgemeinmedizinische, kinderpsychiatrische und klinisch-psychologische Diagnostik und Therapie, Psychotherapie, Logopädie, Musiktherapie, Ergotherapie, Teilleistungstraining sowie Heilpädagogisches Reiten und Voltigieren.

Sozialtherapeutische Abteilung für Jugendliche

Die Sozialtherapeutische Abteilung ist eine psychotherapeutische und psychiatrische Rehabilitationseinrichtung für männliche Jugendliche aus ganz Niederösterreich, die aufgrund von Störungen des Erlebens und/oder Verhaltens bzw. Entwicklungsstörungen nach Abschluß ihrer Schulpflicht nicht in die Arbeitswelt integriert werden können oder aus anderen Gründen eine stationäre psychotherapeutische Behandlung brauchen. Die Abteilung führt im Auftrag von Jugendwohlfahrt und Arbeitsmarktservice einen Berufsvorbereitungskurs durch. Ziel der Sozialtherapeutischen Abteilung ist es allgemein, die aufgenommenen Jugendlichen mit pädagogischen und therapeutischen Maßnahmen so zu fördern, daß ihnen ein guter Einstieg in die Arbeitswelt und damit ins Erwachsenenalter gelingt.

Die Sozialtherapeutische Abteilung hat insgesamt 25 Plätze. Es gibt drei Wohngruppen mit je sieben bis acht Jugendlichen, die von jeweils drei Erziehern betreut werden, und fünf Arbeitsgruppen (Metall, Holz, Garten, Malerei, Zimmerei), in denen den Jugendlichen von jeweils einem Erzieher handwerkliche Grundbegriffe vermittelt werden.

Psychotherapie ist ein wichtiger Bestandteil der Betreuung und stellt den Hintergrund für das Alltagsleben dar. Hier wird auf die individuelle Problematik der Jugendlichen eingegangen, und die Aufarbeitung von alltäglichen Konflikten durch ein Verständnis der persönlichen Geschichte kann Veränderung möglich machen. Das therapeutische Angebot umfaßt Einzelpsychotherapie, Gruppenpsychotherapie, soziale Trainingsgruppen, Musiktherapie, Logopädie, Ergotherapie, Reittherapie sowie psychologische und medizinische Betreuung.

Förderabteilung

Die Förderabteilung ist ein Heim für lern- bis geistig schwer behinderte Schulkinder aus dem östlichen Niederösterreich. Ihre Hauptaufgabe ist die ganzheitliche Förderung der Entwicklung der Kinder. Die mittel- bis langfristige integrative Arbeit findet vor allem in den koedukativ geführten heilpädagogischen Wohngruppen statt und wird durch zusätzliche pädagogische und therapeutische Angebote unterstützt. Ziel ist die Rückführung der Kinder in ihre Familien; die Arbeit mit den Eltern, Angehörigen und dem weiteren sozialen Umfeld der Kinder ist daher von großer Bedeutung.

Die Förderabteilung hat insgesamt 68 Plätze, die sich auf acht Wohngruppen mit jeweils acht bis zehn Kindern verteilen. Für jede Kindergruppe sind als Bezugspersonen vier ErzieherInnen (drei Dienstposten) zuständig.

Das therapeutische Angebot umfaßt Psychotherapie, Musiktherapie, Ergotherapie, Physiotherapie und Motopädagogik, Maltherapie, Heilpädagogisches Reiten und Voltigieren, Logopädie bzw. Sprachheilunterricht, Teilleistungstraining und Einzelförderung für Kinder mit autistischer Wahrnehmung. Alle TherapeutInnen sind Honorarkräfte auf Basis freier Dienstverträge.

Sozialpädagogische Abteilung

Die Sozialpädagogische Abteilung versteht sich als Heim für Schulkinder, die mit ihrem sozialen Umfeld in Schwierigkeiten geraten sind und aus dem Osten Niederösterreichs stammen. Es handelt sich dabei überwiegend um Kinder mit Verhaltensauffälligkeiten bzw. mit Persönlichkeitsentwicklungs- und Lernstörungen. Die persönlichen Defizite dieser Kinder sollen mit den pädagogischen und therapeutischen Mitteln der Abteilung soweit ausgeglichen werden, daß – wann immer möglich – eine Rückführung in die Herkunftsfamilie erfolgen kann.

Die Sozialpädagogische Abteilung hat, verteilt auf sieben koedukativ geführte und altersgemischte Wohngruppen mit jeweils maximal zehn Kindern, insgesamt 70 Plätze. Jede Gruppe wird von drei bis vier ErzieherInnen (drei Dienstposten) betreut.

Neben der pädagogischen Arbeit mit den Kindern in der Gruppe wird vor allem auf eine intensive Eltern- bzw. Familienarbeit großer Wert gelegt. Zudem können die Kinder, je nach Indikation, auch therapeutisch betreut werden. Das Therapieangebot, das durch Honorarkräfte abgedeckt wird, umfaßt Psychotherapie, Ergotherapie, Musiktherapie, Heilpädagogisches Reiten und Voltigieren, Logopädie und Teilleistungstraining.

Das NöHPZ als Ort der Begegnung und Ausbildung

Nicht nur, daß dem NöHPZ Hinterbrühl ein sehr großes Areal zur Verfügung steht, ist es auch eingebettet in eine sehr schöne Umgebung in einem der besten Wohngebiete des Bezirkes Mödling. Wir meinen, daß neben den großen Freiräumen des Geländes vor allem auch seine Schönheit durchaus positiven Einfluß auf die Entwicklung unserer Kinder und Jugendlichen hat. Unsere Nachbarn bringen unserer Arbeit weitgehend wohlwollendes Verständnis entgegen, auftretende Schwierigkeiten werden offen und klar besprochen. Und gerade in den Äußerungen unserer Nachbarn und Anrainer sehen wir ein wichtiges Feedback.

Die Gemeinde Hinterbrühl und der Bezirk Mödling unterstützen oftmals und vielfältig unsere Anliegen. Regelmäßige Einladungen zur Teilnahme an unseren Jahresfesten (Erntedank-, Spielfest und Adventfeier) sowie kulturelle Veranstaltungen im NöHPZ (meist in Form von Benefizveranstaltungen) tragen ebenfalls zu einer guten Integration unserer Einrichtung in Nachbarschaft und Gemeinde bei. Überdies wohnen zahlreiche Mitarbeiter des NöHPZ in der näheren Umgebung des Zentrums.

Einen wesentlichen Beitrag zur weiteren Integration leistet der seit 1991 bestehende Verein der „Freunde des NÖ Heilpädagogischen Zentrums Hinterbrühl", der einerseits offensiv um mehr Verständnis der Öffentlichkeit für die Anliegen der Kinder und Jugendlichen wirbt und andererseits durch vielfältige Aktivitäten personelle und finanzielle Mittel zur Unterstützung der Arbeit im NöHPZ aufbringt. So stellt der Verein im Rahmen seiner „Aktion Therapiepatenschaft" jährlich zwischen 400.000 und 500.000 Schilling zur Verfügung, was etwa 80 bis 100 Kindern zusätzlich die Möglichkeit einer Therapie sichert. Vor allem wird damit auch die Entwicklung neuer Therapieprogramme unterstützt. Im Vorjahr wurde durch den Verein sogar das Sponsoring eines Kleinbusses für Freizeiaktivitäten und Therapieprojekte möglich. Und auch das Zustandekommen dieses Projekts, der Ausstellung BILDER WUNDER KINDER, war nur über das immense Engagement der Vereinsmitglieder möglich.

Nicht zuletzt aber ist das NöHPZ ein wichtiger Ort der Begegnung und Ausbildung von Menschen aus Berufen zur Versorgung von Kindern und Jugendlichen mit besonderen Bedürfnissen und deren Familien. So findet die Ausbildung zur Sonderkindergärtnerin bereits zum vierten Mal zum Teil in unserer Einrichtung statt. Mitarbeiter des Hauses haben zum neuen Lehrplan für diese Ausbildung wesentlich beigetragen und stellen sich als Vortragende zur Verfügung. Darüber hinaus werden im NöHPZ regelmäßig Seminare für Kindergärtnerinnen zum Thema „Integration" angeboten. Das Projekt „Integration von behinderten Kindern in Regelgruppen der NÖ Kindergärten" wurde von Mitarbeitern des Zentrums fachlich begleitet und auch wissenschaftlich evaluiert. Teile der Ausbildung zum Heilstätten- und Betreuungslehrer wurden hier abgehalten und von uns als Unterrichtende gestaltet. Seminare der Ärztefortbildung (darunter ein zweijähriger sozial- bzw. heilpädagogischer Kurs für Kinderärzte) werden ebenso durchgeführt wie Fortbildungsveranstaltungen im Anliegen des Kinderschutzes an den Kinderabteilungen der NÖ Krankenhäuser. Auch die Mitarbeit auf dem Gebiet der Erzieherfortbildung sehen wir als unsere Aufgabe an. Ausbildungen für den Lehrwart in Heilpädagogischem Reiten und Voltigieren sowie in Motopädagogik für Kindergärtnerinnen haben im NöHPZ ihre Heimat gefunden. Arbeitsgruppen zur Qualitätssicherung im Bereich der pädagogischen Frühförderung wie auch auf dem Gebiet der Heimerziehung fanden hier statt. Mitarbeiter des NöHPZ wirken in ihren Nebenbeschäftigungen als Unterrichtende an der PÄDAK Baden, am Bundesinstitut für Sozialpädagogik Baden, als Lehrtherapeuten der Ärztekammer und diverser Psychotherapieausbildungen, oder stellen ihr Fachwissen als Gerichtsgutachter, Supervisoren und Vortragende bei verschiedenen Symposien und Kongressen zur Verfügung.

Nicht zuletzt bietet das NöHPZ Praktikumsplätze für Erzieher, (Sonder-)Kindergärtnerinnen, Psychologen, Psychotherapeuten, Sonder- und Heilpädagogen, Ergotherapeuten, Musiktherapeuten, Physikotherapeuten, Sozialarbeiter und Sonderschullehrer an. Für die klinische Ausbildung in Pädiatrie und Psychiatrie kann bei uns ein Jahr der Facharztausbildung absolviert werden. Und schließlich ist das NöHPZ auch Ausbildungsstelle für Klinische und Gesundheitspsychologen.

Schlußbemerkung

Das NöHPZ ist eine Einrichtung zur Versorgung, Betreuung und Behandlung von Kindern und Jugendlichen mit besonderen Bedürfnissen aus ganz Niederösterreich. Aufbauend auf eine jahrzehntelange Tradition mit sehr intensiven, vielfältigen und daher lehrreichen Erfahrungen, aber natürlich primär dem Wissen und den Möglichkeiten unserer Zeit gemäß, wird hier versucht, diesen Kindern und Jugendlichen wie auch ihren Familien mit sozialem Engagement und vor allem auf professionelle Art zu helfen.

Einrichtungen wie das NöHPZ sind auch Stätten sozialer Innovation – und müssen das auch sein. Denn die Probleme jeder Zeit betreffen Kinder als die schwächsten Glieder der Gesellschaft am unmittelbarsten, am frühesten und am stärksten; sie bilden sich daher auch in der Arbeit solcher Versorgungseinrichtungen ab. Institutionen wie das NöHPZ müssen daher möglichst rasch auf sich verändernde gesellschaftliche Veränderungen reagieren und ihre Arbeit den immer wieder wechselnden Bedürfnissen ihrer Klientel anpassen können.

Zustandebringen können wir alle aber nicht mehr als das, wofür uns die Gesellschaft – sei es direkt durch die öffentliche Hand, sei es durch private Initiativen – die nötigen Mittel und Ressourcen zur Verfügung stellt.

Dr. Karl Krisch

Geboren 1949 in Fischamend, NÖ, verheiratet, drei Kinder.
Studium der Psychologie und Pädagogik in Wien, Promotion 1974.
Klinischer Psychologe und Psychotherapeut, seit 1975 an der Heilpädagogischen Station des Landes Niederösterreich beschäftigt.
Zahlreiche Fachveröffentlichungen.

Katalog

Barbeitet von
Dr. Rotraut Erhard

Unter Mitarbeit von:
Mag. Danielle Arn-Stieger, DSA und Psychologin
Renate Bierbaumer, Sozialpädagogin
Karin Enigl, Sozialpädagogin
Dr. Rainer Fliedl, Facharzt für Psychiatrie und Neurologie, Psychotherapeut
Dr. Ines Ghlubner, Fachärztin für Psychiatrie und Neurologie
Dr. Roswitha Hanich, Klin. Psychologin und Psychotherapeutin
Petra Heimhilcher, Heilpädagogin und Psychotherapeutin in Ausbildung unter Supervision
Brigitte Jakubowics, Ergotherapeutin und Psychotherapeutin
Friederike Jekat, Musiktherapeutin und Psychotherapeutin
Adelheid Koch-Berger, Dipl. Sozialpädagogin
Dr. Karl Krisch, Klin. Psychologe und Psychotherapeut
Mag. Marianne Mairhofer, Psychologin und Psychotherapeutin
Eva Marcher, Ergotherapeutin und Psychotherapeutin
Mag. Susanne Pflanzer, Psychologin und Sozialpädagogin
Mag. Ingrid Rothbacher-Stastny, Musiktherapeutin
Iris Schäfer, Sozialpädagogin
Elke Spurny, Sozialpädagogin
Dr. Ernst Tatzer, Facharzt für Kinder- und Jugendneuropsychiatrie und Psychotherapeut
Ingrid Wolf, Dipl. Logopädin

Erläuterungen

Die Bilder des Katalogs sind der Reihe nach von Anfang bis Ende durchnumeriert. Der Titel ist kursiv gedruckt, wenn er vom Kind stammt.
Die nachfolgende Chiffre steht für den Namen des Kindes. Mittels der Endziffer der Chiffre werden die Bilder ein und desselben Kindes numeriert, wobei bei manchen Kindern erste Bilder aus Platzgründen weggelassen werden mußten und dadurch fallweise die Bezifferung nicht mit 1 beginnt.
Zeitangaben innerhalb von Serien beziehen sich auf den Zeitpunkt der Entstehung des vorangegangenen Bildes dieser Serie.

Ihnen, wie auch allen anderen Mitarbeitern des NÖ Heilpädagogischen Zentrums Hinterbrühl, welche aus ihrer persönlichen Arbeit mit den Kindern und Jugendlichen Bilder und Objekte zur Verfügung stellten, sei auf diese Weise herzlich gedankt.

Einleitung

Die Ausstellung zeigt Einzelbilder und Bilderserien von Kindern und Jugendlichen.
Der Großteil der Bilder und Objekte ist in den Jahren 1997–1999 entstanden und stellt eine Auswahl aus unserem Fundus dar. Bilderserien von einzelnen Kindern oder Jugendlichen dokumentieren die Entwicklung des Kindes in einem therapeutischen Setting. Die Aufnahme von Einzelbildern erfolgte nach dem Kriterium der Ausdrucksstärke. Wir wollten dadurch aufzeigen, auf welche Weise und mit welcher Intensität Kinder und Jugendliche ihre Lebensproblematik zum Ausdruck bringen können. Die Kinder und Jugendlichen waren zwischen 4 und18 Jahre alt.
Die 11 psychopathologischen Kriterien ergaben sich aus den Störungsbildern der von uns betreuten Kindern und Jugendlichen und geben keinen vollständigen Überblick über sämtliche psychische Störungen des Kindes- und Jugendalters.

Die ersten sieben Themenbereiche (Angst, Aggressivität, Hyperaktivität, Lern- und Leistungsproblematik, Sprechhemmung und psychogene Lähmung, Schizoidie und Psychose, Einnässen und Einkoten) illustrieren eine spezielle Symptomatik. Die restlichen vier behandeln Reaktionsweisen auf außergewöhnliche Belastungen (körperliche Beeinträchtigung, Neurodermitis, Verlust eines nahen Angehörigen, soziale Traumatisierung, Mißhandlung und Mißbrauch) und ihre Manifestationen im Bild.

Die Zuordnung zu einem Themenbereich wurde nach dem Hauptsymptom des Kindes oder Jugendlichen vorgenommen. Die meisten Kinder und Jugendlichen wiesen eine komplexe Symptomatik auf, welche schlagwortartig bei jedem Bild angegeben ist.
Die Interpretation der Bilder hat hypothetischen Charakter und erhebt keinen Anspruch auf Vollständigkeit und statistische Absicherung. Sie baut auf vorhandener Literatur (siehe Kapitel 9 – Eine andere Art der Kommunikation) und der jahrzehntelangen Erfahrung unserer Institution auf.
Nach unseren Erfahrungen bedarf es zwar in der Regel einer strukturierten Situation für das schöpferische Tun, grundlegende Voraussetzung dafür ist aber eine Vertrauensbasis zwischen dem Kind bzw. Jugendlichen und dem betreuenden Erwachsenen, sei er nun diagnostisch, therapeutisch oder pädagogisch tätig.

Bilder und Objekte sind unter verschiedenen Rahmenbedingungen entstanden. Sie stammen zum Teil von Kindern, die ausschließlich ambulant betreut wurden, zum großen Teil jedoch von solchen, die stationär aufgenommen waren. Ein großer Teil der Werke entstand in psychotherapeutischen Settings, weshalb wir auf Anonymisierung und zurückhaltende Interpretation besonderen Wert legen.

Viele Werke wurden in anderen therapeutischen Situationen geschaffen, die psychotherapeutische Aspekte mitberücksichtigten (Musiktherapie, Kreativgruppe, Ergotherapie, Logopädie, Kleinkindergruppe).

Viele Bilder entstanden auf pädagogische Anregung, vor allem die Bearbeitung von gleichen Themen durch Kinder mit unterschiedlicher Symptomatik.

„Psychotherapie ist die Kunst, Fesselungen zu lösen, Pädagogik ist die Kunst, die Gelösten zu nähren, zu leiten und zu sich selbst zu entlassen" (Ruth C.Cohn).

ANGST

Angst als Affekt ist gekennzeichnet durch Angstgefühl und verschiedene somatische und vegetative Symptome wie Herzklopfen, Bauchweh, Schwitzen etc.
Angst zu haben ist Bestandteil unseres Lebens. Wird sie pathologisch, erschwert sie die Lösung von Anpassungs- und Entwicklungsaufgaben oder macht diese unmöglich.
Phobien sind zwanghafte Befürchtungen vor bestimmten Situationen, Personen oder Objekten, die nicht gerechtfertigt erscheinen. Eine häufig auftretende Phobie im Kindesalter ist die sogenannte Schulphobie. Diese hindert das Kind aus Angst, welche nicht durch die Schule begründet ist, die Schule zu besuchen.
Manche Kinder versuchen, ihre Ängste durch Zwangsgedanken oder Zwangshandlungen (wiederholte, ritualisierte Verhaltensweisen) zu beherrschen, was im Bild durch übergroße Genauigkeit und Perseveration von Motiven bei Fehlen von Farben zum Ausdruck kommt.
Angstkinder bevorzugen die Farben Grau, Schwarz und Rot (aggressiv aus Angst), weisen eine zarte Strichführung auf, bevorzugen Bleistift und Farbstifte, zeichnen auffallend klein mit zarter, verhaltener Farbgebung.

1

GEBURTSTAGSGRUSS

56niar1
Bleistift, 210 x 297 mm

Themenstellung: Freie Zeichnung

Kommentar des Kindes: „Geburtstagsblatt für Erzieherin"

12-jähriger Knabe ohne Freunde, mit Ängsten vor anderen Kindern und Konflikten in der Schule. Der Knabe nahm vor allem Kontakt zu Erwachsenen auf, war überaus ordentlich und genau, verbrachte einen Großteil der Lernzeit damit, seine Schulsachen zu ordnen. Keine Verwendung von Farben weist auf Verdrängung von Emotionen hin.
Die Auflösung der Schrift in Zick-Zacklinien steht für Zwanghaftigkeit als Abwehr von Ängsten und stereotypisierter Aggression.

2

QUADRATMENSCH

56niar2
Bleistift, 297 x 210 mm

Themenstellung: Mannzeichnung

Sechs Monate später hat sich die Kontaktbereitschaft verbessert. Die Teilnahme an Spielen mit Gleichaltrigen gelang in Anwesenheit der Erzieher.
Die Kleinheit der Zeichnung spricht für Ängstlichkeit. Der quadratische Rumpf symbolisiert emotionale Gehemmtheit und Isolierung.

ALLES GUTE ZUM GEBURTSTAG
ALLES GUTE wünscht ihnen

3

MANN MIT BRILLE

56niar3

Buntstift und Filzstift, 297 x 210 mm

Themenstellung: Mannzeichnung

Nach acht Monaten waren weitere Gelöstheit und Verringerung der Angst und Aggressivität beobachtbar.
Durch die Verwendung von Farben werden nun Emotionen ausgedrückt.
Ein größerer Mensch steht für weniger Angst.
Plastische Beine und differenzierte Ausführung der Füße auf Untergrund weisen auf mehr Halt und Standfestigkeit.
Linierter Boden spricht weiterhin für zwanghaftes Verhalten als Angstabwehr.

4

BÜSTE

57nier1

Bleistift, 297 x 210 mm

Themenstellung: Mannzeichnung

14jähriger Jugendlicher ohne Freunde;
Tendenz, sich von anderen Menschen zurückzuziehen.
Er wurde oft verspottet, reagierte auf andere abweisend und nahm nicht an sportlichen Aktivitäten teil. In Gesprächen mit Erwachsenen verhielt er sich überangepaßt und bevorzugte intellektuelle Themen.
Fehlen des Unterkörpers, der Beine, Unterarme und Hände und Dominieren des Kopfes, besonders des Mundes, sprechen für Handlungsunfähigkeit, Hemmung und Abwehr der Angst durch Viel-Reden und Intellektualisieren.

5
KNAST
17daol1
Filzstift, 297 x 420 mm

Themenstellung: Ein sicherer Ort
Kommentar des Kindes: „Knast, zum Abschrecken außen ein Skelett, Fackeln und Haifischflossen".

14-jähriger, intellektuell überdurchschnittlich befähigter Jugendlicher mit ausgeprägter Schulphobie.
Diese machten den Besuch der Heimschule mit wenig Kindern in der Klasse notwendig, da er in einem größeren Klassenverband in Panik verfiel.
Das Beschränken auf eine Farbe und das Vermeiden von Bemalen weist auf massive Verdrängung der Gefühle hin.

6

EIN SICHERER ORT VON INNEN

17daol2

Filzstift, 297 x 420 mm

Themenstellung: Ein sicherer Ort von innen

Am selben Tag wurde der sichere Ort von innen dargestellt. Das Überwiegen von leeren Flächen, das Fehlen von lebendigen Elementen und das Beschränken auf eine Farbe sprechen für Depression. Das Motiv symbolisiert das Eingesperrtsein des Kindes in seine Angst.

7
VULKAN
17daol3
Filzstift, 450 x 630 mm

Themenstellung: Vulkanausbruch

Etwa ein halbes Jahr später war der Knabe wesentlich selbstbewußter und aufgelockerter (buntere Farbgebung, größeres Format), wenngleich die Symptomatik (Schulphobie) nicht behoben war. Hemmung und Depression sieht man nicht nur in der Schmächtigkeit des Vulkans, sondern auch in der geneigten Palme mit herabhängenden Blättern.

8

I HOB KA ANGST

100ihka1
Bleistift und Buntstift, 297 x 210 mm

Themenstellung: Freie Zeichnung

Ängstlicher, leistungsgehemmter Jugendlicher mit der Tendenz, sich verfolgt und angegriffen zu fühlen. Angstgefühle werden durch Verleugnung abgewehrt.

9

TURM

130anot1
Buntstift, 297 x 210 mm

Themenstellung: Freie Zeichnung

Leistungsgehemmter Jugendlicher.
Der auf der rechten Seite steil abfallende Berg mit betonter dunkelbrauner Linie im Gegensatz zur linken Seite deutet die Ängste vor gegenwärtigen und zukünftigen Anforderungen an.

10
WALDMENSCH

95laun1
Buntstift, 297 x 420 mm

Themenstellung: Freie Zeichnung

Sechzehnjähriger, intellektuell unterdurchschnittlich befähigter Jugendlicher mit ausgeprägten Versagensängsten und depressiv-ängstlicher Persönlichkeitsstruktur. Er tendierte zu sadistischen Handlungen und verhielt sich in Streßsituationen aggressiv.
Durch seine Positionierung auf dem braunen Hügel versucht sich der Jugendliche selbst zu erhöhen (Kompensation für seine Versagensängste). Der Hintergrund wirkt depressiv (Regenwolken). Das Fehlen von warmen Farben könnte Gefühlskälte andeuten. Die Füße haben keinen tragenden Boden, werden vielmehr von dem braunen Hügel überdeckt. Der Mangel an tragfähiger Basis im Bild entspricht der Angst des Jugendlichen.

11

KAPELLE AUF DER WIESE

98zaho1
Buntstift, 210 x 297 mm

Themenstellung: Freie Zeichnung

Sechzehnjähriger Jugendlicher mit unterdurchschnittlichem kognitiven Entwicklungsstand. Er wuchs im Kinderdorf auf und wurde im Jugendlichenalter wegen Leistungs- und Sozialproblemen im Heim aufgenommen. Die idyllische Darstellung kann als Versuch gesehen werden, Ängste von der Realität zu verdrängen und in eine heile Welt zu flüchten.

12
UNWETTER

106scar2
Buntstift, 210 x 297 mm

Themenstellung: Freie Zeichnung

16-jähriger, intellektuell unterdurchschnittlich befähigter Jugendlicher mit Leistungshemmung, massiven Ängsten und psychotischen Symptomen.
Die innere Bedrohtheit des Jugendlichen findet sich in dem breiten schwarzen Rahmen oben und in der grauen Straße. Auch das Blau scheint bedrohlich zu sein.
Es fehlen Symbole für Schutz und haltgebende Beziehungen. Die Kleinheit der Gestalten und Linkspositionierung sprechen für Angst und Rückzugstendenzen.

13

TEIGPRINZ

99faar1

Buntstift, 420 x 300 mm

Themenstellung: Freie Zeichnung

16-jähriger Jugendlicher mit egozentrischen Zügen und der Tendenz, sich verfolgt und angegriffen zu fühlen. Vater unbekannt, kaum Kontakt zur Mutter.
Weiche Linienführung und Farbgebung deuten auf Sensibilität hin, unscharfe Konturen auf Identitätsunsicherheit, die Graufärbung auf Ängstlichkeit.
Der Jugendliche ist jetzt in einem künstlerisch/handwerklichen Beruf tätig.

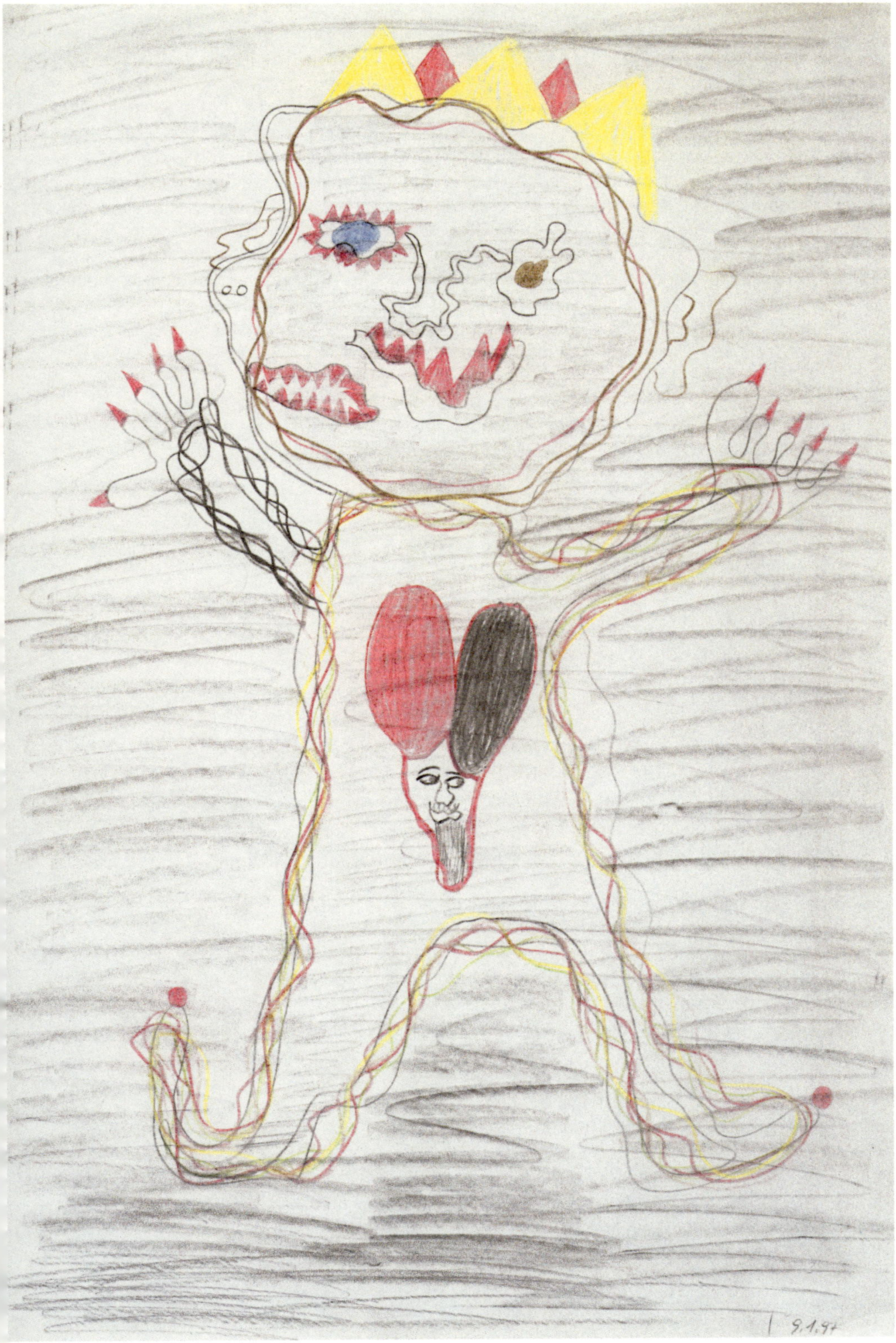

AGGRESSIVITÄT

Fremdaggressivität

Ungehemmte, die Umwelt schädigende Verhaltensweisen finden sich häufig im Kleinkindalter und treten im Schulalter seltener auf. Seelisch traumatisierte Kinder tendieren häufig dazu, Aggression abzuspalten, sich selbst dadurch als gut zu erleben und auch ihre Umwelt in Gut und Böse einzuteilen. Andrängende Triebimpulse werden nicht integriert und verarbeitet, wenn das Ich (die Persönlichkeit) des Kindes zu schwach ist. Triebimpulse werden dann häufig motorisch abgeführt, und Realitätswahrnehmung, Impulskontrolle, Konzentrationsfähigkeit und emotionale Stabilität sind eingeschränkt.
Defizite in der narzißtischen Entwicklungsphase können zum Auftreten aggressiven Verhaltens führen.
Aggressive Inhalte werden im Bild druckstark mit kräftigen Farben oft unter Mißachtung von Grenzen ausgedrückt. Die Formen sind spitz, kantig, eckig, hart.

14

CAPTAIN HOOK

93ziür1
Filzstift/Buntstift, 420 x 297 mm

Themenstellung: Ein Mann

Zehnjähriger Knabe, der sich in der Schule negativistisch verhielt und sehr verschlossen war.
Der Knabe sammelte gerne ausgefallene Gegenstände und legte vordergründig ein leicht aggressives Imponiergehabe an den Tag. Persönliche Gespräche versuchte er zu vermeiden. Auch Handlungsanforderungen des Alltags ging er mit großem Geschick aus dem Wege.
Fehlen der Hände spricht für mangelnde Handlungskompetenz, die durch aggressives Gehabe (siehe Waffen) überdeckt wird.
Fehlen der Gesichtskonturen und des Halses sind Hinweis auf das Vermeidungsverhalten des Kindes, seine Meinung in einem persönlichen Gespräch zu zeigen.
Linkstendenz der Figur ist Zeichen für ein unreifes Verhalten, wodurch Leistungsanforderungen aus dem Weg gegangen wird.

15

BUNTE WELT

40krho1

Wasserfarbe, 297 x 420 mm

Themenstellung: Freie Zeichnung

11-jähriger, intellektuell unterdurchschnittlich befähigter Knabe mit erhöhter Aggressivität in der Schule und gegenüber Erwachsenen; alleinerziehende Mutter, kein Kontakt zum Vater; fallweise Einnässen tagsüber.
Der Knabe konnte freundlich und überaus höflich sein, sodaß man sich seine aggressiven Ausbrüche schwer vorstellen konnte.
In der Zeichnung delegiert er strahlend lächelnd die Verantwortung für seine aggressiven Handlungen (schwarz in der Mitte) an ein grünes Wesen auf seinem Arm (Abspaltung der Aggression).

16
KRIEGER
40KRHO2
Wasserfarbe, 297 x 420 mm

Themenstellung: Freie Zeichnung

Kommentar des Kindes: „Das ist ein Krieger, der ein Monster mit einem Speer töten soll. Über seinem Kopf ist ein Engerl und ein Teuferl, die dem Krieger einen Blitz zuschicken. Der eine will ihn damit zum Kampf überreden, der andere will ihm davon abraten. Wie sich der Krieger entscheider wird, weiß man nicht".

Die Aggressivität wird nun nicht mehr abgespalten, sondern in einem Konflikt zwischen Gut und Böse bewußt erlebt. Die Hauptfigur nimmt selbst eine Waffe in die Hand und ist auch emotional auf diese Situation eingestellt (schwarze Konturen der Hauptfigur). Die Übermalung des vom Rumpf abgesetzten Unterleibes deutet die zeitweise Beschmutzungstendenz tagsüber an.

17

KRIEG

40krho3

Ölkreide, 700 x 500 mm quer, zweiseitig

Themenstellung: Freie Zeichnung

Kommentar des Kindes: (Zeigt zuerst nur die zweite Seite her) „Das ist ein großes Durcheinander mit vielen Farbmischungen. Es wird lang dauern, bis dieses Durcheinander entwirrt und geordnet ist. (Erste Seite zeigt er nach Zögern her): Da herrscht Krieg, alle schießen aufeinander und einer ist getötet worden, voller Blut".

Die Aggression tritt nun offen zutage, wobei die Dreier-Konstellation (Flugzeug, Panzer und Fahrzeug) an die familiäre Konfliktsituation (geschiedene Eltern, Streit ums Kind) erinnert. Auf der zweiten Seite wird dieses Geschehen wieder verdeckt und das vom Kind erlebte Chaos in einem Linien- und Farbenwirrwarr zum Ausdruck gebracht. In der äußeren Realität entsprach diese Darstellung auch der damaligen turbulenten Situation der Kreativgruppe, in der das Bild entstand.

18

SATANSTEUFELCHEN 2

117brhi3

Bleistift und Buntstift, 297 x 210 mm

Themenstellung: Freie Zeichnung

11-jähriger Knabe, mit erhöhter Aggressivität, zeitweisem Kontrollverlust und massiven Kontaktschwierigkeiten mit Gleichaltrigen. Paranoide Tendenzen.
Der Knabe lebte von Geburt an bei der alleinstehenden kranken Mutter und hatte zu seinem Vater nie Kontakt. Die Mutter spricht über Männer vorwiegend negativ
Mutter und Kind sind im Ort nicht integriert, das Kind wird von anderen Kindern verspottet.
Betonung der Zähne: Hinweis für oral-sadistische Aggression mit ambivalenter Mutterbindung.
Blutlacke: Hinweis für Angst und Aggression.
Fehlen weiterer Farben und Betonung von Schwarz: Hinweis auf Angst und Bedrohung und emotionale Hemmung.
Es kann angenommen werden, daß der Knabe sich von der starken Mutter (Halskette = weibliches Symbol) zeitweise bedroht gefühlt, sich mit ihr auch in ihren aggressiven Anteilen identifiziert hat und wegen Mangels einer männlichen Identifikationsfigur in seiner sozialen Reifung stagnierte.

Kat.-Nrn. 19, 20

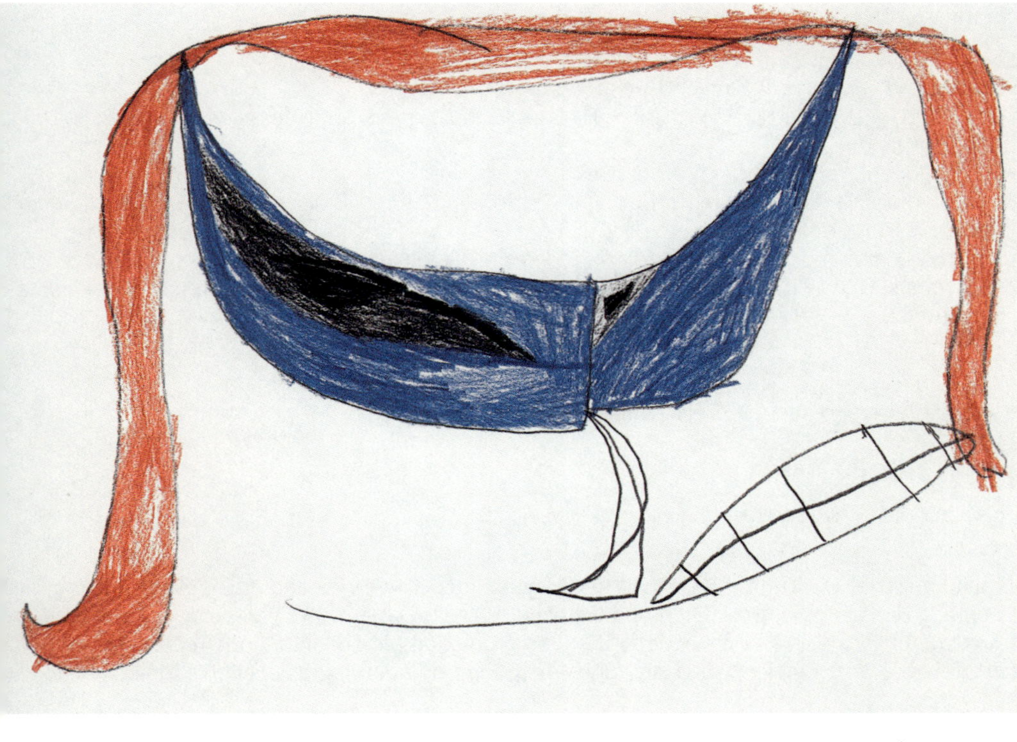

19
M. MANSON

117brhi4
Buntstift, 297 x 210 mm

Themenstellung: Freie Zeichnung

Etwa 3 Wochen später :
Verwendung von Farben: Hinweis für emotionale Auflockerung.
Darstellung eines erwachsenen Mannes: Hinweis für das Ringen um eine männliche Identifizierung.
Mauerstück links oben: Versuch einer Strukturierung.
Bewegung der Person und ihre Körperhaltung sprechen dafür, daß der Knabe Gefahr läuft, in die Regression (Linkstendenz) abzurutschen, sich mit einem Bein gegen Leistungsanforderungen stemmt (Stemmen gegen den Berg), sich anderseits mit einem nicht harmonisch angesetzten Arm am Berg anhält, was für krampfhafte Suche nach Halt im Leistungs- und männlichen Bereich sprechen könnte.

20
KOPF VOM M. MANSON

117brhi5
Buntstift, 210 x 297 mm

Themenstellung: Freie Zeichnung

Am selben Tag wie M.Manson-Zeichnung :
Unharmonisches Gesicht mit Betonung der Augenpartie: Hinweis für chaotische Persönlichkeit und Betonung der Sinneskanales Sehen und Gesehen werden, was auch als paranoide Tendenz gedeutet werden kann. Zu dieser Zeit war der Knabe im Umgang mit anderen Kindern besonders irritiert, fühlte sich von ihnen beobachtet und angegriffen und benötigte vermehrt Möglichkeiten zum Rückzug.

21
TITANIC 1

117brhi6
Buntstift, 210 x 297 mm

Themenstellung: Freie Zeichnung

Etwa 3 Wochen später:
Wechsel des Motivs von einer aggressiven Person zu einem versinkenden Fahrzeug: Hinweis für Zulassen der eigenen Gefühle und Verringerung der aggressiven Abwehr.
Farbe schwarz: Zeichen für Angst und Bedrohung
Orange als neue Farbe: Möglicherweise Ausdruck von Hoffnung, Lebensfreude.
In dieser Zeit war der Knabe weniger aggressiv und konnte auch Zuwendung annehmen (Menschen halten sich am Schiff an).

22

TITANIC 2

117brhi7

Buntstift und Filzstift, 297 x 420 mm

Themenstellung: Freie Zeichnung

Etwa 4 Wochen später :
Vermehrtes Auftauchen des Schiffes mit Rettungsring und Eingang sowie Rauchfängen: Hinweis für Entwicklung einer größeren Ich-Stärke mit männlicher Identifikation mit Gleichaltrigen und Zugänglichkeit und Akzeptanz von Hilfestellung.
Anzahl der Wolken: Möglicherweise Darstellung der sieben Kinder der Gruppe, von denen vier Buben waren (siehe Rauchfänge).
Schiffsumrahmung rot und rahmenartig geschlossen: Hinweis für Lebensfreude und Suche nach Struktur und Begrenzungen.

23
DAS SCHIFF

117brh8
Bleistift und Filzstift, 297 x 420 mm

Themenstellung: Freie Zeichnung

Etwa 4 Wochen später :
Fahrendes und nicht mehr versinkendes Schiff: Gefahr des Untergangs scheint gebannt zu sein. Hinzukommen der Farben Grün und Gelb: Ausdruck von Hoffnung und lebensfördernder Macht. Unterscheidung zwischen Wasser und Himmel: Differenziertere Wahrnehmung und mehr Struktur. In dieser Zeit war der Bub insgesamt emotional besser ansprechbar und selbstsicherer, weniger aggressiv; Kontrollverlust deutlich seltener.

24

KOLIBRI-QUEEN

117brhi9

Malfarben, 500 x 700 mm

Themenstellung: Freie Zeichnung

Der Wechsel zu einem größeren Format und zur Malfarbe sowie die Farbwahl Rot als Untergrund lassen zusammen mit der dynamischen Formgebung einen affektiven Durchbruch erkennen. 2 strahlende Sonnen als Symbol für männliche Kraft bescheinen die Szene, in der der blaue Kolibri, ein Symbol für das Kind, den dunklen Vogel, vermutlich die angsteinflößenden Anteile der Mutter (Queen), dominiert.

25
SATANSTEUFEL

117brhi10
Stofffarbe, T-Shirt

Themenstellung: Freie Zeichnung

Inhaltlich weniger aggressive Symbole: Verringerung der Aggression.
Blutstropfen des Satansteufelchens wurden zu Tränen: Anstelle von Angst und Aggression trat Trauer.
Aus dem Teufelchen wurde ein Teufel: Kind wurde erwachsener und reifer.
Das Bild entstand in der Phase des Abschiedes von Therapeuten und Gruppe und drückt im Unterschied zum Satansteufelchen kaum noch Aggressivität, jedoch vor allem Trauer und Wehmut aus.
Das Kind ist weiterhin auf der Suche nach Halt und Struktur, was sich aus dem Vorzeichnen der Strukturen schließen läßt.

26
DAS KLEINE NILPFERD

31hoon1
Buntstift, 297 x 420 mm

Themenstellung: Nach dem Bilderbuch von C. Nöstlinger „Der kleine Joe": „Welche Ängste würde das Nilpferd sagen, wenn es sprechen könnte?"

Kommentar des Kindes: „Ich habe oft Alpträume"

Kommentar des Betreuers: Therapeutin mußte das Nilpferd zeichnen, und das Kind schrieb „Angst vor Schlägen und Alpträumen". Die anderen Ängste sind im Bilderbuch thematisiert.

9-jähriger Knabe, erhöht aggressiv; nächtliches Einnässen.
Der Knabe war emotional sehr gehemmt und vorerst nicht für eine freie Zeichnung bereit. Die Einführung eines Tieres als Stütze (Hilfs-Ich) ermöglichte es dem Kind, über seine Emotionen zu sprechen.

27

ALPTRAUM

31hoon2

Buntstiftzeichnung, 420 x 297 mm

Themenstellung: Zeichne, was dir im Traum Angst macht

Kommentar des Kindes: Genaue Beschreibung des Monsters und Vorführung

Etwa einen Monat später kann der Knabe ein bedrohliches Wesen zeichnen, das ihm in der Nacht in den Träumen erscheint und ihn nicht schlafen läßt.
Die Farbe Rot und die spitzen Krallen an den Fingern sowie die übergroßen Sprechblasen und ihr Inhalt drücken erhöhte Aggressivität aus. Nicht zu übersehen ist das Herz, welches für einen weichen, emotional ansprechbaren Teil der Persönlichkeit steht. Die Zeichnung dürfte sowohl fremde als auch eigene aggressive Anteile zum Ausdruck bringen.

28

ROTES MONSTER

31hoon3

Buntstiftzeichnung, 420 x 297 mm

Themenstellung: Was muß sich ändern, daß du schlafen kannst?

Kommentar des Kindes: „Ich kämpfe mit ihm. Es hat dann abgeschnittene Fingernägel und ausgezogene Schuhe, ein Messer im Herzen und eine Kopfverletzung".

Unmittelbar darauf entstand dieses seiner aggressiven Attribute weitgehend beraubte Wesen. Das Kind kann nun seine eigene Verletztheit in der Gestalt dieses roten Monsters wiedergeben, aber auch seine Selbstvorwürfe („du Mörder"). Die langen roten Haare wirken wie ungesteuert chaotisch fließend und erinnern an das Einnässen des Kindes.
In der Folge blieb das Einnässen völlig aus, die Aggressivität war wesentlich geringer geworden.

MORDER

29
UNTIER

51müol1
Buntstift, 210 x 297 mm

Themenstellung: Ein Mensch

Kommentar des Kindes: „Ein Untier als Zelle in einer Flasche im Labor. Ist dann mit Beulen ausgewachsen".

10-jähriger, erhöht aggressiver Knabe; kein Kontakt zum Vater; vom Stiefvater abgelehnt; Wunsch der Mutter, das Kind aus der Familie zu entfernen.
Die Aggressivität ist deutlich an den Zacken um diese Gestalt erkennbar, in der allerdings ein weicher Kern zu stecken scheint (runde Körperform).
Die gelbe Flasche oberhalb des Kopfes erinnert an einen Uterus und könnte für die Mutter stehen. Ein eindeutiges, unabhängiges Vatersymbol ist nicht erkennbar. Das negative Selbstbild des Kindes ist im Titel „Untier" und in angegebenen Mißbildungen („Beulen") ersichtlich. Beulen könnten auch von Schlägen kommen. Der Wunsch, sich auf die Mutter zu stützen, ist aus dem nicht mehr altersgemäßen Querformat erkennbar, die Unterentwicklung der Handlungsebene am Fehlen der Arme.

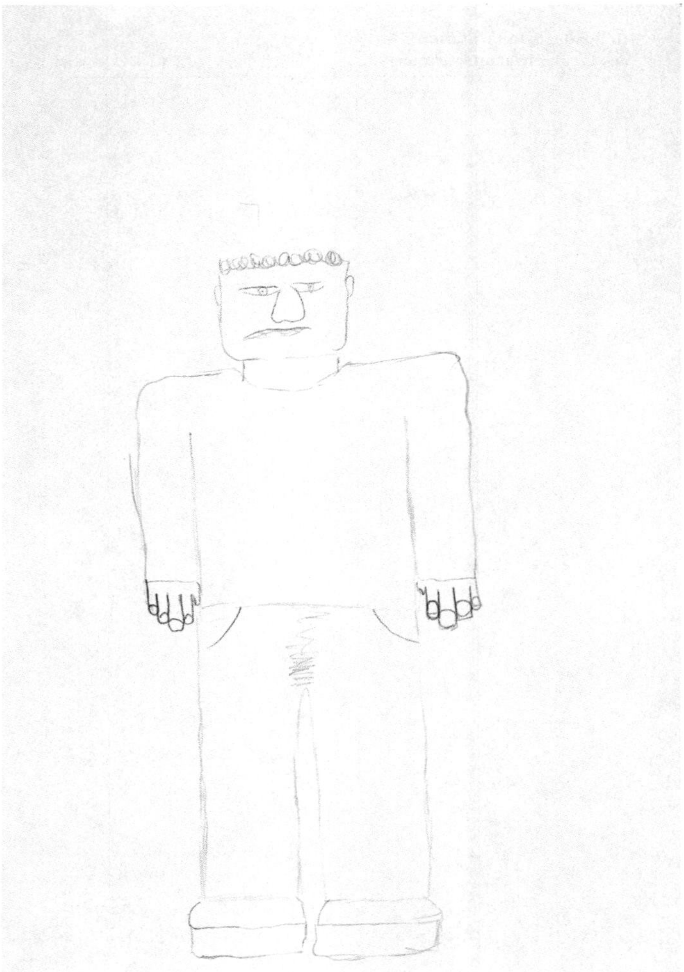

30

EIN MANN

67roic1
Bleistift, 297 x 210 mm

Themenstellung: Zeichne einen Mann

10-jähriger, sehr aggressiver Knabe, der die anderen Kinder durch körperliche Attacken ängstigte und dominierte. Zu brutalen Mißhandlungen neigender Vater, totaler Kontaktabbruch zum Kind seitens der Mutter.

Das brutale, aggressive Vaterbild dürfte vom Knaben kritiklos übernommen worden sein. Die Dominanz von quadratischen bzw. rechteckigen Formen entspricht der hypertrophen Selbstbehauptungstendenz des Kindes („Quadratschädel", „Betonstampfer"), ist aber gleichzeitig mit den eng an den Rumpf angelegten Armen ein Hinweis auf den Versuch, sich selbst zu schützen, was angesichts des völligen Fehlens einer positiven familiären Beziehung verständlich ist.

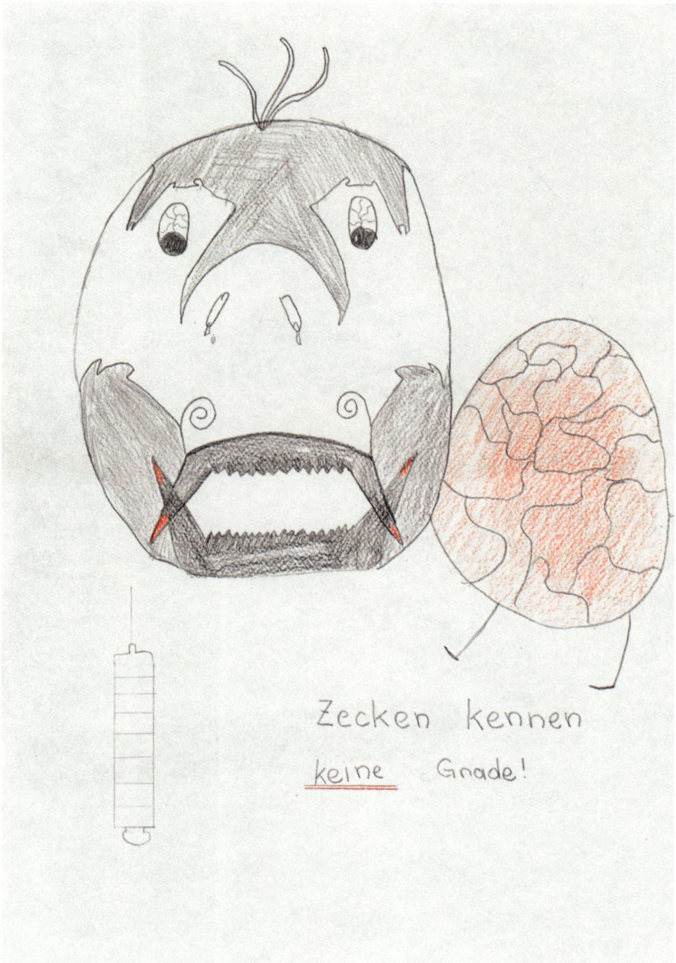

31
ZECKENMOSTER

94mara1

Bleistift und Buntstift, 420 x 297 mm

16-jähriger aggressiver Jugendlicher mit Leistungs- und Integrationsproblemen.
Der Knabe wurde im Kleinkindalter adoptiert, hatte fallweise Kontakt zur leiblichen Mutter und kannte seinen leiblichen Vater nicht.
Bleistift- bzw. Buntstiftzeichnung spricht für emotionale Hemmung.
Grau, Schwarz und Rot sind Ausdruck für Schrecken, Trauer und Aggression.
Raumverteilung (Linkslastigkeit und erhöht) ist Hinweis für narzißtische Selbsterhöhung bei Tendenz zur Regression.
Dominanz des Kopfes gegenüber dem übrigen Körper ist Zeichen Hinweis für Überwiegen des Intellekts.
Betonung der oralen Aggressivität (hypertrophes Gebiß) spricht für eine ambivalente Beziehung zur Mutter.

32
BRIEFBOMBE
anonym
Objekt
Kränkung kann aggressiv machen

33
SCHLAGSTOCK
anonym
Objekt
Kränkung kann aggressiv machen

34
anonym
JAPANISCHES KAMPFGERÄT
Objekt
Kränkung kann aggressiv machen

Autoaggressivität

Dem eigenen Körper wird Schmerz und Gewalt angetan. Als Beispiele sind Bilder von Mädchen mit Trichotillomanie ausgewählt. Darunter versteht man sichtbaren Haarverlust infolge der Unfähigkeit, ständigen Impulsen zum Haareausreißen zu widerstehen. Erfahrungsgemäß sind überwiegend Mädchen davon betroffen. Hinsichtlich der Entstehung wird auf eine Koppelung zwischen verdrängten Wut- und Aggressionsimpulsen einerseits und intensivem Zärtlichkeits- und Anlehnungsbedürfnis andererseits hingewiesen. Letzteres findet in zarten Farben und grazilen Formen seinen Niederschlag.

35
HEXENHAUS

16daem1
Buntstift, 297 x 420 mm

Themenstellung: Freie Zeichnung

Kommentar des Kindes: „Eine lustige Hexe, die gerne Kinder haut".

9-jähriges Mädchen aus der Türkei, das sich seit zirka einem Jahr in autoaggressiver Weise mit Daumen und Mittelfinger die Haare ausreißt, so daß es bereits kahle Stellen hat.
Sie ist das mittlere Kind einer großen Geschwisterreihe in einer Familie mit finanziellen Problemen.
Die Kindeseltern wirken resigniert und isoliert. Das Mädchen hat in der Familie wenig Entfaltungsmöglichkeiten. Die Symptomatik begann, als sie bei ihren Versuchen, sich zu verschönern (Augenbrauen-Faconieren und Haarefärben) gehindert wurde. Sie erreichte allerdings damit erhöhte Aufmerksamkeit der ganzen Familie, wodurch sich das Symptom in der Folge verfestigte.
Die unterdrückte Aggressivität findet sich im Bild entsprechend dem Zustand des Kindes nur in kleinen Details (Betonung der Finger, Selbstbild an der Wand) und in der zwanghaften Ausführung.
Die Anzahl der Blumen und die Anzahl der Wolken entsprechen der Kinderzahl der Familie, die Anzahl der Äste der Gesamtfamilie (inklusive Eltern).

36

SCHAKI, DIE MÖRDERPUPPE

16daem5

Ölkreide, 297 x 210 mm

Themenstellung: Freie Zeichnung

Im Vergleich zur ersten Zeichnung (Hexenhaus) kann ein Monat später auf Idylle verzichtet und die Aggressivität unverhüllt ausgedrückt werden. Die Befreiung drückt sich auch in der Länge der Haare, in der Wahl des Materials und der Bevorzugung des altersadäquaten Hochformates aus. Das Fehlen der Füße könnte auf Unsicherheit hinsichtlich familiärer Basis für die neugewonnene Freiheit sprechen.

37

ICH JETZT

16daem2
Buntstift, 210 x 297 mm

Themenstellung: Selbstbildnis

Kommentar des Kindes:
„Das bin ich jetzt".

Zwischen Bild 35 und 36 entstehen diese drei Zeichnungen. Betonung der Finger, mißmutiger Gesichtsausdruck und Farbe Rot an Fingern und Gesicht deuten die unterdrückte Aggressivität an, die sich auch als Schutz gegen Anforderungen von außen (Rechtstendenz) richtet.

38

ICH SPÄTER

16daem3
Buntstift, 210 x 297 mm

Themenstellung: Selbstbildnis

Kommentar des Kindes:
„Das bin ich in naher Zukunft".

Es finden sich keine Zeichen von Aggressivität, und die Länge der Haare weist auf den tatsächlichen Wunsch des Kindes hin, lange Haare zu tragen.

39

ICH IN FERNER ZUKUNFT

16daem4
Buntstift, 210 x 297 mm

Themenstellung: Selbstbildnis

Kommentar des Kindes:
„Das bin ich in ferner Zukunft".

Positionierung in der Mitte spricht für weniger Zurückgezogenheit, die aber in der Haltung des Oberkörpers noch angedeutet ist.

40
ICH MIT KAPPE

123ryan1
Buntstift, 297 x 210 mm

Themenstellung: Ich jetzt

Kommentar des Betreuers: Trägt derzeit Kappe, um kahle Stellen zu verdecken

11-jähriges Mädchen, introvertiert, überangepaßt mit massivem Haare-Ausreißen.
Das Kind entstammt einer Stieffamilie, der Stiefvater ist Friseur, die Kindesmutter hat langes und schönes Haar.
Problemfelder werden verdeckt bzw. nicht zur Darstellung gebracht (keine Beine, Kappe).

41
ICH IN EIN PAAR JAHREN

123ryan2
Buntstift, 297 x 210 mm

Themenstellung: Ich später, wie ich sein möchte.

Kommentar des Kindes: „Ich möchte meiner Mutter ähnlich sein und besonders lange Haare haben".

Zwanghaftigkeit in der Ausführung und Abspalten eines Problems (keine Beine) sind, da die Dynamik unverändert blieb (Entstehung der Zeichnungen am selben Tag), weiterhin auch hier ersichtlich.
Die Autoagressivität des Symptoms wird durch die Abweichung des aktuellen Erscheinungsbildes des Kindes von seinem Idealbild deutlich erkennbar.

Sexuelle Aggressivität

Sexualdelikte (Vergewaltigung, Nötigung, Mißbrauch) werden bereits auch im Kindesalter gesetzt, scheinen aber in der offiziellen Strafstatistik nicht auf, weil Kinder in diesem Alter noch nicht strafmündig sind. Im Sinne von „Täter-Arbeit ist Opfer-Arbeit" erscheint uns eine Betreuung in diesem frühen Alter von besonderer Wichtigkeit. Bei vielen Tätern vermuten oder wissen wir, daß sie selbst Mißbrauchssituationen ausgesetzt waren.
Sie stellen ihre Bedrohung und Gefährlichkeit durch intensive, oft schwarze Farbgebung in symbolischer Form dar.

42
HAIFAMILIE

73scar1
Buntstifte, 297 x 420 mm

Themenstellung: Haifamilie

11-ähriger Knabe aus zerrütteten familiären Verhältnissen. Gewaltmilieu.
Vermutlich dürfte das graugefärbte kleine Wesen im Maul des einen Hais das Kind darstellen. Kleinheit und graue Farbgebung sprechen für Gefühle von Angst und Bedrohtsein. Das rote Maul des oberen Hais, vermutlich des Vaters, ist der einzige rote Fleck auf der ganzen Zeichnung und dürfte die erhöhte Gefährlichkeit des Vaters symbolisieren, für das Kind und die dem Vater unterlegene und hilflos ausgelieferte Mutter. Die besondere Ausführung des Auges des oberen Hais betont die erhöhte Wachsamkeit des Vaters über die anderen Familienmitglieder, was der Realität entsprach.

43
SONNENUNTERGANG

73scar2
Wasserfarbe, 297 x 420 mm

Themenstellung: Meeresgrund

Etwa 3 1/2 Jahre später attackierte der Knabe ein kleines Mädchen sexuell, was er mit allen Mitteln zu verheimlichen versuchte.
Die Sonne als Vatersymbol spiegelt sich im Meer in einer an einen Penis erinnernden Form wider. Dies und der kaum sichtbare Hai (Symbol für Vater bereits vor 3 Jahren) sprechen dafür, daß der Knabe die Handlungsweisen des väterlichen Aggressors übernommen hat. Das Älterwerden des Vaters dürfte mit dem Untergang der Sonne ausgedrückt werden. Die starke Verheimlichungstendenz ist im Bild darin ersichtlich, daß vom Hai nur eine Flosse zu sehen ist.

44

RIESE ROTBRAUNSCHOPF

84trri 1

Buntstift, 420 x 297 mm

Themenstellung: Riese

14-jähriger Knabe aus Verwahrlosungsmilieu, sexuell aggressiv gegenüber jüngeren Kindern. Die Zeichnung entstand nach Bekanntwerden sexueller Übergriffe. Sie gibt sadistische Handlungen an kleinen Kindern wieder, die der Knabe vermutlich selbst erlebt hat. Dafür spricht die eigene Verwundetheit des Riesen „Rotbraunschopf", erkennbar an der roten bluttropfenden Verletzung auf der rechten Seite. Das Kind stellt sich vermutlich in dem Riesen als Täter dar und gleichzeitig in den beiden kleinen Kindern links und rechts, die seine Opfer symbolisieren könnten. Während die Haare kaum sichtbar gefärbt werden und die Augen schwarz angemalt sind, ist der untere Körperbereich wesentlich farbenkräftiger gestaltet, was für übergroße affektive Besetzung dieser Bereiche spricht.
Die Keule in der rechten Hand enthält ähnlich runde Gebilde wie das angedeutete Genitale und dürfte somit auch auf Grund ihrer Form ein vergrößertes männliches Sexualsymbol sein. Dieselbe Form wiederholt sich in den Füßen. Durch die Perseveration dieser Form wird die Dominanz der Genitalorgane ausgedrückt.
Eine Verheimlichungstendenz ist nicht ersichtlich. Der Knabe gab seine Handlungen auch zu.

45

OBERHEXE

84trri 2

Filzstift, 420 x 297 mm

Themenstellung: Hexe

Das Thema „Hexe„ konnte ungefähr ein 3/4 Jahr später zeichnerisch bearbeitet werden, nachdem es bereits vorher im Rahmen von Fantasiegeschichten angeklungen war. Emotional bleibt die Darstellung auf Grund der nicht ausgeführten Anfärbung der Zeichnung weitgehend zurückhaltend bis auf Pupillen und Zunge, welche als Waffe der Hexe erscheinen. Das links im Bild dargestellte Kind blutet, ein Zeichen für seelische Verletztheit, und wird von der Oberhexe festgehalten. Auf die Frage des Kindes: „Müssen alle Kinder eliminiert werden?" reagiert die Hexe mit: „Du wagst es, mir zu widersprechen?". Die Hexe als aggressiv gefährliches Muttersymbol dominiert über das Kind auf Grund ihrer Größe und ihrer Plazierung mitten auf dem Blatt.

Ober Hexe

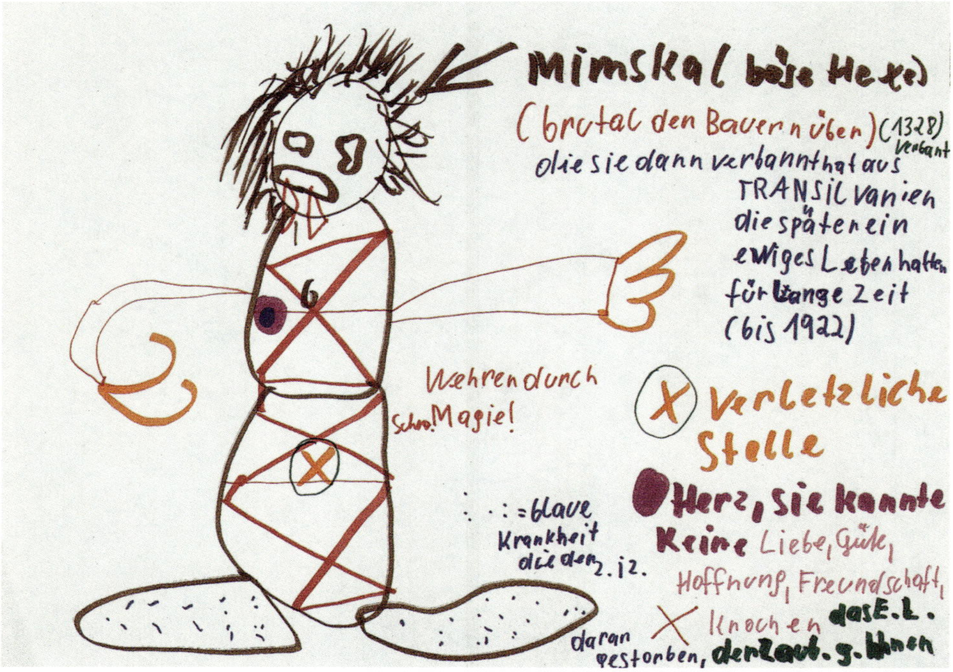

46

MIMSKA, BÖSE HEXE

84trri 3
Filzstift, 297 x 420 mm

Themenstellung: Freie Zeichnung

Etwa 1/2 Jahr später wird die Hexe nicht mehr als übermächtig erlebt. Sie hat eine Krankheit, an der sie stirbt (blauer Punkt am Oberkörper), und eine verletzliche Stelle (Kreuz in der Mitte des Unterkörpers, durch die Plazierung auch als Zeichen für weibliches Genitale interpretierbar). Ihre Macht ist auch insofern gebrochen, als sie zwar verbannen kann, die Verbannten aber dann „ewiges Leben für lange Zeit" haben. Durch die Plazierung auf der linken Seite des Blattes wird sie der Vergangenheit zugeordnet.

47

VINCENS

84trri 4
Filzstift, 297 x 210 mm

Themenstellung: Freie Zeichnung

Am selben Tag wie „Mimska" entsteht Vincens, in dem der Jugendliche symbolisiert ist. Nicht nur der Name (der Siegreiche) sondern auch die Größe der Darstellung, ihre zum Teil vollflächige Anfärbung und ihre Ausstattung mit wehrhaft-aggressiven Symbolen (rote Krallen an den Beinen und Fingern, Mantel als Schutz, spitze Zähne) sprechen für eine wesentliche Stärkung gegenüber der ursprünglich sehr bedrohlichen Hexenfigur.
Vincens hat daneben aber auch soziale Anteile („freundlich gesinnt"). Er ist jedoch nach wie vor mit der Bewältigung der Vergangenheit beschäftigt, wie die Blickrichtung anzeigt.

Vincens (Biest)
(Vampirähnliches
Biest) (freund
lichgesinnt)

48

KAMPF ZWISCHEN KIND UND MÖRDER

84trri 5
Malfarbe, 210 x 297 mm

Themenstellung: Freie Zeichnung

Das Bild entstand etwa 14 Tage nach Mimska und Vincens, einen Tag nach dem Begräbnis der Kindesmutter.
Es findet nun ein Kampf zwischen einer Kindergestalt (links) und einer Erwachsenen-Gestalt statt, die vom Kind als Mörder bezeichnet wurde. Das Kind bleibt siegreich, die rechte Gestalt wird laut Aussage des Kindes in der Mülltonne verschwinden. Die Dramatik des Geschehens ist sowohl an der dunklen Farbe als auch in dem Wechsel zur Malfarbe ersichtlich.
Die Waffe des Kindes, möglicherweise ein verlängerter Fuß, mit der die rechte Gestalt blutig verletzt wird, erinnert an die Keule des Riesen Rotbartschopf und kann als männliches Genitalsymbol angesehen werden.
Der Blick des Kindes ist nun nach rechts und damit in die Zukunft gerichtet.

49

HÄUSER MIT ZAUN

116brle1
Buntstifte, 297 x 420 mm

Themenstellung: Freie Zeichnung

15-jähriger, intellektuell altersentsprechend entwickelter Jugendlicher, zwanghaft, sexuell aggressiv gegenüber jüngeren Kindern.
Der Kindesvater hatte den Kontakt zur Familie abgebrochen, der Jugendliche lebte in großer Nähe zu seiner Mutter.
Überschneidungen von Blüten und Blättern weisen auf innere Konflikte hin. Die Abgeschnittenheit des gelben Hauses am linken Rand läßt eine Tendenz zur Verheimlichung annehmen. Die Situierung der Häusergruppe links mit einem Zaun in der Mitte spricht für Zurückgezogenheit und Isolierung.

50

TIERE AUF DER WIESE

116brle3
Buntstifte, 297 x 420 mm

Themenstellung: Freie Zeichnung

Etwa 3 Wochen später finden sich fast keine Überschneidungen mehr. Auffallend ist wieder das Fuchsgesicht in der Mitte des Blattes, welches als einziges Tier keinen Körper erhält. Das Weglassen des Körpers spricht für eine konflikthaft besetzte Körperlichkeit, die nicht mitgeteilt wird. Das rosa Schwein ist als einziges als weibliches Tier deutlich erkennbar. In derselben Farbe steht daneben eine Giraffe mit einem auffallend langen, allerdings zeichnerisch sehr schlecht ausgeführten Schwanz und grünen Gebilden ober dem Hinterteil (beides möglicherweise Hinweis au Genitalien des Zeichners). Die beiden rosa gezeichneten Tiere, Schwein und Giraffe, könnten Mutter und Sohn symbolisieren.

51

FUCHS IM WALD

116brle2
Buntstifte, 297 x 420 mm

Themenstellung: Freie Zeichnung

Etwa 1 Monat später findet sich das Fuchsgesicht wiederum ohne Körper, auf einen anderen Fuc herunterschauend. Auffallend ist bei guter Tierdarstellung der nicht fuchsgemäße, herabhängend Schwanz des Tieres. Vermutlich stellt der Fuchskopf einen Täter dar, der in früherer Zeit den Jugendlichen sexuell mißbraucht hat. Dieser hat das Verhalten des Täters übernommen und ist nu auch selbst in dem Fuchskopf dargestellt. Der kleine Fuchs unten entspricht den von dem Knaber attackierten jüngeren Kindern und/ oder ihm als Mißbrauchsopfer.

52
VIER SPINNEN
116brle
Wasserfarbe, 450 x 630 mm

Themenstellung: Spinne

Kommentar des Kindes: „Spinnen mag ich nicht. Sie sind krabbelige Viecher, sie bauen ein Spinnennetz. Ich bin keine Spinne„.

Etwa 1/2 Jahr später wird die Emotionalität durch Verwendung von Wasserfarben wesentlich direkter ausgedrückt. Die ausschließliche Verwendung der Farbe Schwarz spricht für das Gefühl von Angst und Bedrohtsein.

;3
'UCHS UND SCHMETTERLING
16brle5
3untstifte, 297 x 420 mm

'hemenstellung: Wiese

)as Fuchsgesicht als Symbol für den Täter wird perseveriert, diesmal mit Blick auf einen ;chmetterling als Opfer, der zum Teil durch einen Baum verdeckt wird. Überdeckung findet sich ıuch rechts unten von einem rundlichen Baum über einen Nadelbaum. Verheimlichungstendenzen ind also weiterhin gegeben.
ıuffallend ist der Kontrast zwischen den fast lieblichen Farben und Formen der Vegetation zu dem ıefährlich wirkenden Fuchsgesicht. Dem entsprach in der Realität die vordergründige ıngepaßtheit, Sensibilität und emotionale Ansprechbarkeit des Jugendlichen, gepaart mit einer endenz zu heimlichen, sexuell aggressiven Akten. Die Positionierung von Täter und Opfer im obeen Bereich deutet auf den Wunschcharakter des Dargestellten hin.

Im Affekt

Affektregulation wird als die Fähigkeit bezeichnet, seine Affekte zu kontrollieren, zu modulieren und modifizieren (Resch S.205). Diese Fähigkeit kann durch wiederholte traumatische Erfahrungen beeinträchtigt werden.
Defizite in der Affektregulation äußern sich in einer affektiven Labilität mit Phasen depressiv-ambivalenter und aggressiver Zustände.
Bei gesteigertem Affekt wird Druckstärke und Intensität der Farben (Wasserfarben, Malfarben) erhöht, manchmal kommt es zu einem weitgehenden Strukturverlust.

54
HÄNDE HINTER GITTERN
37kili1
Malfarben, 297 x 420 mm

Themenstellung: Freie Zeichnung

11-jähriges, stark übergewichtiges Mädchen mit erhöhter Aggressivität und großen Selbstwertproblemen.
Die Mutter litt seit Jahren an einer schweren Krankheit, der Vater war aus beruflichen Gründen höchstens am Wochenende zuhause. Das Mädchen tendierte dazu, sich wie ein Kleinkind zu verhalten.
Bei einer Intervention anläßlich einer abendlichen Krise beschmierte das Mädchen mit diversen Farben viele Blätter Papier und beendete das mit diesem Bild. Es zeigt bereits wieder etwas Struktur (Striche, Handabdrücke, Konzentrierung auf die Mitte). Diese Formalmerkmale lassen auf eine, wenn auch noch ungenügende Selbststeuerung schließen. Tatsächlich konnte sich das Mädchen nach dieser Malepisode beruhigt zu Bett legen.

55
IMMER WENN ICH VERLIERE
10beanx30
Bleistift, 297 x 420 mm

Themenstellung: Freie Zeichnung

14-jähriger Knabe, welcher zu anderen Menschen schwer Kontakt fand und sozial unreif war. Nachdem er bei einem Spiel verloren hatte, zog er sich zurück und produzierte dieses Bild. Die Kleinheit der Gestalt sowie das Fehlen des Rumpfes sprechen für Selbstunsicherheit. Die Details des Kopfes sind im Vergleich zum übrigen Körper differenziert ausgeführt, was für Dominanz des Bewußten und des Intellekts spricht. Dadurch konnte er seine Affektivität relativ gut steuern.

Ich bin der Besten Schach für immer sage ich dann.
und ich brauche auch niemehr
spielen weil ich der Beste bin sage ich dann.

HYPERAKTIVITÄT

Hyperkinetische Störungen sind charakterisiert durch Beginn im Kleinkindalter, der Kombination von überaktivem, wenig moduliertem Verhalten mit deutlicher Unaufmerksamkeit und Mangel an Ausdauer bei Aufgabenstellungen. Hinzu kommt oft erhöhte Impulsivität, die Neigung zu Unfällen und Regelverletzungen (ICD-10).
Im späten Kleinkindalter tendieren hyperkinetische Kinder beim Malen zu wildem Strich-Wirr-Warr, wenig Struktur, Farbenvielfalt.
Im Schulkindalter finden wir hyperaktive Gestalten (z.B. fliegend, taumelnd) ohne Boden unter den Füßen und Gekritzel in Kleinformat.

56
KRATZBILD

46lean1
Fingerfarben und Schaum, 350 x 500 mm

Themenstellung: Freie Zeichnung

4 1/2-jähriges Mädchen mit gesteigertem Bewegungsdrang, Distanzlosigkeit und Mittelpunktstreben. In der Geschwisterreiche mittleres von 5 Kindern.
Das Kind nimmt sich in lustvoller Betätigung nahezu den ganzen Raum. Vertikale Strichspuren, verursacht mit den Fingernägeln, bringen seine innere Aggressivität nach außen. Mit dem Material und seiner freien Gestaltungsmöglichkeit bringt das Mädchen seine Grenzenlosigkeit zum Ausdruck und nimmt auch die Gelegenheit wahr, seine Aggressionen abzubauen.

57
BUNTE EXPLOSION

46lean2
Malfarben, 410 x 480 mm

Themenstellung: Freie Zeichnung

Das Bild zeigt die Spontaneität und Vielfalt in der emotionalen Ausdruckskraft des Kindes. Der Strich am unteren Blattrand könnte das Bedürfnis nach „Halt/Boden unter den Füßen" zum Ausdruck bringen bzw. ein Zeichen sein, schon Sicherheit gewonnen zu haben.

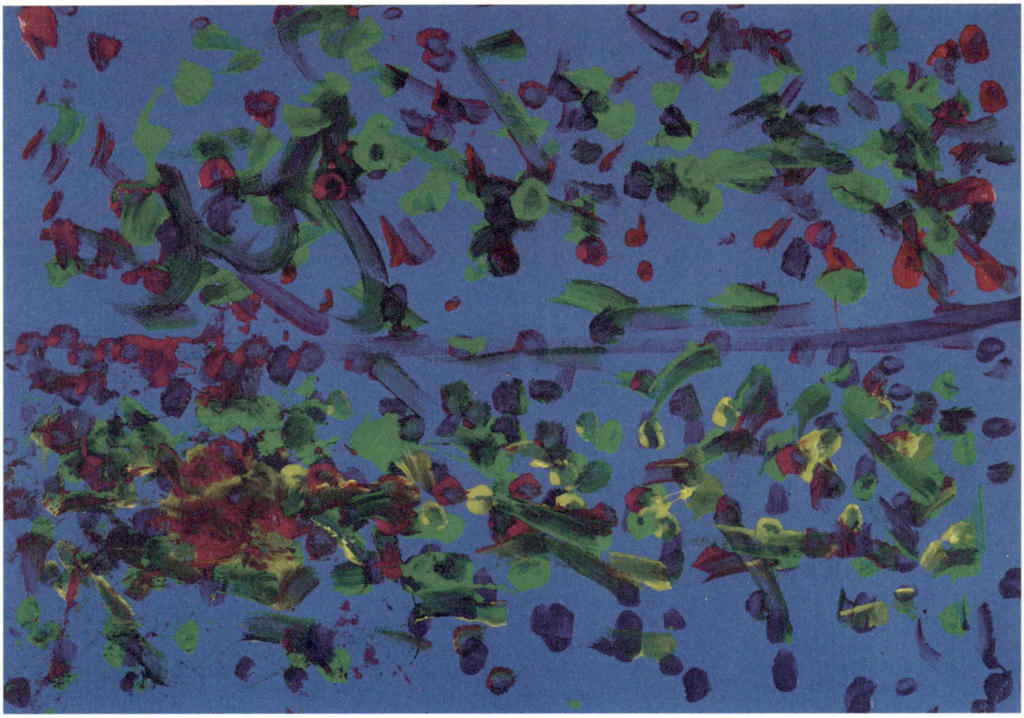

58
BUNTES KLECKSBILD

46lean3
Malfarben, 350 x 500 mm

Themenstellung: Freie Zeichnung

Kommentar des Kindes: „Buntfarbe"

Das Bild ist Ausdruck eines lustvollen Experimentierens mit Farbe und Pinsel, spiegelt aber auch die innere Unruhe des Kindes wider. Die Mittellinie könnte die Suche nach einem Weg durch sein Chaos sein.

59
FAMILIE
46lean4
Filzstifte, 420 x 297 mm

Themenstellung: „Zeichne deine Familie"

Kommentar des Kindes: Benennungen der einzelnen Familienmitglieder

Das Mädchen plaziert sich in die Mitte des Blattes zwischen den Eltern. Fröhliche Gesichter, die Mutter breitet ihre Arme aus und versucht mit allen in Kontakt zu bleiben.
Zu bemerken ist die Berücksichtigung der Individualität der einzelnen Familienmitglieder durch Auswahl unterschiedlicher Farben. Die schwarze Farbe, die sie für sich wählt, könnte Ausdruck ihrer Traurigkeit sein, zu diesem Zeitpunkt außerhalb der Familie zu stehen. Beachtenswert sind die Abbildung der Genitalien bei den einzelnen Figuren und die Darstellung des bereits geborenen jüngsten Bruders, noch (oder wieder) im Mutterleib.
Das Kind lebt wieder in der Familie und besucht den Kindergarten. Die Verhaltensproblematik ist wesentlich gebessert.

60

BUNTE STRICHE AUF WEISS

81stom1
Malfarben, 410 x 480 mm

Themenstellung: Freie Zeichnung

6-jähriger, minderbegabter Knabe, Einzelkind mit folgender Symptomatik: Extreme motorische Unruhe, stereotypes Fragen, lautes Schreien und Quietschen, Selbstbeschimpfungen, Tendenz zu Autoaggressionen, Ambivalenz zwischen Suche nach körperlicher Nähe und Abwehr. Lustbetontes Ausprobieren der Farben, nicht zielgerichtete Pinselführung und am unteren Blattrand ansatzweise figurale Abbildung fallen auf.

61
WIND
81stom2
Malfarben, 500 x 600 mm

Themenstellung: Freie Zeichnung

Die Darstellung und Bezeichnung des Bildinhaltes zeigen deutlich das motorisch unruhige, sich ständig in Bewegung befindliche Wesen des Kindes.

62
BUNTE FIGUREN

81stom3
Malfarben, 440 x 480 mm

Themenstellung: Freie Zeichnung

Zunahme von Ausdauer und Konzentrationsfähigkeit sowie Struktur mit unterschiedschiedlichen Versuchen zur Darstellung einer menschlichen Gestalt und zielgerichtete Pinselführung sind erkennbar.
Inhaltlich findet die soziale Umwelt Berücksichtigung: Eigenabbildung (mit Benennung in 3. Person, Mitte) im Verband mit anderen, von ihm nachträglich benannten Kindern.

63
ICH UND MEINE FREUNDE
81stom4
Malfarben, 410 x 480 mm

Themenstellung: „Von wem willst du dich heute verabschieden"? (Letzter Kindergartentag)

Kommentar des Kindes: Benennung der einzelnen Figuren

Zunahme an Struktur in der Zeichnung und differenziertere Wiedergabe (z.B. Details vom menschlichen Gesicht) sprechen für eine Stärkung der Gesamtpersönlichkeit.
Dem Knaben, der am Anfang des Kindergartenjahres auf Grund seiner Unruhe ein Außenseiter war bzw. selbst die Nähe anderer Personen schwer ertragen konnte, war es gelungen, sich in die Gruppe zu integrieren. Zum Abschluß sah er sich im Mittelpunkt, umgeben von Kindern, die für ihn wichtig waren. Das Kind fühlte sich in der Gemeinschaft mit Gleichaltrigen wohl und erhielt die notwendige Förderung. Die durch die Kindergartenunterbringung entlasteten Eltern haben zu einer besseren Akzeptanz ihres Kindes gefunden.

64

BURG VOM ZAUBERER

29hoar1

Buntstift, 297 x 420 mm

Themenstellung: Burg

Kommentar des Kindes: „Burg vom Zauberer mit Turm für den Zauberer und Verlies für die Bösen".

8-jähriger Knabe, ständig in Bewegung, mit Tendenz zu Unfällen, Außenseiter.
Farbwahl (schwarz/ rot) lassen auf erhöhte Aggressivität, verursacht durch massive Angst, schließen. Hinzu kommt eine Tendenz zur Selbstbestrafung (Verlies), die sich in der Realität als erhöhte Unfallgefährdung manifestiert.

65
BERG MIT HÜTTE
29hoar2
Filzstifte, 297 x 420 mm

Themenstellung: Berg

Kommentar des Kindes: „Alles Fels, steiler Weg, man braucht Pickel, Seil und Haken, Helm und Schutzgewand".

4 Wochen später werden sowohl über das Material als auch über die Farbwahl mehr Emotionen zugelassen. Die Kontaktfähigkeit hat sich verbessert (Pflanzen und Mensch sowie Haus mit Türe), die erhöhte Unruhe zeigt sich nach wie vor in der Strichführung und in der Labilität der menschlichen Gestalt.

66
MEINE MUTTER
52nailc1
Filzstift, 420 x 297 mm

Themenstellung: Mutter

Kommentar des Kindes: „Ich liebe meine Mutter"

Zehnjähriger, hyperaktiver Knabe, der in der Schulklasse zum Außenseiter geworden war.
Die alleinerziehende, unsichere Mutter war sehr um ihren Sohn besorgt. Auf Wunsch des Vaters hatte das Kind zu ihm keinen Kontakt.
Das Fliegende der menschlichen Gestalt weist auf die Hyperaktivität und auf die geringe Bodenhaftung des Kindes hin. 2 Sonnen, von denen keine strahlt, können als leiblicher Vater und Freund der Mutter interpretiert werden, die sich beide nicht intensiv in väterlicher Weise dem Kind zugewendet haben. Nicht ausgemalter weißer Fleck im linken unteren Eck könnte Hinweis auf die mangelnde Zuwendung in den ersten Lebensjahren durch die Kindesmutter sein.
Auffallend sind auch relativ klobige Füße, ein Zusammenschluß der Oberschenkel und ein schwanzartiges Gebilde: Der Knabe litt unter einer Deformation der Füße, die ihm das Gehen erschwerte und zu einer Veränderung der Knie- und Hüftgelenke führte. Außerdem hatte er eine Vorhautverengung.

67

DER HAMMERSCHLAG

35jorn3

Buntstift, 210 x 297 mm

Themenstellung: Was ich mit dem Krampus machen würde.

Kommentar des Kindes: „Ich springe vom Sessel in die Luft und schlage mit dem Hammer auf seinen Kopf. Der Krampus fällt um, wird dann in den Keller gebracht und verbrannt".

Kommentar des Betreuers: „Und dann brauchst du keine Angst mehr zu haben."

Antwort des Kindes: „Ja genau".

Dreizehnjähriger, sehr angstbesetzter Knabe, der wegen Hyperaktivität und unangemessenem Verhalten die Stammschule verlassen mußte. Der Knabe versuchte seine Ängstlichkeit und seine körperliche Schmächtigkeit durch Viel-Reden zu kompensieren.
Er ist der jüngste von drei Kindern, möchte immer gewinnen und reagiert bei Niederlagen mit Herumhüpfen und Schimpfen. Sein Schulverhalten hat sich inzwischen wesentlich gebessert. Seine noch immer währenden Ängste beziehen sich auf Sterben, Kometen, Außerirdische. Der Vater hatte während der Schwangerschaft der Mutter mit diesem Knaben Selbstmord verübt.
Querformat und Linkslastigkeit im Bild sprechen für regressives (unreifes und zu stark an die Mutter gebundenes Verhalten). Fahrige Strichführung und Schweben im Raum ohne Boden unter den Füßen sind typisch für Hyperaktivität.

LERN- UND LEISTUNGSPROBLEMATIK

Häufig fallen Kinder oder Jugendliche wegen dieser Problematik in ihrer Umgebung auf, ohne daß vorerst die dahinter liegende Psychopathologie des Kindes erkannt wird. Die Ursachen für Lern- und Leistungsstörungen sind vielfältig. Einige Beispiele werden hier gezeigt.
So ist z.B. Legasthenie (Lese-Rechtschreibschwäche, Teilleistungsstörungen) häufig die Ursache für die totale Entmutigung eines Kindes und ausgeprägte Schulunlust. Das Kind bleibt dann unter seinem tatsächlichen Leistungsniveau.
Ähnlich dürfte es vielen intellektuell unterdurchschnittlich befähigten Jugendlichen ergehen (in unserer Klientel gehäuft vertreten). Durch die über Jahre hindurch erlebte negative Bewertung ihrer Leistungen, da am Durchschnitt gemessen, entwickeln diese Jugendlichen eine ausgeprägte Leistungsproblematik.
Weitere Ursachen für Leistungsstörungen sind schwere psychische Erkrankungen und traumatisierende soziale Umstände.

68
ANGST VOR SCHLECHTEN NOTEN
121hion1
Buntstift, 297 x 210 mm
Themenstellung: Zeichne Dich selbst

Intellektuell im Rahmen der Norm befähigter Knabe mit Legasthenie und Schulversagen infolge Entmutigung.
Überdimensionale Schultasche und eng angelegte Arme weisen auf bedrückende Schulsituation hin, die den Knaben in seiner Handlungsfähigkeit beeinträchtigt. Die Diskrepanz zwischen Oberkörper en face und Beinen im Profil verstärkt den Eindruck einer Fixierung auf Schule im Gegensatz zu einem ausgeprägten, in die Zukunft gerichteten Bewegungsimpuls (lange Beine, nach rechts gerichtet). Dem entsprach die Ablehnung des Förderunterrichts.

69
SCHREIBEN
anonym

Mißerfolg macht mutlos

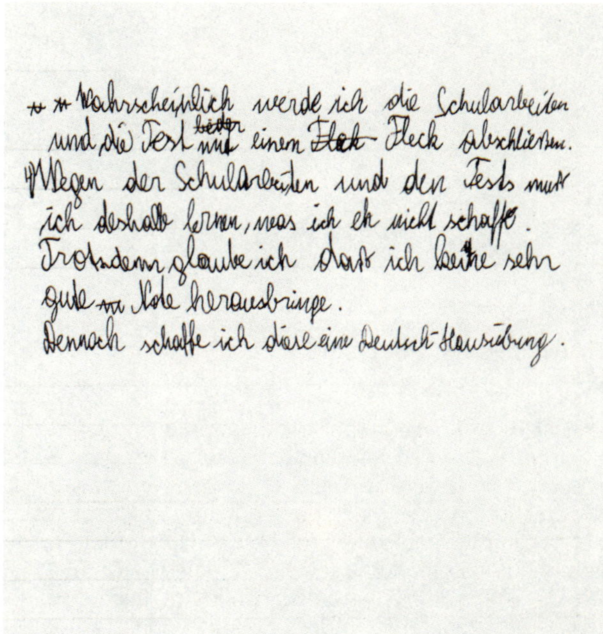

Wahrscheinlich werde ich die Schularbeiten
und die Test ~~mit~~ bitter einen ~~Flek~~ Fleck abschließen.
Wegen der Schularbeiten und den Tests muß
ich deshalb lernen, was ich eh nicht schaffe.
Trotzdem glaube ich daß ich keine sehr
gute Note herausbringe.
Dennach schaffe ich diese eine Deutsch-Hausübung.

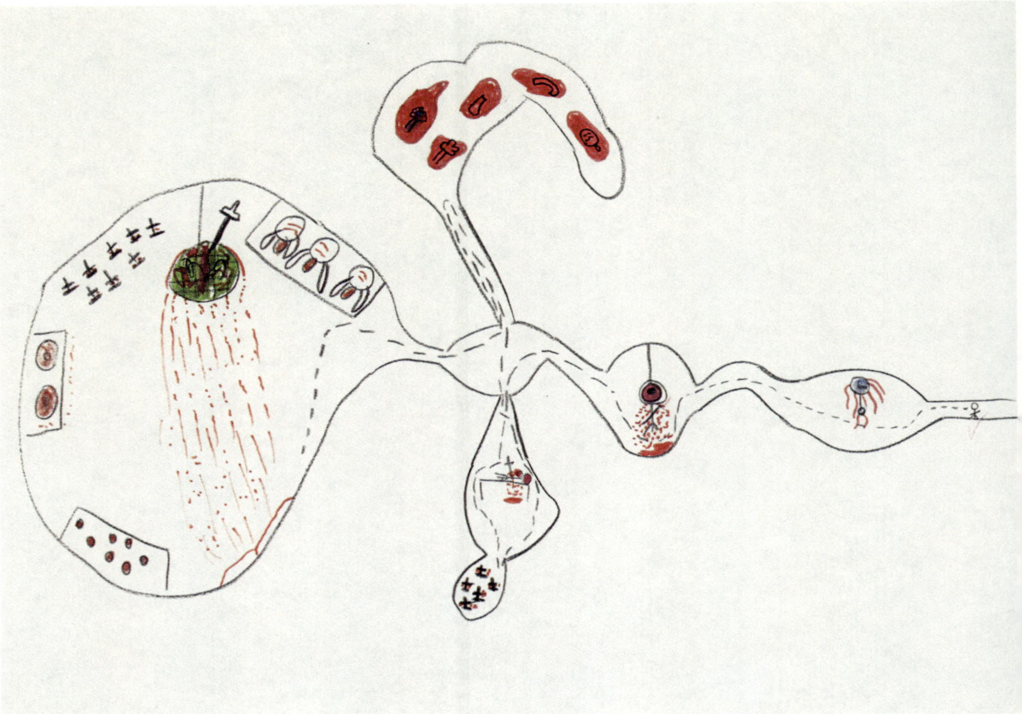

70
EINE PERSON GEHT VON STATION ZU STATION

75scle1
Bleistift und Filzstift, 297 x 420 mm

Themenstellung: Freie Zeichnung

Kommentar des Kindes: „Eine Person geht einen Weg und trifft auf verschiedene Stationen"

Zwölfjähriger Knabe mit Teilleistungsstörungen, der häufig Schule gewechselt und geschwänzt hat und seit zwei Jahren während der Schulzeit im Heim lebt. Er erhofft sich durch eine Erbschaft die Lösung seiner Probleme. Die Eltern haben wenig Zeit für ihn.
Die Gehrichtung des Menschen nach links weist auf Passivität und auf eine die Herausforderungen der Zukunft vermeidende Tendenz. Das Querformat spricht für Passivität, mangelnde Leistungsbereitschaft und fehlende Zielorientierung.
Die Dominanz der Farben Schwarz und Rot, auch diese nur sparsam eingesetzt, lassen eine emotionale Verarmung mit Tendenz zu Angst-Aggressivität vermuten.

71
ORANGES GESICHT

112goob1
Ölkreide, 210 x 297 mm

Themenstellung: Freie Zeichnung

15-jähriger, intellektuell unterdurchschnittlich befähigter Jugendlicher mit paranoiden Tendenzen, nfantilem Verhalten und psychotischen Episoden.
Es findet eine Reduzierung auf einige wesentliche Merkmale statt (psychotische Einengung).
Die Farbintensität spricht für eine große Affektbeteiligung.
Das Fehlen der Ohren kann auf eine Reduzierung der Bereitschaft, Information über diesen Sinneskanal aufnehmen, interpretiert werden.
Die Betonung der Mundpartie findet in der verbalen Aggressivität des Jugendlichen ihre Entsprechung, die der Augen in den paranoiden Tendenzen.

72
MARIONETTENPUPPE
97flle2
Buntstift, 297 x 210 mm

Themenstellung: Freie Zeichnung

16-jähriger, intellektuell unterdurchschnittlich befähigter Jugendlicher mit Leistungshemmung. Die plakative Darstellung und der Mangel an Details entsprechen entwicklungspsychologisch dem Niveau eines wesentlich jüngeren Kindes (etwa frühes Volksschulalter).

73
KOPFLASTIGER MANN
113keic1
Bleistift, 297 x 210 mm

Themenstellung: Freie Zeichnung

16-jähriger, intellektuell unterdurchschnittlich befähigter Jugendlicher mit Leistungshemmungen und sozialen Defiziten sowie Entwicklungsrückständigkeit (Infantilität).
Die Übergröße des Kopfes im Vergleich zum übrigen Körper weist auf eine unharmonische Persönlichkeitsentwicklung hin.

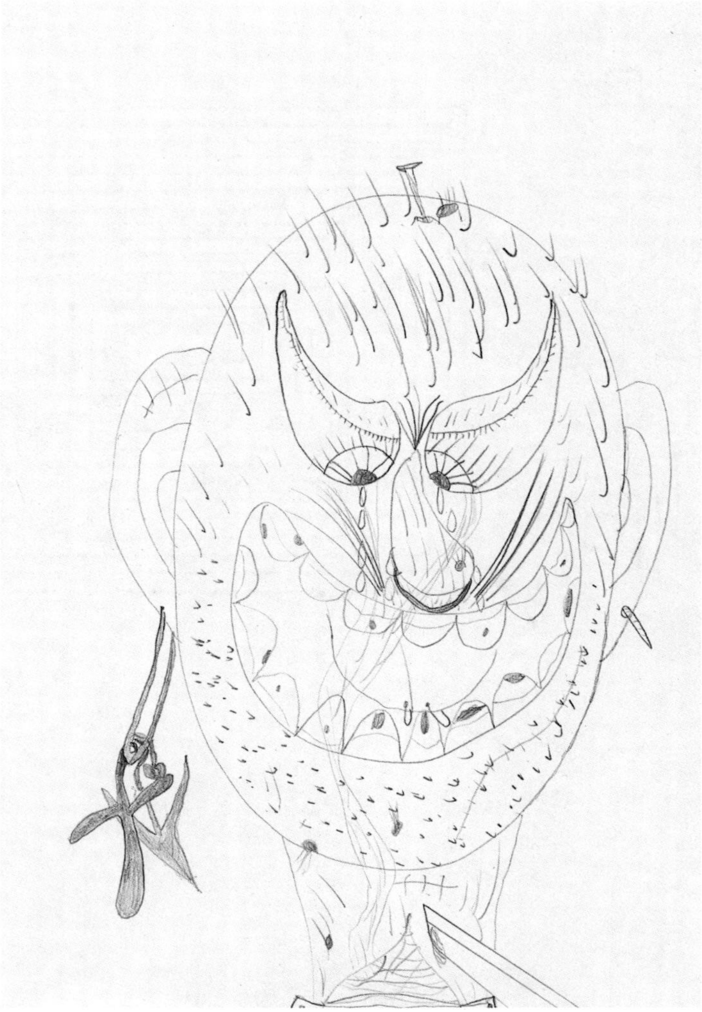

74
KOPF
96noün2
Bleistift, 297 x 210 mm

Themenstellung: Freie Zeichnung

16-jähriger, intellektuell unterdurchschnittlich befähigter Jugendlicher; zu starke Bindung an die ängstlichen, überprotektiven Eltern.
Die Vermeidung von Farben spricht für emotionale Gehemmtheit.
Ein messerartiges Gebilde von rechts unten in den Hals symbolisiert seine Gefühle von Bedrohtsein und Angst. Das ineinander verschlungene Anhängsel links erinnert an die Eltern.

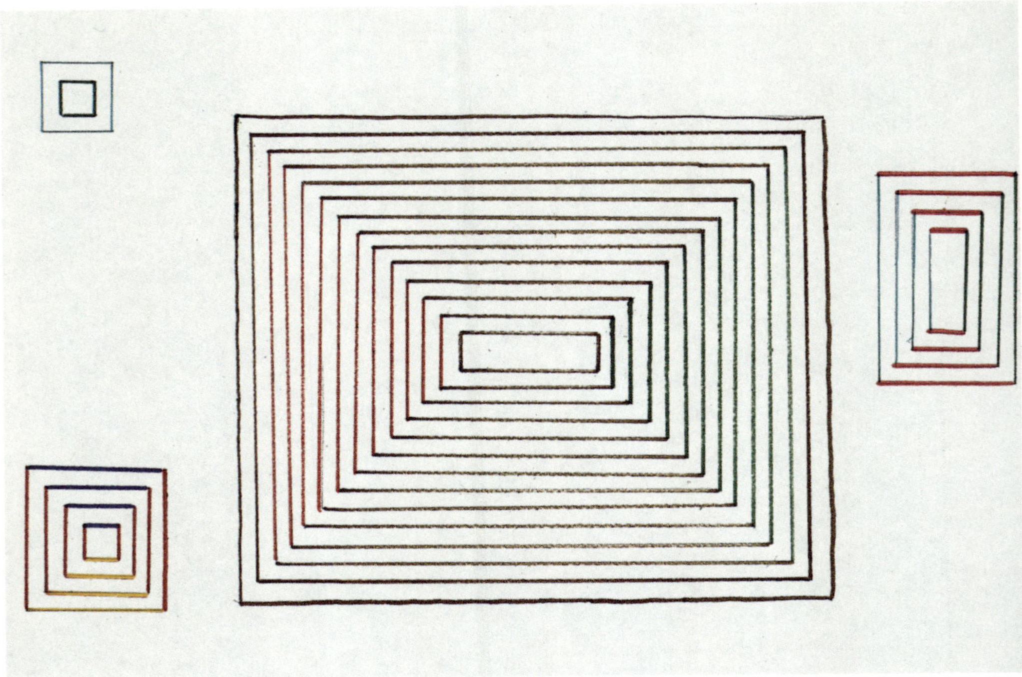

75
PYRAMIDE

89wiic2
Filzstift, 210 x 297 mm

Themenstellung: Freie Zeichnung

17-jähriger, sehr zurückgezogener Jugendlicher mit Leistungshemmung, ausgeprägter Angstsymptomatik (Phobien) und psychotischen Symptomen.
Die stereotyp abgewandelte Form des Rechteckes spricht für Isolationstendenz, erhöhtes Bedürfnis nach Abgrenzung und psychotische Einengung.

76

DAS BIN ICH

27gaas2

Buntstift und Bleistift, 210 x 297 mm

Themenstellung: Freie Zeichnung

Kommentar des Kindes: „Das bin ich"

16-jähriger, intellektuell unterdurchschnittlich befähigter Jugendlicher mit dissozialem Verhalten aus Verwahrlosungsmilieu.
Ein Vergleich der Ausführung von Händen und Füßen spricht für eine ausgeprägte Motorik bei reduzierter Handlungsbereitschaft.
Das eigene negative Selbstbild wird in der Projektion auf einen anderen Jugendlichen (roter Kopf) dargestellt.

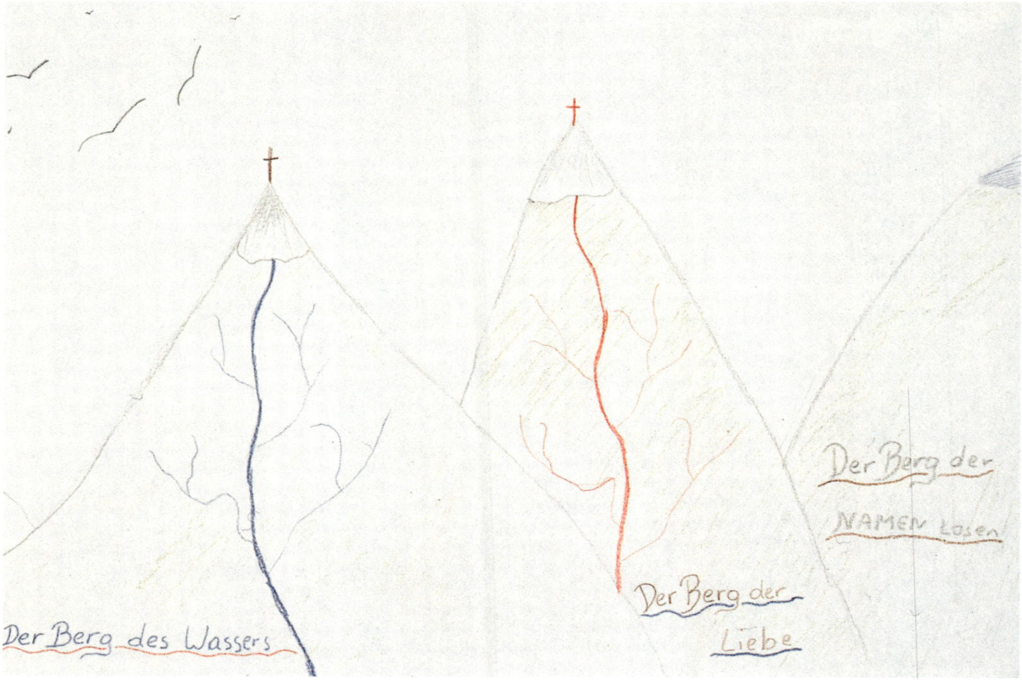

77
DREI BERGE
50mieo2
Buntstift, 297 x 210 mm

Themenstellung: Freie Zeichnung

16-jähriger, unterdurchschnittlich begabter, infantiler Jugendlicher.
Die Abgeschnittenheit des Berges am rechten Blattrand kann ein Hinweis auf die Zukunftsproblematik des Jugendlichen sein.

78
GESTREIFTE KATZE
97flle1
Buntstift, 297 x 210 mm

Themenstellung: Freie Zeichnung

16-jähriger, intellektuell unterdurchschnittlich befähigter Jugendlicher mit Leistungshemmung.
Die Katze kehrt dem symbolischen Zukunftsraum Rechts den Rücken zu. Dies und das Fehlen von Vorderpfoten können als Hinweis auf die Inaktivität des Jugendlichen interpretiert werden.

SPRECHHEMMUNG UND PSYCHOGENE LÄHMUNG

In diesem Kapitel finden sich einige Beispiele für psychogen bedingte Sprechstörungen.
Beim Stottern wird der Sprechfluß durch häufige Wiederholung oder Dehnung von Lauten, Silben und Wörtern gekennzeichnet. Es ist dies eine Störung des Redeflußes, wobei durch Hemmungen und Unterbrechungen die interpersonelle sprachliche Kommunikation beeinträchtigt wird. Es gibt verschiedene Hypothesen zur Verursachung. Nach van Riper (1986) sind genetische und somatische Faktoren für die Entstehung, psychische und soziale Faktoren für die Entwicklung und Aufrechterhaltung verantwortlich. Beim Poltern findet sich eine hohe Sprechgeschwindigkeit mit gestörter Sprechflüssigkeit.
Bilderserien von stotternden und polternden Kindern zeigen oft eine anfangs sehr verhaltene, dann sich steigernde Aggressivität. Nach ihrem Ausbruch kommt es oft zu einer Verbesserung der Sprechstörung.
Elektiver Mutismus ist eine Störung, bei welcher bei vorhandenem sprachlichem Ausdrucksvermögen in bestimmten Situationen oder mit bestimmten Personen, emotional bedingt, sprachlich nicht kommuniziert wird. Typischerweise spricht das Kind zuhause, ist jedoch in der Schule oder bei Fremden mutistisch.
Typisch für Bilder solcher Kinder ist das Fehlen des Mundes bzw. seine Verdeckung und allgemeine Zeichen für Gehemmtheit, wie z.B. Gitter.
Psychogene Lähmung, eine seltene Form von Bewegungsstörung, hat keine organischen Ursachen und kann zu einer massiven Einschränkung der Mobilität des meist Jugendlichen führen. Als Ursache wird die Umsetzung eines seelischen Konflikts in körperliche Symptome angenommen. Die sich auf den ganzen Körper erstreckende Hemmung drückt sich beim Malen in einer extremen Verlangsamung und im Mangel an inhaltlicher Dynamik aus.

79

RITTER, VON FEUER UMSCHLOSSEN

119sond1

Ölkreide, 210 x 297 mm

Themenstellung: Gefährliche Dinge und Tiere

Kommentar des Kindes: „Der Ritter ist von Feuer umschlossen, findet aber dann doch eine Spritzpistole, um das Feuer zu löschen".

6-jähriger Knabe kroatischer Abstammung mit Redeflußstörung und Sprachentwicklungsstörung. In der zweisprachigen Familie verfügen die Eltern über wenig Deutschkenntnisse, während die drei Schwestern des Knaben beide Sprachen gut können.
Der Knabe spielt ausschließlich aggressive Rollenspiele und kann nicht verlieren.
Inhaltliche Motive und Farbwahl Schwarz auf schwarzem Untergrund und schwarzes Objekt rechts oben sprechen für Gefühle von Angst und Bedrohtsein, wobei das Kriegsgeschehen im Heimatland als Ursache mit zu bedenken ist.

80
WILDER KERL
119sond2
Ölkreide, 210 x 297 mm

Themenstellung: Nach Bilderbuch „Die wilden Kerle" einen wilden Kerl malen

Kommentar des Kindes: „Wilder Kerl, ein Vogel, Kampfflugzeuge, die Bomben abwerfen und den wilden Kerl treffen".

Etwa einen Monat später (damals wilde Kampfspiele, ohne auf den Partner eingehen zu können) malt der Knabe links unten einen wilden Kerl, welchen er wieder übermalt. Dieser verkörpert seine aggressiven, asozialen Anteile, die er mit Flugzeugbomben bestrafte. Der bunte Vogel in seiner Linkstendenz wirkt vergangenheitsbezogen und durch die Einrahmung stark abgegrenzt. Die Farbwahl läßt im Vergleich zum ersten Bild eine Verringerung der Angst annehmen.

81
KRIEG

119sond3
Filzstift, 297 x 420 mm

Themenstellung: Freie Zeichnung

Kommentar des Kindes: siehe unten

In vier Therapiestunden entsteht durch Übermalen von klar strukturiertem Kriegsszenarium dieses sehr dynamische Bild. Die anfänglichen Kommentare des Kindes verwandeln sich in lautmalerische Geräusche. Stottern tritt sehr stark auf.
Aus dem Farbengemisch und der dynamischen Strichführung ist der starke Affekt ersichtlich. Nachher erzählt der Knabe, ohne zu stottern, frei folgende Geschichte: „Die Kriegsgeschichte: In Bosnien ist Krieg. Die Bösen und die Guten schlagen sich gegenseitig nieder und sie wissen nicht, ob die Bösen oder die Guten am Schluß gewinnen werden. Die Bösen heißen zusammen „Spinnennetz". Die Guten heißen „Kampfroboter". Beide schießen ihre stärksten Laser und Kanonen, die stärksten Granaten und Planetenbomben. Die Guten aktivieren die Wasserschützen und die Schutzschilder. Sie kämpfen gegeneinander und werfen die stärksten schwarzen Killerbomben, welche als erstes auf der Welt erfunden wurden. Ein Böser hat ein Loch in die Brücke geschossen, und da fließt jetzt das ganze Wasser raus. Noch ein Böser läßt Wasser aus der Wasserschleuse aus. Die kämpfen so wild, daß man fast nichts mehr sieht, und den Roboter sieht man auch nicht mehr. Am Schluß gewinnen die Kampfroboter. Noch ein paar Gute haben ihre Häuser geschützt. Der Krieg ist fertig."

82
KAMPFFLUGZEUG

119sond4
Wasserfarbe, 297 x 420 mm

Themenstellung: Freie Zeichnung

Die Redeflußstörung hat sich 2 Monate später in der Schule und auch in der Therapie wesentlich gebessert. Dafür spricht auch die Gelöstheit, welche in der Zeichnung durch die Verwendung von Wasserfarben, Zulassen von leeren weißen Flächen und Fehlen von Übermalungen erkennbar ist. Regressive (nach links) und aggressive Tendenzen (inhaltliche Motive: Kampfflugzeug und Panzer) sind noch immer, aber in abgeschwächter Form, vorhanden.

83

ROBOTERSCHIESSEN

119sond5
Wasserfarbe, 297 x 420 mm

Themenstellung: Freie Zeichnung

Kommentar des Kindes: "Gefährliche Autos und Roboter, die sich selber anschießen".

Ca. zwei Wochen später trat Stottern nur mehr vereinzelt auf. Das Motiv der Brücke und das größere Format wird wie in den beiden letzten Bildern beibehalten. Aggressive menschenähnliche Gestalten werden erstmals frei dargestellt.

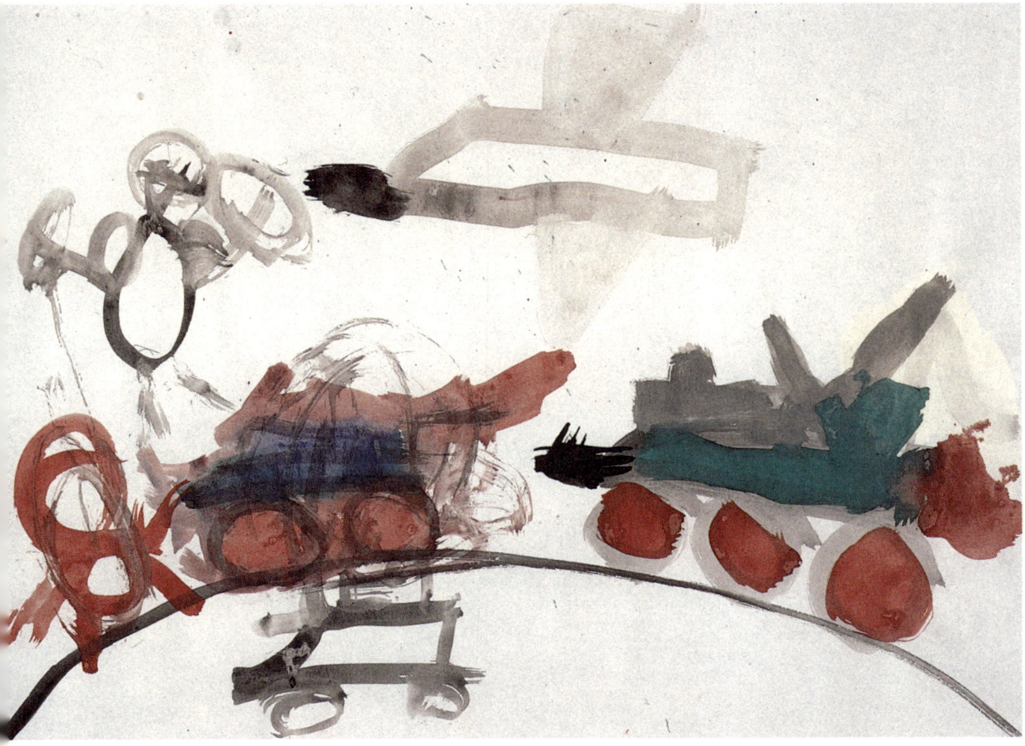

84

RANGERKRIEG

119sond6
Filzstift, 297 x 420 mm

Themenstellung: Freie Zeichnung

Kommentar des Kindes: "Laserkanone strahlt Laserstrahlen aus, Gut und Böse bekämpfen sich, die Guten gewinnen".

Der innerdynamische Konflikt ist noch nicht aufgelöst, aber im Vergleich zu Bild 81 vor 4 Monaten weniger heftig.
Das erste Mal tritt ein tatsächlicher Mensch im Kampf auf, was für eine Akzeptanz eigener aggressiver Anteile spricht, wenn auch nur als schwaches Strichmännchen (rechts unten, rot).
In der Phase der Hemmung (Bild 79 und 80) verwendete das Kind Ölkreiden, das kleinere A4-Format und benötigte noch eine Themenstellung. In der Phase der intensiven Affektabfuhr gebrauchte es Filzstifte (Bild 81 und 84), in der Phase der Gelöstheit Wasserfarben (Bild 82 und 83) und produzierte freie Zeichnungen.
Die Therapie wird fortgesetzt.

85
BÖSER KERL
115bite1
Buntstift, 300 x 790 mm

Themenstellung: Bilderbuch „Die wilden Kerle"

Kommentar des Kindes: „... und jetzt mach' ich ihm noch spitze Krallen und Hörner auf der Seite"

Siebenjähriger, ängstlicher, gehemmter Knabe; Sprachentwicklungsstörung; Redeflußstörung; Kopfschmerzen.
Der Knabe konnte emotionale Zustände sprachlich und körperlich schwer ausdrücken, war aber nach dieser Zeichnung imstande, sich flüssig und frei zu äußern.
Bisher Blockade verursachende Aggressionen konnten im Bild ausgedrückt werden.
Die doppelte Umrahmung von Rumpf und Gliedmaßen weist auf noch weiterhin bestehende Hemmung hin.

86
SPRACHLOS

7anoc1
Wasserfarbe, 297 x 420 mm

Themenstellung: Freie Zeichnung

Vierzehnjähriger männlicher Jugendlicher aus kinderreicher Familie mit ausgeprägter Sprechhemmung (partieller Mutismus).
Als Ältester einer größeren Kinderschar war der Knabe gezwungen, bei der Versorgung von Haushalt und Geschwistern viel mitzuhelfen. Er fiel durch übergroße Ordentlichkeit auf. Die alleinerziehende, dominante Kindesmutter nahm den Jugendlichen gegen seinen Willen wieder aus dem Heim heraus.
Das Fehlen von Mund und Ohren sowie die rechteckige Kopfform sprechen für Gehemmtheit, die Lokalisation links für Zurückgezogenheit.

87
DREI LIEBLINGSFARBEN
7anoc2

Wasserfarbe, 297 x 420 mm

Themenstellung: Drei Lieblingsfarben

Die Anordnung der Farben in Rechtecken und die Umrahmung des Bildes links und rechts mit je einem Balken sprechen für Überbetonung von Ordnung und Gehemmtheit im emotionalen Bereich.

88

EIN MANN MIT SEINEN WÜNSCHEN

9baen1

Buntstift und Filzstift, 420 x 297 mm

Themenstellung: Ein großer Mann mit seinen Wünschen

Kommentar des Kindes: „Auto, Haus".

Fünfzehnjähriger Jugendlicher, der wegen Sozialängsten den Schulbesuch zu Hause vermieden hatte und nach einem mehrmonatigen Heimaufenthalt mit positivem Abschlußzeugnis nach Hause entlassen wurde.
Seine Sprache war schwer verständlich, weil er undeutlich artikulierte und sehr schnell, abgehackt und meist nur einzelne Worte sprach. Der Jugendliche war verschlossen, gehemmt, aber voller Tatendrang. Er hatte bereits eine Lehrstelle in Aussicht.
Gitter am Rumpf und an der Eingangstür spiegeln die emotionale Gehemmtheit wieder, die ausgeprägten Hände seinen Tatendrang. Der Bart um den Mund kaschiert die Redezone.

89

WIESE

24frho1

Wasserfarbe, 450 x 630 mm

Themenstellung:Bach

12-jähriger, organisch gesunder Knabe, der sich nur extrem langsam und spontan kaum bewegte und nichts sprach, zwanghaft genau war und tagsüber einnäßte.
Der Knabe wurde wegen seiner extremen Verlangsamung trotz guter intellektueller Befähigung den Schulanforderungen nicht mehr gerecht und hatte keinen Kontakt zu Personen außerhalb der Familie. Der bis zur Pubertät angeblich unauffällige Knabe entwickelte diese Symptomatik in einer von den Eltern als unauffällig beschriebenen familiären Situation.
Der Knabe malte extrem langsam. Die Detailarmut entspricht weder dem Alter noch der durchschnittlichen intellektuellen Befähigung des Kindes. Sie deutet zusammen mit dem Fehlen von dynamischen Elementen die massive Gehemmtheit des Kindes an.

90
FEUER
24frho2
Wasserfarben, 297 x 420 mm

Themenstellung: Feuer

Etwa 14 Tage später produzierte der pubertierende Knabe dieses noch immer sehr gehemmte Bild. Das ist erkennbar an der Kleinheit, der Linkssituierung, der Rotvermeidung und dem Fehlen jeglicher Umgebung.

91
ETWAS SCHÖNES

24frho3
Wasserfarben, 320 x 450 mm

Themenstellung: Etwas Schönes von Zuhause

6 Wochen später ist die weiterhin bestehende depressive Stimmungslage an der Unfähigkeit erkennbar, den zugestandenen Platz auch zu nützen. Das Blatt ist nach wie vor weitgehend leer. Es werden allerdings nun auch Rottöne verwendet, was für eine Lockerung spricht, die auch im Verhalten des Kindes beobachtbar war.
Die fünf Blüten könnten den fünf Familienmitgliedern entsprechen, von welchen zwei ineinander verschmolzen erscheinen.

92

PINOCCIO UND SEIN HOLZSCHNITZER

24frho4
Wasserfarben, 320 x 450 mm

Themenstellung: Zwei Menschen

Etwa zu dieser Zeit entstand auch diese Menschenzeichnung, die in ihrer Linksgerichtetheit und Linkspositionierung eine eindeutige Rückzugstendenz signalisiert.

93

KATZE-VOGEL

24frho5
Wasserfarben, 320 x 450 mm

Themenstellung:Waldrand

Zu dieser Zeit verweigerte der Knabe das Malen eines Waldes, behielt das Thema von zwei Lebewesen, die sich hintereinander nach links zu bewegen scheinen, bei. Entgegen der Realität, in der eine Katze einen Vogel verjagt und dieser vor ihr flüchtet, erscheint hier der Vogel als der Stärkere und die Katze in ihrer Schwarzfärbung angstbesetzt. Der braune Streifen wurde vom Kind nicht spontan, sondern erst auf Vorschlag dazugemalt und soll einen Weg darstellen.
Das Braun wurde vom Kind gewählt und entspricht seiner Zwanghaftigkeit.

94
FISCHE
24frho6
Wasserfarben, 320 x 450 mm

Themenstellung: Abwärtsfließender Bach

Die Zweierkonstellation mit Linkstendenz wird weiterhin perseveriert. Ein Fließen des Baches ist nicht ersichtlich, was auf die Gehemmtheit des Kindes hinweist.

95
DRACHE IN HÖHLE
24frho7
Wasserfarben, 320 x 450 mm

Themenstellung:Ein Drache

Etwa 10 Monate nach dem Wiesenbild wird das Papier vollflächig in verschiedenen Farben ausgemalt. Wichtig war dem Knaben die Situierung des Drachen in einer Höhle, was auf ein Bedürfnis nach Schutz, Geborgenheit und Zurückgezogenheit hinweist. Allerdings hat sich die Richtung des Tieres eindeutig nach rechts, in die Zukunft, gewendet. Der Knabe konnte damals bereits wieder sprechen, wenngleich nur auf Befragen und verlangsamt. Die Sprechhemmung ist an dem abgeschnittenen Maul des Drachen ersichtlich. Das dunkelbraune Gebilde rechts unten blieb unerklärt und deutet auf eine nach wie vor unbewältigte Problematik, möglicherweise sexueller Art, hin.

96
HAI

24frho
Wasserfarben, 320 x 450 mm

Themenstellung:Hai

Durch Form- und Farbgebung wirkt das Tier elegant und bewegt. Das bis jetzt in fast allen Bildern auftauchende Braun wird nicht mehr eingesetzt. Auch das Blau wurde heller und damit weniger bedrohlich. Letzteres spricht für eine Aufhellung der Stimmung. Spontan wurde auch ein Boden gemalt, auf dem Pflanzen wachsen.
Diese erste spontane Bodenzeichnung des Kindes deutet den Zuwachs an persönlicher Sicherheit an. Die Zahl Fünf wiederholt sich in den Kiemen und auch in den Zweigen der Wasserpflanzen links und entspricht der Anzahl der Familienmitglieder. Der Haischwanz ist in seinem letzten Stück abgeschnitten, was auf eine nach wie vor bestehende Restsymptomatik hinweist.
Der Knabe absolvierte zuhause die Pflichtschule, anschließend eine Lehre, blieb aber im Umgang mit Menschen auch während seiner Lehrzeit sehr zurückhaltend.

SCHIZOIDIE UND PSYCHOSE

Unter Schizoidie haben wir ein Kind eingereiht, dessen Entwicklung wir über etwa 9 Jahre beobachten und fördern konnten. Anfangs zeigte es Zeichen eines frühkindlichen Autismus, der unter anderem gekennzeichnet ist durch qualitative Beeinträchtigung der Kommunikation, eingeschränkte, sich wiederholende und stereotype Verhaltensmuster, Wutausbrüche, Aggressionen und Selbstverletzungen. Im Jugendlichenalter entsprach die Symptomatik in einigen Bereichen einer schizoiden Persönlichkeitsstörung, welche unter anderem charakterisiert ist durch emotionale Kühle, einzelgängerische Beschäftigung, Mangel an engen Freunden.
Die Diskussion über die Ursachen für Autismus, Schizoidie und Psychose ist nicht abgeschlossen. Ebenso ist ungewiß, ab welchem Alter man von kindlicher Psychose sprechen kann. In der Regel wird die Diagnose erst ab dem 12. Lebensjahr gestellt. Die Symptomatik beim Erwachsenen zeichnet sich oft durch sehr auffällige Symptome wie Wahnvorstellungen, Halluzinationen usw. aus. Im Gegensatz dazu steht die Entwicklung bei Kindern und Jugendlichen. Sie werden meist still, langsam und unbeteiligt an der Umwelt.

97
DUNKLE FLECKEN
10bean1
210 x 297 mm

Themenstellung: Freie Zeichnung

4 Bilder einer Serie, die den Entwicklungsverlauf eines Kindes mit autistisch-schizoiden Zügen dokumentieren. Den beiden ersten Bilder folgen die zwei Abschluißbilder dieser Serie, anschließend finden sich die dazwischen entstandenen Zeichnungen.
Der Knabe hatte als Kleinkind bei einem Autounfall seine Mutter verloren und war damals selbst in den Unfall involviert. Während die Schwester in einer Pflegefamilie untergebracht werden konnte, scheiterte dies bei ihm an seiner Angst vor Nähe, ungebremster Aggressivität und seinem Unvermögen, auf Beziehungsangebote einzugehen.
Die Produktionen des 6-Jährigen scheinen dem Kritzelstadium zu entsprechen, Auto- und Hausdarstellung beweisen jedoch ein höheres Entwicklungsstadium im Zeichnen. Die beiden Übermalungen links mit Braun könnten traumatisches Geschehen andeuten.

98

AUTO

10bean2

Buntstift, 210 x 297 mm

Themenstellung: Freie Zeichnung

Das Verhaltes des Kindes war geprägt durch erhöhte Unruhe, stereotypes Spielen mit Autos (Zusammenstöße) und Desinteresse an anderen Menschen.
Mangel an Zentrierung und Struktur sowie fehlende Bezogenheit entsprechen dem autistischen, ins Psychotische gehenden Zustandsbild.

99
STADT

10bean3
Buntstift, 210 x 297 mm

Themenstellung: Freie Zeichnung

8 Jahre später war der Jugendliche zurückgezogen, sehr genau, pedantisch, aber unfähig, Freundschaften aufzubauen oder spontan Kontakte aufzunehmen.
Anstelle von Chaos findet sich nun eine sehr klare, fast übergenaue Gliederung der Zeichnung.
Die Linkslastigkeit der Zeichnung spricht für Zurückgezogenheit

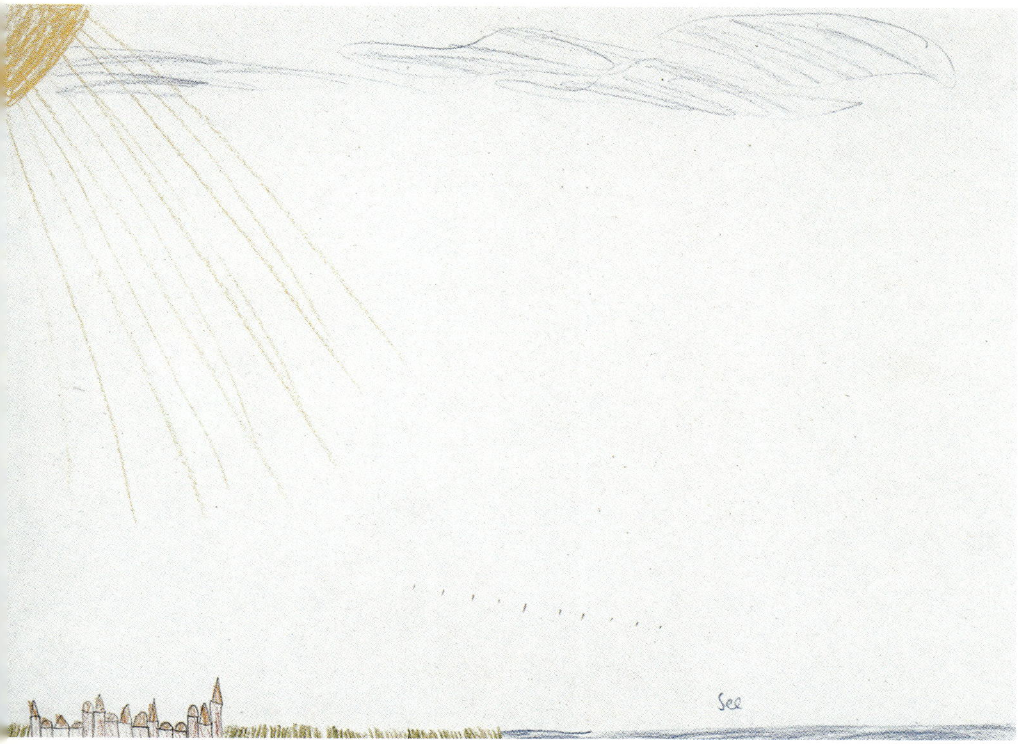

100

ROTES HAUS

10bean4

Buntstift, 210 x 297 mm

Themenstellung: Freie Zeichnung

Als 14-Jähriger hatte der Knabe nicht wie andere Jugendliche Zukunftspläne und -wünsche. Bei Frustrationen tendierte er zu heftigen Wutausbrüchen.
Diese könnten sich in der Farbe Rot des Hauses (Haus als Motiv für die Selbstdarstellung) widerspiegeln.

101

IM KÄFIG

10bean5
Ölkreide, 450 x 626 mm

Themenstellung: Freie Zeichnung

Etwa 3 Monate nach den ersten beiden Bildern gelingt dem Knaben ein wesentlich besser strukturiertes Bild.
Wiederum findet sich eine starke Übermalung als Hinweis auf etwas Verdecktes, vermutlich Traumatisierendes.
Die menschliche Gestalt links oben scheint auf das Wesen im Käfig zu blicken.
Die Gestalt in Freiheit hat einen deformierten Kopf, einen eckigen Rumpf und keinen Boden unter den Füßen. Das Wesen im Käfig scheint zu lachen. Der Käfig mag zwar beengen, aber auch schützen.
Der Wechsel von klarer Struktur mit scheinbar chaotischem Gekritzel weist auf sogenannte Ich-Inseln hin, ein Zeichen für partielle Stärkung der Persönlichkeit.

102
SONNE
10bean6

Buntstift und Bleistift, 210 x 297 mm

Themenstellung: Freie Zeichnung

Im Alter von 12 Jahren stellt das Kind das Motiv des Beschütztwerdens wiederum mit einem Motiv rechts unten dar. Wiederum findet sich eine Einengung, diesmal allerdings durch eine runde Form, was einem weiblichen Element entsprechen dürfte.
Wiederum fehlt es an Beziehung, eine gelbe „Nabelschnur" hängt an einem strahlenden, wenngleich auch sehr spitzen Kraftsymbol.
Der Knabe erschien zu dieser Zeit zwar zurückgezogen, aber den Alltagssituationen unter Schutz gewachsen, sodaß nicht von einer akuten Psychose gesprochen werden mußte.

103
WEIHNACHTSBAUM
10bean7
Filzstift, 297 x 210 mm
Themenstellung: Freie Zeichnung

Als 12-jähriger war der Knabe emotional ansprechbarer, was sich auch in den strahlenden Farben zeigt. Die klare Strukturierung, wenngleich insgesamt auf dem Niveau eines Schulanfängers, spricht für eine Bewältigung der Realität, was ihm damals auch gelang. Auffallend sind die Betonung der Konturen (Bedürfnis nach Abgrenzung) und das diesmal links gelagerte käfigartige Motiv.

104
EINGESPERRTER KRAMPUS
10bean8
Ölkreide, 297 x 210 mm

Themenstellung: Was ich mit dem Krampus machen würde

Kommentar des Kindes: „Ich sperre ihn ein. Der Krampus hat Schwarzblattern. Schwarze Punkte sind Böskrankheit" (Kind hatte vor 1 1/2 Wochen Feuchtblattern).

Dieses Bild entstand im 14. Lebensjahr. Im Unterschied zu den früheren eingesperrten Wesen steht nun der Krampus vor dem Gitter, die Tendenz zur Befreiung ist bereits angedeutet. Die „Böskrankheit" kann das Wissen um eigene aggressive Impulse und ihre Behaftung mit Schuldgefühlen ausdrücken.

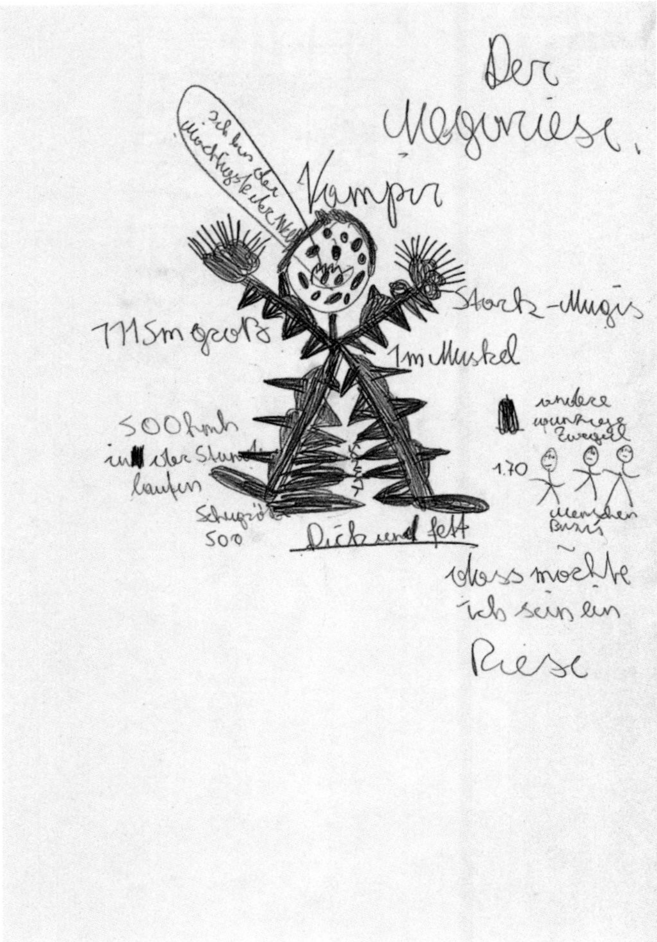

105
MEGARIESE

10bean9
Bleistift, 420 x 297 mm

Themenstellung: Was ich gerne einen Tag lang sein möchte

Kommentar des Kindes: „Du Megariese"

Das erste Mal tritt eine menschenähnliche Gestalt ohne Umrandung auf. Zur Kompensation von Minderwertigkeitsgefühlen wird sie mit diversen Größenvorstellungen ausgestattet und in der oberen Hälfte des Blattes positioniert. Die schwarzen Tupfen im Gesicht dürften weiterhin das Gefühl, selbst böse zu sein, ausdrücken. Andere menschliche Figuren werden in der Darstellung als kleine, armselige Strichmännchen entwertet. Dies und der Ausdruck von Gefährlichkeit und Aggressivität dürften zur Bewältigung der eigenen Angst dienen.

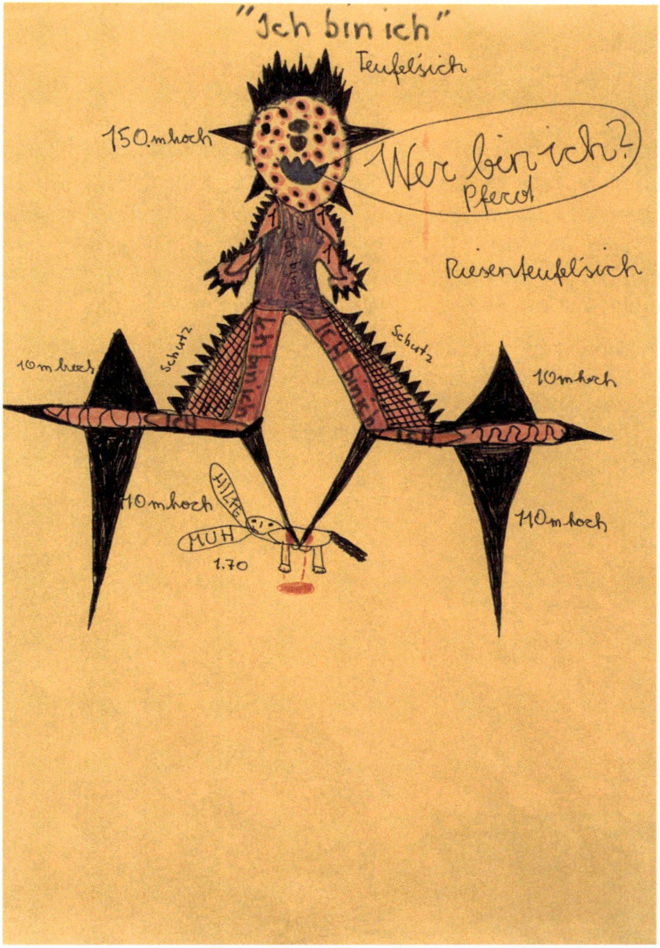

106

TEUFELS-ICH

10bean10

Feiner Filzstift?

Themenstellung: Nach Lesen des Buches „Das kleine Ich bin ich"

Kommentar des Kindes: „Das ist mein Ich bin ich. Es ist wie der Teufel, weil ihm die Kuh nicht sagen kann, wer er ist, bringt er sie um. Es tut ihr weh. Er ist riesengroß und dem Ich bin Ich wachsen Zacken. Die Punkte im Gesicht, das ist die Böskrankheit. Die gibt es wirklich. Deswegen wachsen ihm auch Zacken".

Eine Woche später: Die altersgemäße Frage nach der Identität wird verbunden mit Schmerz und Wut auf die Mutter. Das erste Mal wird die Beziehung zu einem Lebewesen (Muttersymbol) dargestellt, allerdings höchst aggressiv. Möglicherweise ist diese Aggressivität gegen die Mutter die Ursache für das eigene negative Selbstbild („Böskrankheit").
Das Motiv des Käfigs ist nun durch Zacken und Spitzen ersetzt, welche Schutz vor eigenen Impulsen und Bedrohungen von außen geben sollen, aber auch Aspekte von Selbstbestrafung haben.

107

WER BIN ICH

10bean11

Ballograph?, 297 x 210 mm

Themenstellung: Zeichnung nach Lesung des Buches „Das kleine Ich bin ich"

Kommentar des Kindes: „Das „Ich bin ich" bringt zuerst weitere 2 Kühe um, dann immer mehr. Schließlich ermordet das „Ich bin ich" 11 Menschen. Weil es sehr zornig ist, da ihm niemand sagen kann, wer er ist. Und wenn dann keine Menschen mehr auf der Welt sind, bringt er sich selber um, mit 5 Schüssen".

Kommentar des Betreuers: In heftiger Erregung zerriß das Kind dann das Blatt.

Das Bild entstand unmittelbar nach dem Teufels-Ich. Der damals 13-Jährige konnte endlich seine Gefühle ausdrücken und über sie sprechen.
Das zwanghafte Korsett des Teufels-Ich wird durch eine spontane Strichführung ersetzt, was für ein Überhandnehmen des Affekts spricht.

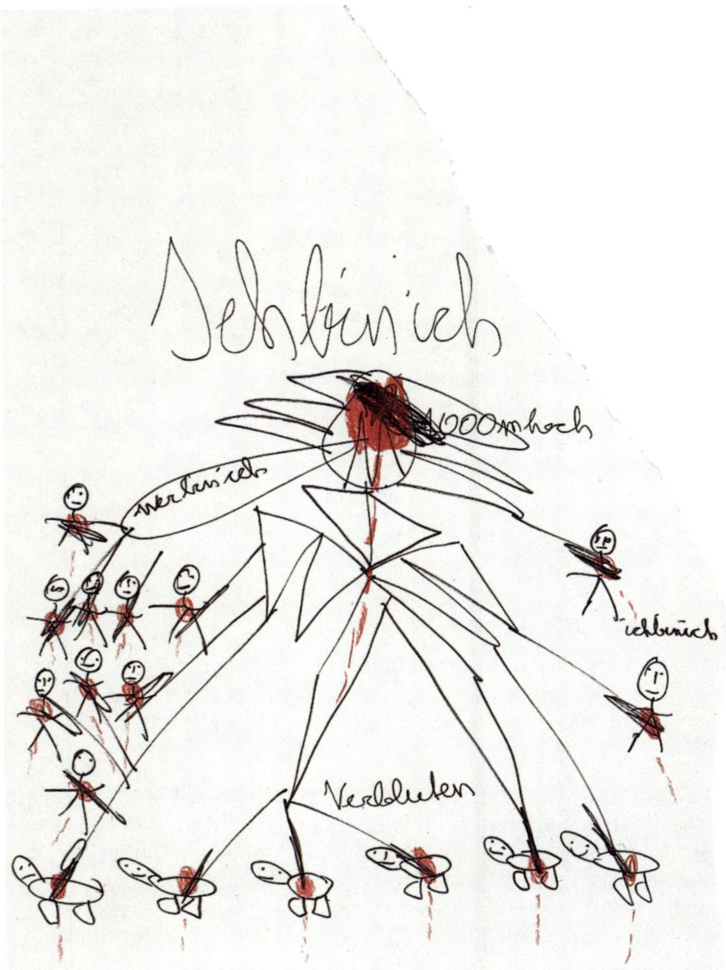

108
ICH ALS STERN
10bean11b
Farbstift, 297 x 210 mm

Themenstellung: Ich als Stern

Der 14-jährige Knabe war zum Zeitpunkt der Zeichnung von ausgeglichener Stimmungslage (bunte Farben), verschlossen und heimlich aggressiv (Betonung der Spitzen, Vorherrschen von eckigen Symbolen). Das Motiv des in sich geschlossenen Raumes, in seinen anderen Zeichnungen deutlich sichtbar, scheint hier nur mehr durch eine Bleistiftlinie angedeutet.

109
BÖSER KOBOLD UND GUTER SWABIDU
10bean12

Buntstift, Filzstift, 420 x 297 mm
Themenstellung: Zeichnung nach dem Buch „Swabidu"
Kommentar des Kindes: „Kobold und kleiner Mensch von Swabidu".

Etwa 8 Monate nach dem Durchbruch „Teufels-Ich" entsteht das erste Mal eine menschenähnliche Darstellung ohne Einschränkung durch einen Raum oder durch Spitzen oder die Aggressions- und Wutfarben Schwarz/Rot.
Das große Bildformat und die Rechtslastigkeit sprechen für Freiheit und Zukunftsorientiertheit.

110
X-MAN
10bean13
Bleistift, Buntstift, Ölkreide, 297 x 420 mm

Themenstellung: Angsteinflössendes Wesen

Vermutlich stellt der Knabe seine eigenen aggressiven Anteile dar, vor denen er sich fürchtet. Größenfantasien sind nicht mehr erkennbar. Außerdem wird Aggressivität gegenüber bestimmten Personen und Tieren ausgespart, was für eine verstärkte Tendenz zur Selbststeuerung spricht.

10.000m
Doppeldame
55.555kg
KOBOLD
SVABIDU
999
999

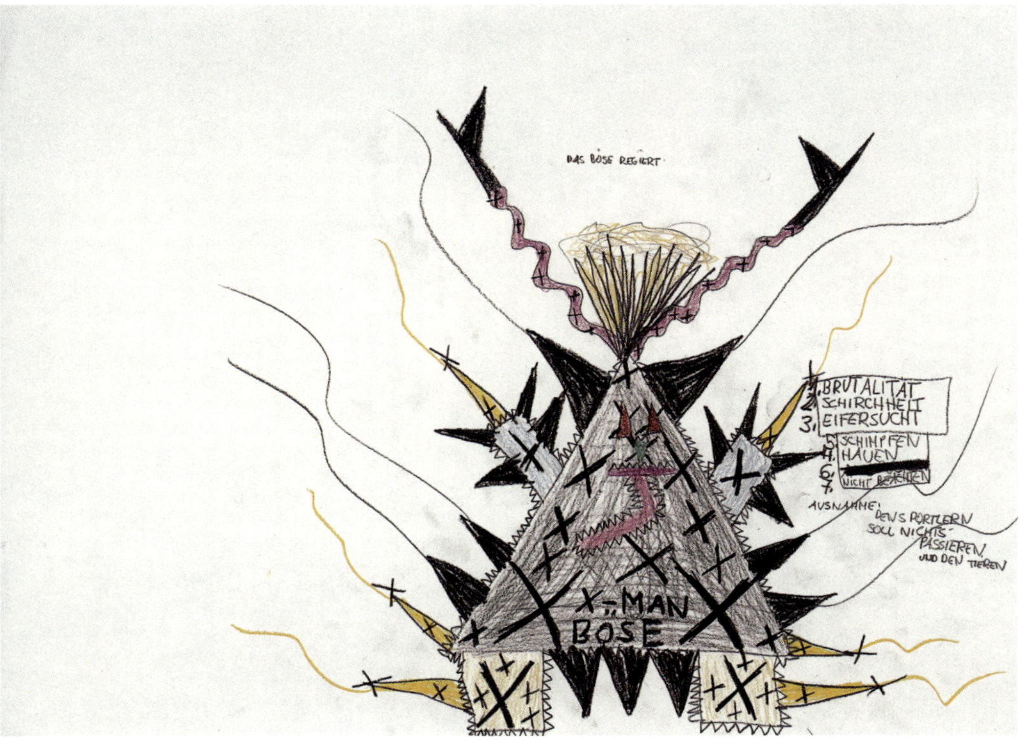
DAS BÖSE REGIERT
1. BRUTALITÄT
2. SCHIRCHHEIT
3. EIFERSUCHT
5. SCHIMPFEN
4. HAUEN
6.
7. NICHT
AUSNAHME: DEN SPORTLERN SOLL NICHTS PASSIEREN UND DEN TIEREN
MAN BÖSE

111
KEKSMONSTER

127boar1
Buntstifte, 420 x 297 mm

Themenstellung: Angsteinflössendes Wesen

Zum Vergleich die Zeichnung eines nicht schizoiden Angstkindes mit derselben Themenstellung wie bei der vorhergehenden Katalognummer.
12-jähriger, intellektuell altersentsprechend entwickelter Knabe aus Gewaltmilieu, überangepaßt und zurückgezogen. Die geschiedenen Kindeseltern haben ein Alkoholproblem, die Kindesmutter ist zudem schwer krank. Der Knabe versucht, schulischen Anforderungen aus dem Weg zu gehen. Es kann angenommen werden, daß der Knabe sich selbst darstellt. Die runde Form weist darauf hin, daß der Knabe versucht, nirgends anzuecken, die Geschlossenheit der Form deutet die Isoliertheit des Kindes an.

112
BEDROHUNG

122hend1
Bleistift, 210 x 297 mm bzw. 297 x 210 mm (zweiseitig, 2. Seite hier nicht abgebildet)

Themenstellung: Freie Zeichnung

17-jähriger zwanghafter Jugendlicher mit Leistungsversagen, Gefühlen von Bedrohtsein und zeitweisem Realitätsverlust (psychotische Symptomatik).
Seite 1 Kopfzeichnung: Ungleichgewicht zwischen Kopf und Körper weist auf Überbetonung des Intellekts hin.
Angelegte Arme bzw. auf Seite 2 Hand von rechts und von oben durch Spitzen bedroht sprechen für ausgeprägte Hemmung auf der Handlungs- und Leistungsebene auf Grund von Ängsten.

113

CRY FOR YOUR LIFE

11plag2

Kugelschreiber und Faserschreiber, 420 x 297 mm

Themenstellung: Freie Zeichnung

18-jähriger ängstlicher Jugendlicher mit paranoiden Tendenzen und psychotischen Episoden (Realitätsverlust).
Betonung des Augenmotives spricht für paranoide Tendenzen, Strukturlosigkeit bei einer Fülle von mit vielen Details angereicherten Motiven für ungeordnetes Denken.
Polarisierte Motivwahl (z.B.: Rose - Monsterköpfe) weist auf Spaltung des Erlebens in Extreme wie z.B. gut/ böse, schön/ häßlich.

114, 115, 116, 117

BLAUES FLUGZEUG, SATELLIT, BUNTES DING, GRAUES GEBILDE

6anli6,7,8,9

Buntstift, 1x 297 x 210, 3x 210 x 297 mm

Themenstellung: Freie Zeichnung

16-jähriger, unterdurchschnittlich intelligenter, psychotischer Jugendlicher mit Denkstörungen, Halluzinationen, Tics und Angstsymptomen.
Im weiteren Verlauf verschwanden die Symptome. Es entwickelte sich ein eher zwanghaft zurückgezogenes Verhalten (Minussymptomatik).
Die Bilder sind während einer Einzeltherapie entstanden und stellen keine kontinuierliche Entwicklung dar. Es ist anzunehmen, daß sich der Jugendliche in diesen 4 Bildern mit sich selbst auseinander setzt.

BLAUES
FLUGZEUG

SATELITT

DAS BUNTE DING PASSEND
DAZÜR

118, 119, 120,121

HOHES C, SESSEL, HAMMER, AUTO

6anli13,12,11,14

Buntstift, 1 x 210 x 297 mm, 3 x 297 x 210

Themenstellung: Freie Zeichnung

In diesen Bildern setzt sich der Jugendliche mit der therapeutischen Situation auseinander.
Das *Hohe C* stellt eine Verbindung zu einer früheren Therapeutin dar (er hatte bei ihr immer ein *Hohes C* bekommen).
Durch den „Sessel“ versucht der Jugendliche die Befindlichkeit des Therapeuten darzustellen.
Im Bild „Hammer“ projiziert der Jugendliche seine Aggressionen auf den Therapeuten und identifiziert sich mit ihm.
Im „Auto“ wird der Therapeut idealisiert und entwertet (das Auto ist nicht fertig bemalt, der Name ist falsch geschrieben).

Bil

KAINDL
Dr. FRIEDL
RAINER

122, 123, 124, 125

HÄCKSLER, HAMMER, FÖNGERÄT, WASCHBECKEN

6anli2,4,1,X
Buntstift, 1 x 210 x 297, 3 x 297 x 210

Themenstellung: Freie Zeichnung

Über Geräte aus dem Arbeits- und Alltagsleben drückt der Jugendliche seine Probleme aus: Der Komposthäcksler ist eine tolle Maschine, aber auch in der Realität dauernd kaputt. Darin spiegelt sich die Angst des Jugendlichen wider, selbst kaputt zu sein. Positiver Aspekt ist, daß der Komposthäcksler immer wieder repariert werden konnte, was dem Wunsch des Jugendlichen entsprach, intakt zu sein.
Im Bild „Föngerät" thematisiert der Jugendliche seine starke Beziehung zu seinen Haaren. Er hatte große Angst vor dem Haareschneiden. Es ist dies eines der wenigen Bilder, in denen ein Mensch dargestellt wird, allerdings ebenso wie das wilde Tier auf der linken Seite abgeschnitten.
Bis auf die Therapeutenbilder dominiert die Linkstendenz, also Wendung in die Vergangenheit und Vermeidung der Gegenwart und Zukunft. In den Bildern ist keine Entwicklung ersichtlich. Dies hat in der Entwicklung des Jugendlichen zu einer Minussymptomatik seine Entsprechung.

DAS FÖHNGERAET

EINNÄSSEN UND EINKOTEN

Einnässen im Kindesalter als funktionelle Störung wird ab dem 5. Lebensjahr und bei Fehlen einer organischen Ursache diagnostiziert. Einnässen kann nachts auftreten, nur tagsüber, kombiniert nachts und tags. Es kann in Zusammenhang mit Entwicklungsdefiziten oder emotionalen Störungen stehen.
Einkoten bezeichnet das Absetzen von Stuhl an nicht dafür vorgesehenen Stellen ab dem vierten Lebensjahr, ohne daß organische Ursachen gegeben wären.
Bei Einnässern findet sich in der Regel im Bild Flüssigkeit in irgend einer Form dargestellt, manchmal auch unstrukturiert. Dem entspricht bei Einkotern das Plazieren von eher dunklen Flecken oder Haufen an irgend einer Stelle im Bild.

126

NIKOLAUS IM REGEN

42küom1
Bleistift, 297 x 210 mm

Themenstellung: Ein Mann

Sechsjähriger, vom Schulbesuch rückgestellter Knabe, intellektuell unterdurchschnittlich befähigt, erhöht aggressiv, näßt jede Nacht ein.
Kind lebt zusammen mit jüngerem Bruder bei der alleinerziehenden Mutter. Kind hat Vergewaltigung der Mutter in der Wohnung miterlebt.
Die Bedeckung des Bildes mit Flüssigkeit weist auf das Symptom Einnässen hin.

127
LACHENDER MANN
42küom2
Filzstift, 420 x 297 mm

Themenstellung: Ein Mann

Nach zwei Monaten hat sich das Einnässen gegeben. Die Stimmung des Kindes hat sich wesentlich verbessert (großes Format und freundliche Farbe).

128

SCHIFF

25fuar1
Buntstift, 505 x 700 mm

Themenstellung: Freie Zeichnung

6-jähriger Knabe aus familiärem Konfliktmilieu, problematische Trennung der Kindeseltern, Einnässen, Einkoten, egozentrisch und eigenwillig.
Lieblingsbeschäftigung in der Freizeit war Zeichnen und Basteln mit großem Ideenreichtum. Bei sehr differenzierter verbaler Ausdrucksfähigkeit konnte/wollte er bezüglich seiner Werkstücke jedoch keinen Einblick geben. Die Aufarbeitung der für ihn psychischen Belastungsaspekte ist für den Betrachter seiner Zeichnungen nachvollziehbar, wurde von dem Kind jedoch nicht verbal transparent gemacht.
Der Knabe produzierte zunächst täglich vielerlei Zeichnungen technischen Inhalts mit großer Perfektion und Detailreichtum.

129

FLUGZEUG

25fuar2

Malfarben, 430 x 480 mm

Themenstellung: Freie Zeichnung

Mit der Konzentration auf leblose technische Objekte wehrte er zunächst die Auseinandersetzung mit dem familiären Konfliktsystem ab, setzte sich jedoch im Laufe der Behandlung mit seiner Familiensituation auseinander.

130
DINOSAURIER MIT BÄUMEN

25fuar3
Buntstift, 420 x 590 mm

Themenstellung: Freie Zeichnung

Die 3-Personen-Familie spiegelt sich in den 3 unterschiedlichen Bäumen wider. Der Konflikt zwischen den Eltern, denen der Dialog fehlt, zeigt sich in der überschneidenden Darstellung, jeder Elternteil blickt in eine andere Richtung. Das blutig rote Maul könnte für Verletzungen bzw. Aggressionen stehen, ebenso die roten Krallen. Der Knabe selbst scheint sich in verschiedenen Positionen des Bildes wieder zu finden: Einerseits entflieht er dem Konflikt, andererseits kontrolliert er ihn oder zieht sich schutzsuchend in eine Höhle zurück.

131
DINOSAURIER MIT FELS UND WASSER

25fuar5
Buntstift, 420 x 590 mm

Themenstellung: Freie Zeichnung

Das Kind bezieht sich in den elterlichen Konflikt mit ein. Es befindet sich einerseits mitten in der Auseinandersetzung zwischen den Eltern, wo es bei dem stabil stehenden Vater mehr Sicherheit findet. Es fühlt sich aber andererseits auch der auf Neuorientierung ausgerichteten Mutter in seinem Zukunftsausblick nahe. Das Bild wird somit zum Ausdruck des psychischen Dilemmas. Die beiden anderen Selbstdarstellungen könnten die Bereitschaft zur Konfrontation mit dem Konflikt andeuten (auf den Felsen zufliegender Saurier), der im Wasser stehende Saurier könnte Ausdruck der Einnässens-Problematik sein.

132

FLUGSAURIER MIT FELSEN

25fuar6
Buntstift, 420 x 590 mm

Themenstellung: Freie Zeichnung

Diesmal stehen 3 Felsen als Symbole für die 3 Familienmitglieder. Die Problematik des Einnässens und Einkotens findet sich in der Darstellung des Wassers und der Erdkugel wieder. Die beiden Flugsaurier könnten für den aggressiv schimpfenden Sohn, der in die Vergangenheit flieht (zum Vater), und die ihm nacheilende Mutter stehen.

133

EINZELSAURIER

25fuar7
Malfarben, 420 x 480 mm

Themenstellung: Freie Zeichnung

Das Bild ist eine Selbstdarstellung als in die Zukunft blickender Saurier, dem allerdings noch der Boden unter den Füßen als Mangel ausreichender Sicherheit fehlt.

134

SAURIER MIT BÄUMEN

25fuar8
Buntstift, 420 x 590 mm

Themenstellung: Freie Zeichnung

Abermals stehen drei, diesmal gleiche Bäume, die durch Fäden/Lianen verbunden sind, was mehr Beziehung zwischen den Familienmitgliedern zum Ausdruck bringt. Die Konfliktaustragung - vor allem zwischen den Eltern - ist einerseits konfrontativ möglich, wird andererseits noch sehr verdeckt ausagiert. Der Knabe könnte sich zu einem Schmetterling entwickelt haben, der jedoch noch auf der Flucht ist.

135

BLAUE LINIEN

25fuar9

Fingerfarbe, 350 x 550 mm

Themenstellung: Freie Zeichnung

Kommentar des Kindes: Rillen wurden mit Fingernägeln eingekratzt

Das Bild entsteht in der Phase des Umbruchs: Bezug einer neuen Wohnung mit eigenem Zimmer, Wiederaufnahme von Besuchskontakten zum Vater außerhalb der Institution, teilstationäre Unterbringung. Die emotionale Irritierung findet ihren Ausdruck in der gegenstandslosen Darstellung.

136

SAURIERSPIEL

25fuar10
Buntstift, 420 x 590 mm

Themenstellung: Freie Zeichnung

Das Kind entwirft ein Spiel mit Regeln. Die einzelnen Konfliktpartner haben zu ihrer Individualität gefunden und sind über die Spielleitlinien miteinander vernetzt.
Die Symptome Einnässen und Einkoten haben sich gebessert.

137

ICH UND MEINE FREUNDIN

77sion1

Ölkreide, 380 x 700 mm

Themenstellung: Du und Deine beste Freundin

Kommentar des Kindes: „Ich und meine Schwester".

7-jähriges, allgemein entwicklungsrückständiges Mädchen; nächtliches Einnässen, ängstlich, zurückgezogen, depressiv.

Im vierten. Lebensjahr des Mädchens verunglückten Mutter und Bruder tödlich.

Die große Figur stellt die jugendliche Schwester dar, die für das Mädchen Mutterrolle übernommen haben dürfte.

Die Umrandung bei beiden Figuren um die Beine deutet auf die Problemzone Ausscheidung hin.

138
ICH UND MEINE BETREUERIN

77sion2
Malfarben, 450 x 480 mm

Themenstellung: Freie Zeichnung

Etwa 3 Monate später zeichnet sich das Mädchen deutlich größer und mit kräftigeren Farben sowie Beinen. Die Ummantelung der Beine tritt nicht mehr auf. Beides spricht für ein besseres Selbstwertgefühl des Kindes. Die Nähe zur Betreuerin wird gesucht und gefunden, was sich in der Darstellung des Armes in Gelb am Körper der Betreuerin und in der Nähe der beiden Figuren manifestiert. Es wurde mehr Struktur eingebracht (Himmel, Sonne) und die Figuren schweben nicht mehr im Raum.

139
ICH

77sion3
Malfarben, 500 x 350 mm

Themenstellung: Freie Zeichnung

Etwa 14 Tage später wählt das Kind für eine Selbstdarstellung ein rotes Blatt (Hinweis auf Lebensfreude), was seiner lustigen Stimmung zu diesem Zeitpunkt entspricht. Die dunkelblaue Umrandung des Kopfes, als Dach über dem Kopf bereits in der zweiten Zeichnung bei beiden Figuren ersichtlich, könnte auf Wunsch nach Geborgenheit und Schutz hinweisen. Erstmals wird Boden unter den Füßen gezeichnet, was zusammen mit der Farbgebung und der Größe der Darstellung auf erhöhte Selbstsicherheit hinweist.
Das Körperschema entspricht weiterhin dem Entwicklungsrückstand des Mädchens. Die Linkstendenz der Figur zeigt das Bedürfnis nach Kleinsein an, was sich zeitweise in einer ausgeprägten Babysprache geäußert hat. Entsprechend dem nicht erfüllten Regressionswunsch hatte das Kind auch weiterhin das Symptom Einnässen, allerdings in reduzierter Form.

140

EIN MENSCH

8anrn1

Malfarbe, 500 x 350 mm

Themenstellung: Ein Mensch

9-jähriger, intellektuell unterdurchschnittlich befähigter Knabe aus dem Ausland mit großen sozialen Schwierigkeiten, näßt nachts ein.

141

KOBOLD BEI DEN SPITZEN STEINEN

102pran1

Buntstift und Bleistift, 420 x 297 mm

Themenstellung: Freie Zeichnung

10-jähriger, körperlich und geistig entwicklungsrückständiger Knabe mit wenig Sprache und Zahlenbegriff nur bis 10, hat bis vor kurzem eingekotet, trägt gerne eine Kappe und fährt auf eigenen Wunsch nur selten nach Hause.
Die weitgehende Sprachlosigkeit des Kindes findet seine Entsprechung im Fehlen des Mundes. Die runde Form der Gebilde um das Kind wiederholt sich in der Kappe. Mögliche Interpretation: Statt einzukoten bin ich nun stolzer Träger einer Kappe.

142

SCHWEINCHEN

39klte1
Bleistift, 297 x 210 mm

Themenstellung: Verzauberte Familie

12-jähriger, intellektuell altersentsprechend entwickelter Knabe, kotet ein, Schulausschluß wegen aggressiven Verhaltens.
Das Schweinchenbaby dürfte das Kind darstellen. Die Schwarzfärbung des Hinterteils des Tieres weist auf die Sauberkeitsproblematik hin. Das abgeschnittene Hinterteil auf der rechten Seite des Blattes deutet ein nicht bearbeitetes Konfliktfeld an. Es ist der Körperteil, der dem Kindesvater auf der Zeichnung fehlt.

143
KLEINER MANN

39klte2
Bleistift, 297 x 210 mm

Themenstellung: Zeichne einen Mann

2 Monate später zeichnet der Knabe eine zwar völlig intakte, aber sehr kleine menschliche Figur, was zusammen mit der leichten Linkstendenz auf dem Blatt für Angst vor der Gegenwart und Zukunft spricht. Tatsächlich macht sich der Knabe zu dieser Zeit wegen seines Schulausschlußes Sorgen über seine schulische und berufliche Zukunft. Das Symptom Einkoten trat nicht mehr auf.

144
SKIZZE VON EINEM MENSCHEN

39klte3
Bleistift, 297 x 210 mm

Themenstellung: Freie Zeichnung

Etwa 2 Monate später hat die Figur Boden unter den Füßen, füllt das Blatt mehr aus und wendet sich mit erhobenem Arm der Gegenwart zu. Dunkelfärbung von Kopf, Rumpf und Becken sowie Fehlen der Muskulatur lassen erhöhte Ängstlichkeit vermuten.

KÖRPERLICHE BEEINTRÄCHTIGUNG

Körperlicher Defekt

Diesem Kapitel sind Bilder von Kindern zugeordnet, die unter einem Minderwertigkeitsgefühl infolge von Fehlen eines Körperteiles oder einer erhöhten Krankheitsanfälligkeit litten.

145

BEDROHLICHER ZUG

18dean1
Filzstifte, 297 x 420 mm

Themenstellung: Alptraum

Kommentar des Kindes: „Der Zug nähert sich dem Vater, der der davongelaufenen Katze nachläuft".

Therapieverlauf eines 12-jährigen Knaben, der vor etwa 7 Jahren durch einen Unfall einen Finger verloren hat und sozial nicht integriert war. Der Knabe litt unter Alpträumen.
Die Katze dürfte für das Kind stehen. Der Vater versucht das Kind zu schützen. Beide sind bedroht. Der Vater kann die Bedrohung nicht abwenden.
Die Hilflosigkeit von Katze und Vater zeigt sich an ihrer Kleinheit, die Angstbesetztheit an der Farbe Schwarz.

146

ZUGSUMLEITUNG

18dean2
Filzstifte, 297 x 420 mm

Themenstellung: Was könnte man tun, damit der Zug nicht über Vater und Katze fährt?

Kommentar des Kindes: „Der Zug wird umgeleitet, damit der den Vater nicht überfährt".

Im Erleben des Kindes kann der Vater das Unglück nicht abwenden.
Die kleine Katze liegt hilflos am Boden. Das Überfahren durch einen Zug deutet das vor 7 Jahren erlittene Unglück an.

147
GROSSE KRAKE

18dean3
Malfarben, 297 x 420 mm

Themenstellung: Schlechter Traum

Kommentar des Kindes: „Ich war unter Wasser. Da ist irgendein Vieh hergekommen und hat mir den Kopf abgebissen. Es war ein schiaches Gefühl. Es war eine große Krake. Es ist so schnell gegangen".

Dies dürfte die Darstellung des Unglückes sein. Anschließend konnte der Knabe erstmals über seinen Unfall berichten und das Fehlen des abgetrennten Körperteiles spontan anderen Kindern zeigen.
In der Zeichnung selbst wird der Kopf als abgetrennt dargestellt, deutlich ist auch die rote Wunde zu sehen. Der Kopf dürfte hier für den in der Realität abgetrennten Finger stehen.

148
KOPFABSCHNEIDENDES MONSTER
18dean4
Wasserfarben, 297 x 420 mm

Themenstellung: Alptraum

Kommentar des Kindes: „Monster schneidet mit Sense Kopf von meinem Vater, meiner Mutter und mir ab".

3 Wochen später wird das Thema „Wunde, Abtrennen, Verlust eines Körperteils" deutlicher zum Ausdruck gebracht. Der anfangs blaue Himmel hat sich nun in einen bedrohlich dunklen Fleck verwandelt.

149
HEILE KÖPFE
18dean5
Wasserfarben, 297 x 420 mm

Themenstellung: Was könnte man tun, damit es den 3 Menschen wieder besser geht?

Das Kind zeichnet alle 3 Personen wieder mit angewachsenem Kopf und läßt das Monster wieder weggehen.
Das Monster ist mehrdeutig. Es steht einerseits symbolisch für das Unglücksgeschehen vor vielen Jahren, aber auch für die eigenen aggressiven Anteile des Kindes.

150
MONSTERZEICHNUNG
18dean6
Wasserfarben, 297 x 420 mm

Themenstellung: Zeichne dieses Monster

Kommentar des Kindes: „Das Monster ist wegen seines Gesichtes und der Sense böse. Es möchte mit den Menschen Freund sein. Es wird immer weniger gefährlich".

Das Kind konfrontiert sich mit seinen eigenen aggressiven Anteilen und bringt diese groß zur Darstellung. Bisher wurden diese weitgehend auf andere Menschen projiziert. Die Farbgebung weist dabei auf die große Angstbesetztheit des Kindes hin. Die Darstellung der Sense, welche in sich brüchig ist, könnte einmal mehr den abgeschnittenen Finger thematisieren. Die Größe der Darstellung spricht dafür, daß das Kind nun Mut gewonnen hat, sich mit seinen Problemen auseinander zu setzen.

Kat.-Nr. 148

Kat.-Nr. 149

Kat.-Nr. 150

151
MIT ELTERN AM SEE
18dean7
Filzstift, 297 x 420 mm

Themenstellung: Da das Kind keine Alpträume mehr hat, wird es aufgefordert, etwas Schönes zu malen.

Kommentar des Kindes: „Ich mit Eltern an einem See".

Der Knabe ist nun in der Kindergruppe wesentlich weniger aggressiv und besser integriert. Er fühlt sich nicht mehr wie vorher im übergroßen Ausmaß angegriffen und verfolgt. Er konnte auch mit den Kindern in den letzten Wochen offen über seinen fehlenden Finger sprechen und den anderen diese Stelle klar zeigen.
Die Verwendung von Filzstiften spricht für geringere emotionale Beteiligung als bei den vorherigen Bildern. Motive und Farbgebung wirken friedlich und entspannt.
Nach eigener Aussage befindet sich das Kind auf dem roten Badetuch rechts unten neben seinen Eltern auf dem gelben Badetuch. Im Vergleich zu den ersten beiden Bildern hat sich das Kind nun von der regressiven, vergangenheitsbezogenen linken Seite auf die zukunftsbezogene rechte Seite plaziert.
Das Trauma des Fingerverlustes konnte über das Medium Malen bearbeitet werden.

152
SCHLANGENMONSTER

120jorc1
Filzstift, 420 x 297 mm

Themenstellung: Monster

14-jähriges Mädchen, labiler Gesundheitszustand, Eltern verstorben. Schwach ausgebildeter Rumpf, von Schlangen bedroht: Symbol für geschwächten Körper, durch Krankheit gefährdet.

153
SCHLEIMMONSTER

120jorc2
Malfarbe, 297 x 210 mm

Themenstellung: Monster

14-jähriges Mädchen, labiler Gesundheitszustand, Eltern verstorben. Betonung des Kopfes als besonders krankheitsanfällig.

Bewegungsstörung

Die Entwicklung der Motorik (Haltung und Bewegung) führt von ungerichteten, globalen Bewegungen zu gezielten, umschriebenen Bewegungsabläufen. Die Automatisierung von Handlungen kann durch äußere Einflüsse gestört werden, was die seelische Befindlichkeit des Kindes beeinträchtigen kann.

154
KÖRPERBILD

124pear1
Malfarben, 1340 x 2570 mm

Themenstellung: Körperbild
Kommentar des Kindes: „Auraringe"

16-jähriger Jugendlicher mit angeborener minimaler Bewegungsstörung. Ursprünglich Linkshänder, nach Armbruch auf rechts umtrainiert, was zu zusätzlicher Verunsicherung der Gesamtpersönlichkeit führte. Im Laufe der Therapie konnte er seinen überhöhten Anspruch an seine Leistungsfähigkeit ablegen und sich zu einer Akzeptanz der Links-Seitendominanz durchringen.
Entstehung des Bildes: Die äußeren Körpergrenzen des Jugendlichen wurden von der Therapeutin an seinen Körperkonturen nachgezeichnet und der Jugendliche aufgefordert, das eigene Körperbild auszumalen. Der Jugendliche thematisierte die Links-Rechts-Problematik und malte um seinen Körper „Auraringe". Das Körperinnere malte er „blütenweiß" aus.Die bunte Farbgebung und das harmonische Körperbild weisen auf die gelungene Akzeptanz seines Körpers hin.

155
ARM

124pear2
Gips, Objekt

Themenstellung: Freies Thema

16-jähriger Jugendlicher mit angeborener minimaler Bewegungsstörung. Ursprünglich Linkshänder, nach Armbruch links auf rechts umtrainiert, was zu zusätzlicher Verunsicherung der Gesamtpersönlichkeit führte.
Nachdem sich der Jugendliche auf die bevorzugte Verwendung der linken Hand eingestellt hatte, ließ er sich den rechten Arm (vermutlich analog zum Unfallgeschehen vor acht Jahren) eingipsen. Er füllte das Gipsmodell des Armes anschließend mit Gips aus.

Neurodermitis als Beispiel für eine psychosomatische Erkrankung

Zur Entstehung und Aufrechterhaltung einer psychosomatischen Erkrankung tragen sowohl körperliche als auch seelische Faktoren bei.
Neurodermitis ist ein Ekzem, welches meist in früher Kindheit beginnt. Hauptsymptome sind quälender Juckreiz, Rötung, Schuppung, Nässen und Krustenbildung.
In den Zeichnungen dieser Kinder fiel auf, daß sie Oberflächen in bestimmter Weise - z.B. durch Striche, Schuppen, Flecken - gestalten. Die quälenden, sich oft über Jahre hinziehenden Symptome dürften auf diese Weise zum Ausdruck gebracht werden.

156
MÄDCHEN MIT ZÖPFEN
118fuka1
Bleistift, 297 x 210 mm

Themenstellung: Ein Mensch

8-jähriges Mädchen; Neurodermitis, Scheidungskind. Die Mutter verhinderte Besuche des Mädchens beim Kindesvater. Relativ geringe Ausprägung der Beine im Vergleich zum übrigen Körper: Hinweis auf geringe Mobilität (möglicherweise untersagte Besuchskontakte zum Kindesvater). Zunge herausstreckendes Wesen am Arm: Abgespaltene Aggressivität. Rechtecke auf Rumpf: Hautsymptomatik

157
FISHBONE
53neic1
Bleistift, 297 x 210 mm

Themenstellung: Ein Mensch

12-jähriger Knabe; Geschwisterrivalität, Neurodermitis, erhöht aggressiv, Heimweh. Graufärbung, Linksbetonung und Blick nach links sprechen für ängstlich regressives Verhalten, angelegte Arme mit geringer Ausprägung der Hände für geringe Entwicklung der Handlungsebene.

158
RITTER UND DRACHE

129stan1
Filzstift, 297 x 420 mm

Themenstellung: Wie kann man den Drachen beruhigen?

Kommentar des Kindes: „Durch Fressen für den Drachen. Der Ritter erhält ein Pferd zum Davonreiten".

10-jähriger, intellektuell überdurchschnittlich befähigter Knabe; gegenüber den Geschwistern erhöht reizbar und aggressiv; Neurodermitis.
Ritter und Drache wurden zuerst gezeichnet. Da der Drache dem Ritter (steht wahrscheinlich für das Kind) bedrohlich überlegen ist, mußte die Situation entschärft werden.
Der Drache kann einerseits für die Neurodermitis (befleckter Rücken) aber auch für die Umwelt oder die eigene Aggressivität stehen. Die verkümmerten Bäume spiegeln die trostlose Stimmung des Kindes wider.

159
FEUERSPEIENDER DRACHE

129stan2
Filzstift, 297 x 420 mm

Themenstellung: Fortsetzung der Geschichte vom Drachen.

2 Monate später ist der Drache wesentlich kleiner, nicht mehr so bedrohend, in der Farbgebung freundlicher. Die Andeutung von Wiese, die Burg, der Weg zu ihr und die volle Sonne spiegeln eine nun positiver erlebte Umgebung wider.

160
KÖNIGSSOHN AUF DER FLUCHT
129stan3
297 x 420 mm

Themenstellung: Königssohn

Etwa 1 Jahr später ist eine harmonische Entwicklung des Gefühlslebens an den grünen Baumkronen und der vollflächigen Färbung des Bildes sowie der nun strahlenden Sonne erkennbar. An der Burgfassade sind Reminiszenzen an die Symptomatik der Neurodermitis angedeutet.

161
EIN TRAUM
129stan4
Ölkreide, 297 x 420 mm

Themenstellung: Traum

Etwa 2 Monate später berichtet der Knabe von einem Traum. Die Oberflächenstruktur der Mauern dürfte die Neurodermitis symbolisieren. In der Farbgebung Schwarz wirken sie bedrohlich. Dem wirken die gelben Wegstreifen, von denen der Hauptweg, auf dem sich der Knabe befindet, in die Zukunft führt, entgegen.
Erst eine gestärkte Persönlichkeit kann das Gefühl von Angst und Bedrohtheit in dieser Intensität zulassen und wiedergeben.

162
OBJEKT HASE
129stan
Plastillin

Themenstellung: Freies Thema
Kommentar des Kindes: „Ein Hase"

Das Objekt stammt aus der Anfangszeit der Therapie des Kindes. Die Extremitäten, damals stark von Neurodermitis befallen, sind in Rot ausgeführt.

163

ZWEI ABGESOFFENE BOOTE

74scic1
Filzstift, 297x 420 mm

Themenstellung: Meeresgrund

Kommentar des Kindes: „Zwei abgesoffene Boote, sind zur gleichen Zeit untergegangen".

13-jähriger Knabe mit Leistungsversagen und sozialer Isolierung in der Schulklasse.
Der an Neurodermitis leidende Knabe lebte bei seiner Mutter und litt unter Übergewichtigkeit. Die Eltern hatten sich vor einiger Zeit getrennt, der Vater war schwer krank und in Frühpension. Der Knabe pendelte zwischen den beiden Elternteilen hin und her.
Die Boote könnten die beiden Elternteile symbolisieren, wobei das untere, defekte Boot mit Linkstendenz für den schwerkranken Vater stehen dürfte. Die Schraffierung des Blattes entspricht der Hautstruktur.

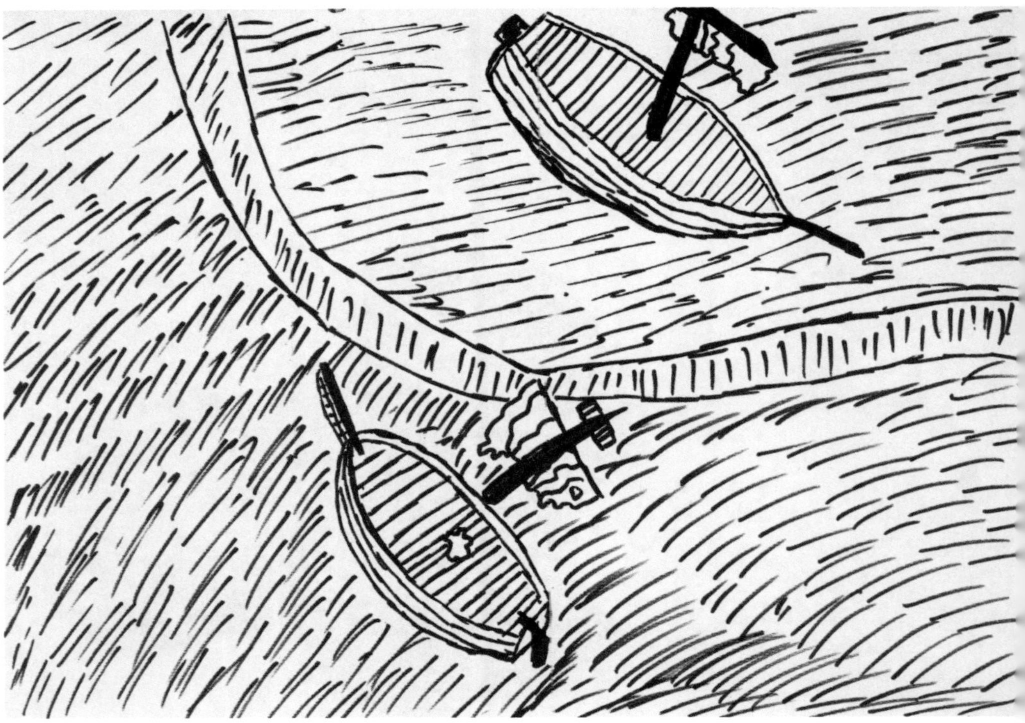

TRAUER UND VERLUST EINES NAHEN ANGEHÖRIGEN

Die zu diesem Kapitel vorliegenden Bilder stammen von Kindern, die in ihrem Leben mit einem vorzeitigen, also nicht im Alter eingetretenen Tod eines Familienmitglieds belastet worden waren. Wie unsere Erfahrungen zeigen, kann dies auch noch nach Jahren von großem Einfluß auf den seelischen Zustand eines Kindes sein, vor allem dann, wenn die Familie als Ganzes den Tod dieses Angehörigen nicht verarbeitet hat.
Als Ausdruck der Emotionalität wird von den Farben fast ausschließlich Schwarz oder Grau verwendet.

164
BLUME

38klar1
Wasserfarben, 210 x 297 mm

Themenstellung: Wiese

Sechzehnjähriger, sehr gehemmter, introvertierter Jugendlicher.
Seit dem Tod des älteren Bruders vor etwa zwei Jahren durch einen Verkehrsunfall bestand die Familie nur mehr aus den Eltern und diesem Jugendlichen. In der Familie bestanden weiterhin Gefühle von Trauer, Schuld und Angst, die diesen Jugendlichen in seiner Entwicklung hemmten. Die Anzahl der Blumen dürfte auf die Zahl der Familienmitglieder hinweisen. Schwarz als Farbe der Trauer findet sich als Weg und als Tupfen auf den Blättern und drückt zusammen mit der herabfallenden Wiese und dem dunklen Himmel die depressive Grundstimmung der Familie aus.

165

GRAB DES VATERS

68room1
Filzstift, 297 x 210 mm

Themenstellung: Freie Zeichnung

Neunjähriger Knabe mit Down-Syndrom, der nur über eine sehr einfache, für Außenstehende nicht verständliche Sprache verfügte. Tod des Vaters durch Unfall.
Das Kind zeichnete in der Mitte Kreuz, Grab und Blume, links sich selbst und rechts die Windmühle seines Heimatortes. Die Form des Dreiecks findet sich als Rumpf in der menschlichen Gestalt und über dem Kreuz. Auf diese Weise könnte die Verbundenheit mit dem verstorbenen Vater dargestellt worden sein.

166

GEFÄHRLICHER HAI

59osar1

Malfarben, 297 x 420 mm

Themenstellung: Meeresgrund

Kommentar des Kindes: „Hai ist gefährlich und beißt Teil eines Ruders ab".

Knabe, der das Leiden seiner Mutter monatelang miterlebte und bei ihrem Tod zehn Jahre alt war. Er entstammte einer Familie mit drei Kindern, von der sich der Vater entfernt hatte.
Die Unruhe in der Zeichnung entsprach der Hyperaktivität des Kindes und der Krisensituation in der Familie.

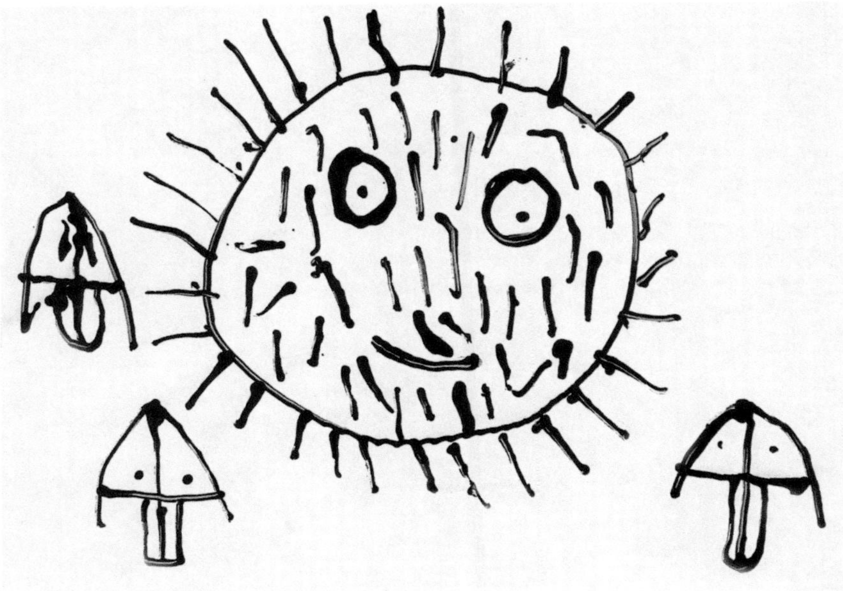

167
KUGELFISCH
59osar2
Malfarben, 297 x 420 mm

Themenstellung: Kugelfisch aus dem Meeresgrund

Kommentar des Kindes: „Großer Kugelfisch mit lauter Stracheln. Niemand kann ihm zu nahe kommen".

Der Kugelfisch kann sowohl als Selbstdarstellung des Kindes wie auch als Darstellung der sterbenden Mutter interpretiert werden. Die 3 Fische weisen auf die Geschwisterzahl 3, wobei der linke obere Fisch besonders beeinträchtigt erscheint und somit den Zustand des Kindes wiedergeben könnte.

168
NICHT GUT DRAUF
92zial1
Bleistift, 190 x 190 mm

Themenstellung: Freie Zeichnung

Kommentar des Kindes: „Negative Gedanken kreisen mich ein".

Zehnjähriger Knabe, der im Alter von 6 Jahren den Tod eines Geschwisters im Säuglingsalter miterlebt hatte.
Der Knabe hatte ein negatives Selbstbild, war gegenüber den Eltern zeitweise aggressiv und hinsichtlich seiner eigenen Zukunft entmutigt.
Der Knabe bezeichnete die weißen Streifen mit „fröhlich", die grauen mit „nicht gut drauf". Zu den Spitzen meinte er: „Negative Gedanken kreisen mich ein. Zuhause ist eine ungute Situation wegen meines verstorbenen Bruders. Ich habe keine Lust auf irgend etwas. Mein Papa tut mir leid, wenn ich zu ihm frech war. Mutti tut alles für mich, und ich war 10 Jahre gemein zu ihr. Ich gebe mir die Schuld für alle Probleme zuhause".

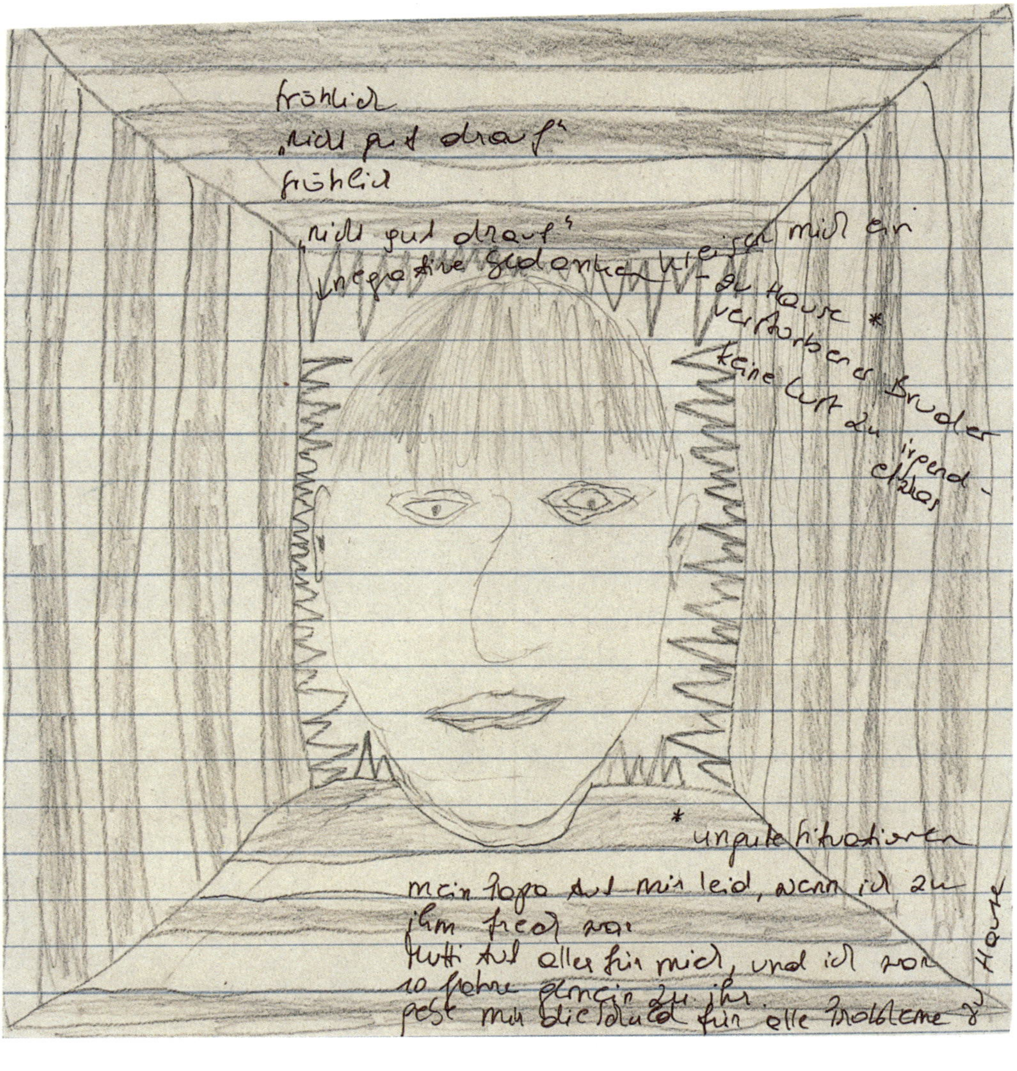
fröhlich
„nicht gut drauf"
fröhlich
„nicht gut drauf"
negative Gedanken
mich ein
zu Hause *
verstorbener Bruder
keine Lust zu irgend-etwas
* ungute Situationen
mein Papa tut mir leid, wenn ich zu ihm frech war
Mutti tut alles für mich, und ich war 10 Jahre gemein zu ihr
für alle Probleme
Hause

SOZIALE TRAUMATISIERUNG

In diesem Kapitel sind Bilder von Kindern zusammengefaßt, die unter sozial schwer belastenden Umständen gelebt haben.

Verwahrlosung

Verwahrlosung ist eine deutliche und dauerhafte Vernachlässigung der grundlegenden körperlichen und seelischen Bedürfnisse des Kindes nach Nahrung, Körperpflege, emotional warmer Zuwendung, Förderung und Wertevermittlung.
Von nachhaltigem Einfluß auf die Persönlichkeitsentwicklung ist die Frühverwahrlosung; darunter wird das Fehlen von Bindungsmöglichkeit an eine ausgezeichnete Person im Kleinstkindalter verstanden.
Diese Kinder sind später distanzlos, getrieben und auf der Suche nach symbiotischer Nähe, wodurch sie sich Verführungssituationen kritiklos ausliefern und schwer gefährden.
In ihren Zeichnungen stellen sie entsprechend ihrem Wunsch sehr enge Beziehungen oder Beziehungslosigkeit als ihre Realität dar.
Verwahrlosung ist gekennzeichnet durch Schwäche der Realitätsbewältigung auf Grund erhöhter Triebhaftigkeit und mangelnde Ausbildung eines Gewissens. Im Bild spiegeln sich diese Symptome z.B. im Überschreiten der Bildgrenzen und oberflächlicher Ausfertigung.
Das Fehlen des Halses bei einer Menschenzeichnung ab dem mittleren Volksschulalter spricht für ein unentwickeltes Gewissen.

Kat.-Nr. 169

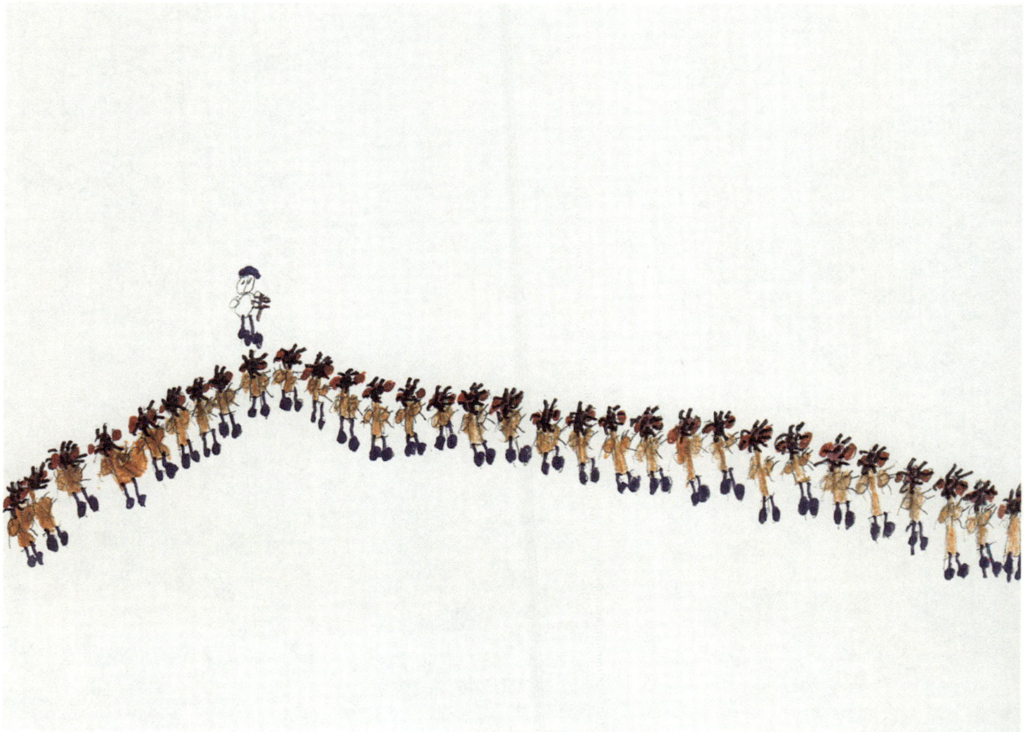

169

ICH UND MEINE FAMILIE

3anat1
Bleistift und Filzstift, 450 x 305 mm

Themenstellung: Meine Familie

8-jähriges, intellektuell unterdurchschnittlich befähigtes Mädchen, welches nach mehreren Pflegeplatzabbrüchen im Heim untergebracht wurde.
Die Perseveration der stereotypisierten Menschengestalten weist auf die Fülle von Personen hin, mit denen das Kind bisher konfrontiert war, aber keine nähere Beziehung eingehen konnte. Das Mädchen (Selbstdarstellung auf der linken Seite) schaut diese Reihe von Personen bekümmert an und erlebt sich im Gegensatz zu den anderen als weniger kompakt und stark (Körper wurde nicht angemalt).

170

BAUM

54nevo1
Wasserfarben, 420 x 297 mm

Themenstellung: Freie Zeichnung
Kommentar des Kindes: „Gefällt mir gar nicht".

10-jähriges, minderbegabtes Mädchen; auf Grund einer körperlichen Mißbildung nahezu einjähriger Spitalsaufenthalt nach der Geburt; langjährige Heimunterbringung; gescheiterter Wiedereingliederungsversuch in die Familie (Mittleres von 6 Kindern) auf Grund von selbst- und fremdaggressivem Verhalten. Ablehnung weiterer Kontaktaufnahmen zueinander seitens Eltern und Kind.
Die emotionale Irritierung findet ihren Ausdruck in der unterschiedlich gerichteten Pinselführung der rechten Bildhälfte, d.h. die Zukunft ist ungewiß und mit Verletzungen verbunden. In der Identifikation mit dem Baum wird Selbstbewußtsein und Kontaktstreben ausgedrückt; beides steht mit der realen Lebenssituation nicht im Einklang und wird daher auch mit viel Selbstkritik versehen.

171

BAUM MIT AFFEN

54nevo2
Wasserfarben, 297 x 210 mm

Themenstellung: Freie Zeichnung

Die 5 Geschwister haben als reife Früchte ihren Platz an dem Baum (Familie); das Mädchen selbst sucht mit aggressiv-geballter Energie nach Halt, scheint diesen aber nicht wirklich zu finden. Ihre Aggression findet auch in den roten Flecken der Sonne Niederschlag.
Beide Bilder, entstanden in einer Kreativgruppe, entsprechen vom Niveau des graphischen Ausdrucks her dem eines Kleinkindes und bestätigen damit die Minderbegabung des Mädchens. Nach einem mehrmonatigen therapeutischen stationären Aufenthalt lebt das Kind nun in einer Wohngemeinschaft, wo es sich gut integriert hat.

Kat.-Nr. 170

Kat.-Nr. 171

172

AUF DEM WEG ZUM BILLA

70saan1
Ölkreide, 210 x 297 mm

Themenstellung: Freie Zeichnung nach Davonlaufen

Das Getriebensein des 12-jährigen Mädchens Mädchens zeigt sich in dem gewundenen Weg, der ziellos ins Unbekannte führt. Verheimlichungstendenz ist erkennbar an den Abschneidungen (links oben Bäume und Beine des Mädchens). Das Mädchen hat keinen Halt unter den Füßen, die Blümchen sind nach links geneigt (leichte Depression, Rückzugstendenz). Die mangelnde Strukturierung der Baumkronen bzw. das Verschwinden der Äste in der rechten Baumkugel sind Hinweise für die Verdecktheit. Die mangelnde Entwicklung der Persönlichkeit zeigt sich in der Detailarmut bzw. der Stereotypisierung und Perseveration von Details.

173

FRAU MIT PEITSCHE UND ZIGARRE

62paer1
Bleistift, 297 x 210 mm

Themenstellung: Zeichne einen Menschen

13-jähriger Knabe, erhöht aggressiv und provokant, aus Verwahrlosungsmilieu.

174

PANDABÄR MIT JUNGEM

101anrh1
Wasserfarben, 880 x 600 mm

Themenstellung: Freie Zeichnung

15-jähriges Mädchen mit Schulproblemen; Weglaufen; Selbstmordversuch.
Das Bild entstand spontan ein Jahr nach Ausscheiden aus einem Kinderdorf. Das Mädchen war auf der Suche nach einer weiteren Bleibe auf Dauer.
Der kleine Bär wurde ohne Körper gezeichnet. Sein Gesicht hat ein ausgeprägtes Kindchenschema mit depressivem Ausdruck. Das Mädchen dürfte sich in diesem dargestellt haben, in ihrer Bedürftigkeit nach Zuwendung, Halt und Schutz vor autoaggressiven Impulsen.

Flüchtlingskind

Bei diesen Kindern bleiben oft starke Affekte abgespalten, weil ihre Bewußtmachung zu belastend wäre.Linkstendenz am Blatt zeigt die Vergangenheitsbezogenheit, Rechtstendenz die Zukunftsorientiertheit an.

175
SELBSTDARSTELLUNG

12bool1
Filzstift, 210 x 297 mm

Themenstellung: Menschenzeichnung

Kommentar des Betreuers: Zuerst wurden nur die Punkte gezeichnet.

Neunjähriger Knabe mit dem Symptom Einnässen sowie erhöht aggressivem Verhalten in der Schule und in der Familie.
Der Knabe war zusammen mit seinen Schwestern in dem Land zurückgeblieben, aus dem seine Eltern getrennt geflüchtet waren. Nach Meinung der Mutter war er dort bis zum Alter von etwa sieben Jahren Zeuge von Massakern und Kriegsgreueln geworden.
Über seine Erlebnisse konnte der Knabe nicht berichten.
Der dargestellte Mensch wirkt wie zur Untätigkeit verdammt, zum Abschuß freigegeben, mit einer Zielscheibe in der Mitte.
Der farbige Kreis in der Mitte könnte seine tiefsitzende Angst symbolisieren, die sich vor allem psychosomatisch durch Einnässen zeigte.
Fehlen von Armen, Händen, Ohren, Haaren spricht für eingeengte Erlebnis- und Handlungskompetenz des Kindes.

176

PANZER

21dudn1

Wasserfarben, 297 x 420 mm

Themenstellung: Freie Zeichnung

Kommentar des Kindes: „Zwei Panzerfahrzeuge, das schießende Fahrzeug ist der Feind, der Böse, und wird vom guten Panzer dahinter bekämpft. Ich habe die Panzer im Krieg wirklich gesehen" (spricht emotional unberührt).

10-jähriger Knabe, Flüchtlingskind aus Bosnien, aus derselben Großfamilie wie das Mädchen 32ir. Er leidet unter nächtlichem Einnässen.
Die Zeichnung dürfte nur teilweise die Emotionalität des Kindes wiedergeben (freundliche Farben). Die Linkstendenz spricht für eine Vergangenheitsorientierung des Kindes. Die Aussagen über die Panzer erfolgten ohne emotionale Beteiligung, was für eine Verdrängung des Affektes spricht.

177

WER BIN ICH?

32ir1

Wasserfarben und Kugelschreiber, 297 x 420 mm

Themenstellung: Nach der Lektüre: „Das kleine Ich bin ich": Wer bin ich?

Kommentar des Kindes: „Das bin ich" (zeigt auf den Schmetterling).

Zwölfjähriges Flüchtlingsmädchen, das seit einem halben Jahr in Österreich lebt.

Die Farben sprechen für gute emotionale Ansprechbarkeit. Auffallend ist das Fehlen von Farben auf den Flügeln des Schmetterlings (symbolische Selbstdarstellung), was für emotionale Probleme spricht. Linkstendenz des Schmetterlings und Verlängerung eines Astes nach links deuten auf die Vergangenheitsverbundenheit des Mädchens hin.

178
RAKETE

21dudn2
Wachsmalkreide auf blauem Naturpapier, 350 x 500 mm

Themenstellung: Freie Zeichnung

Kommentar des Kindes: „Eine Rakete fliegt an einem unbekannten Planeten vorbei. Das Ziel ist unbekannt, oder doch Amerika?"

Die Rakete fliegt von der Vergangenheit (links) in eine ungewisse Zukunft. Zukunftsangst könnte in der Neigung der Rakete nach unten und in der Beschränktheit des roten Landes ausgedrückt sein.

179
RAKETENSTART

21dudn3
Wachsmalkreide auf blauem Naturpapier, 350 x 500 mm

Themenstellung: Freie Zeichnung

Kommentar des Kindes: „Das ist eine Rakete, die auf einem Planeten steht und erst abfliegen wird. Es ist eine österreichische Rakete und in beiden Raketen sind Menschen drinnen, die etwas entdecken oder erforschen wollen."

In Österreich gelandet: Das gibt Sicherheit und ermöglicht Zukunftsorientierung. Die Angst, auf dem ersten und dem zweiten Raketenbild in Schwarz ausgedrückt, ist nicht bewältigt und am Symptom des Einnässens weiterhin erkennbar.

180
ABSCHIED

21dudn4
Ölkreide, 297 x 420 mm

Themenstellung: Freie Zeichnung

Kommentar des Kindes: „Das ist ein Sternenhimmel mit einer Rakete, aber das Bild gefällt mir nicht so gut."

Das ursprünglich nur diskret angedeutete Schwarz überschwemmt nun das ganze Bild, was vermutlich der emotionalen Verfassung (Angst und Trauer) entspricht. Die letzte Stunde der Kreativgruppe hat wahrscheinlich die Trennung von der Heimat und das schreckliche Geschehen dort aktualisiert; diese Gefühle wurden nun zum Ausdruck gebracht.
Die Richtung der Rakete (rechts oben) spricht für eine zuversichtliche, zukunftsorientierte Stimmung des Kindes. Das Endstück der Rakete ist nun auch nicht mehr schwarz, sondern blau.

181

KOBOLD

32ir2

Malfarben, 420 x 297 mm

Themenstellung: Nach der Lektüre: „Swabeedoo"

12-jähriges Flüchtlingsmädchen, das bereits über ein Jahr im Heim lebt.
Das Mädchen bemüht sich um gute Schulleistungen, ist kontaktfreudig und spricht hie und da über ihre Erlebnisse aus dem Heimatland. Sie legt großen Wert auf materielle Dinge.
Zirka 9 Monate nach „Wer bin ich" gelingt dem Kind eine vollflächige menschliche Darstellung in altersadäquatem Hochformat mit intensiver Farbgebung. Fehlen des linken Ohres und der Handabdruck von links deuten nicht verarbeitete Traumatisierungen in der Vergangenheit an, was im Zusammenhang mit der Hemmung auf der Handlungs- und verbalen Ausdrucksebene (Fehlen des Mundes und der Hände) stehen könnte.

182

GUTER KOBOLD

32ir3

Buntstifte und Filzstifte, 420 x 297 mm

Themenstellung: Nach der Lektüre :„Swabeedoo"

Wenngleich das Mädchen um freundliche Farben und damit Wiedergabe einer positiven Stimmung bemüht ist, ist der Rumpf durch einen Stern verdeckt, ein ungelöstes Problem ihrer Körperlichkeit und ihres Selbstbildes. Die Zahl Sieben wiederholt sich auf beiden Händen und der Krone, ein Hinweis auf die sieben Kinder der Gruppe?

MISSHANDLUNG UND MISSBRAUCH

Kindesmißhandlung als eine gewaltsame psychische oder physische Handlung durch Erwachsene an Kindern schließt im weitesten Sinn auch Handlungen ein, die Kinder ängstigen, überfordern, ihnen das Gefühl der eigenen Wertlosigkeit vermitteln und sie in ihrer Entwicklung beeinträchtigen.
In diesem Kapitel finden sich Bilder von körperlich mißhandelten und von sexuell mißbrauchten Kindern. Sexueller Mißbrauch wird hier verstanden als Handlungen von Erwachsenen an Kindern zur eigenen sexuellen Stimulation, was üblicherweise mit einem Mißbrauch des vorhandenen Macht- und Kompetenzgefälles zwischen Kind und Erwachsenem zum Schaden des Kindes einhergeht.
Auffälligkeiten in den Bildern dieser Kinder sind Weglassung von Körperteilen, meist von Rumpf oder Unterleib, und Hinweise auf Gefährlichkeit des Aggressors, manchmal nur diskret ausgeführt, z. B. als spitzer Körperteil.

183
ICH HASSE DIE WELT

61paan1
Buntstift, 297 x 210 mm

Themenstellung: Freie Zeichnung

12-jähriges Mädchen aus Mißhandlungsmilieu; erhöht labil, aggressiv und provozierend. Das idyllisch anmutende Bild drückt nicht die tatsächliche Empfindung des Kindes aus, sondern ihren Versuch der Anpassung und Verdrängung.

184

SPRITZE

61paan2
Buntstift und Filzstift, 297 x 210 mm

Themenstellung: Freie Zeichnung

Einige Wochen später ist sowohl in der Körperhaltung des Kindes als auch in der Farbgebung (Dominanz von Rot und Schwarz) die eigene Aggressivität ausgedrückt. Die nicht vollständig dargestellte Spritze am unteren Rand des Blattes ist Hinweis auf Überschreiten von Grenzen, was einige Wochen später in einem Selbstmordversuch realisiert wurde.

185

OHNE RUMPF

127klk1
Bleistift, 297 x 210 mm

Themenstellung: Ein Mensch

5-jähriges, entwicklungsrückständiges Mädchen, das im Kleinstkindalter vom Vater sexuell mißbraucht worden ist (Penetration; positiver medizinischer Befund). Nach Inhaftierung des Vaters kam das Kind zu einer Pflegefamilie und hatte massive Integrationsschwierigkeiten im Kindergarten.Auch wenn man die Entwicklungsrückständigkeit des Kindes in Betracht zieht, was sich in einem Mangel an Detailwiedergabe in der Zeichnung erkennen läßt, so kann dies doch nicht die einzige Ursache für diese auffällige Menschenzeichnung sein. Üblicherweise erweitert ein Kleinkind die Menschenzeichnung vom Kopf auf einen Kopffüßer (Beine schließen unmittelbar am Kopf an). Bei dieser Zeichnung wird jedoch der Rumpf völlig ausgespart und die Gliedmaßen sind nirgends angebunden. Der traumatisierte Körperteil wird weggelassen.

186

MÄDCHENKREUZ

34joon1
Bleistift, 297 x 210 mm

Themenstellung: Ein Mensch

7-jähriges Mädchen, sexuell mißbraucht, vermutlich über einen längeren Zeitraum. Die Möglichkeit zu einer guten Detailerfassung und Wiedergabe ist am Kopf ersichtlich. Im Gegensatz dazu sind die Gliedmaßen rudimentär wiedergegeben, der Rumpf ist nicht ausgeführt. Diese Körperdarstellung spricht für Wehrlosigkeit und Traumatisierung im Rumpf.
Auf der Rückseite des Blattes findet sich eine 1 1/2 cm große Strichmännchenzeichnung mit Rumpf, an dem Arme und Beine ansetzen mit Kommentar des Kindes „Kleiner Papa". Es wird versucht, die Gefährlichkeit der Aggressivität durch Minimierung der Körpergröße zu verringern.

187

FRAU

33jole1
Bleistift und Buntstift, 297 x 210 mm

Themenstellung: Menschenzeichnung

10-jähriges Mädchen, sexuell mißbraucht, vermutlich über einen längeren Zeitraum. Das Mädchen versucht seinen Körper durch ein möglichst langes Gewand zu schützen. Auch hier ist der Körper im Vergleich zum Kopf nur rudimentär und mangelhaft gestaltet. Wenngleich die Farben freundlich und lebhaft wirken, ist doch die Färbung des Gesichtes und der Sonnenaugen auffallend düster.

188
ENGERL

34joon2
Filzstifte, 420 x 297 mm

Themenstellung: Fliegendes Objekt

7-jähriges Mädchen, sexuell mißbraucht, vermutlich über einen längeren Zeitraum.
Etwa 2 Monate nach dem „Mädchenkreuz" entsteht diese farblich sehr ansprechende Menschenzeichnung mit altersgemäßer Wiedergabe des menschlichen Körpers. Auffallend ist das Fehlen der Hände, vermutlich kompensiert durch die Flügel, die in ihrer Richtung an das „Mädchenkreuz" erinnern. Diese Gestalt wirkt aktiver und mobiler, wenngleich die Handlungsebene eingeschränkt erscheint (Fehlen der Hände) und die auffallende Ausformung der Füße und der Abstand zwischen den Beinen auf die noch bestehende Problemzone hinweisen, welche durch ein überweites Kleid verdeckt ist.

189
BLUTMONSTER-VATER

33jole2
Filzstifte, 297 x 210 mm

Themenstellung: Monster

Kommentar des Kindes: „Die Hände wurden amputiert. Er hat keine Kehle. Der Bauch ist schwer verletzt und mußte zugenäht werden. Der Mund ist zugenäht, damit er nicht zu laut ist. Der Fuß ist ebenso voll Blut. Das Herz ist rund".

Die sexuell aggressive Vatergestalt wird möglichst ungefährlich gemacht. Die roten Spitzen am Kopf und der rote Stumpf des Beines stellen vermutlich gefährliche männliche Sexualorgane dar.

190
BLUTMONSTER-MUTTER

33jole3
Filzstifte, 297 x 210 mm

Themenstellung: Monster

Alle Monsterbilder entstanden am selben Tag. Auch die Mutter wurde spontan als bedrohliches Wesen dargestellt. Sie hat tatsächlich keine Anstrengungen unternommen, das Mädchen vor dem sexuellen Mißbrauch zu beschützen.

191
BLUTMONSTER-SOHN

33jole4
Filzstifte, 420 x 297 mm

Themenstellung: Monster

Kommentar des Kindes: „Das Horn ist blutig. Es hat jemanden aufgespießt, deshalb auch eine Blutlacke. Im Bein stecken aber zwei schwarze, giftige Nadeln. Die Beine sind schon entgiftet, aber er lebt nur so lange, solange der Körper noch lebt. Das schwarze Dreieck ist das Herz. Zwei Nadeln sind zwei Familienmitglieder bzw. der Tod. Die Hand links ist gebrochen. Die Nadel im Gesicht ist zum Weiterstechen da. Wenn Todesgift und Lebensnadel zusammenkommen, stirbt er".

Der Bruder tendierte zur Gewalttätigkeit. Gefährlichkeit kommt in den Farben (Rot/Schwarz), den Formen (eckig/spitz) und den Inhalten zum Ausdruck. Diese Figur erscheint zwar als Mißhandler, doch bleibt offen, ob auch als sexueller Mißbraucher. Dafür fehlen in der Zeichnung konkrete Hinweise.

192
BLUTMONSTER-OMA

33jole5
Filzstifte, 297 x 210 mm

Themenstellung: Monster

Kommentar des Kindes: „Die Oma ist auch noch sehr gefährlich. Sie hat einen Stachel voll mit Blut und nur eine Hand. Im Gesicht sind Falten".

Wie weit hier bedrohliche Aggressivität auf die Omafigur von anderen Familienmitgliedern verschoben wird, kann nicht mit Sicherheit gesagt werden. Beide Frauenfiguren haben offene Augen, während die männlichen Familienmitglieder je ein Auge geschlossen haben. Die Wachheit des Blicks spricht dafür, daß die Oma vom Kind als Mitwisser zumindest tätlicher Aggressionen eingeschätzt wird.

193
TRAURIGES KIND

64poor1
Buntstift, 420 x 297 mm

Themenstellung: Trauriges Kind

Zwölfjähriges, intellektuell unterdurchschnittlich befähigtes Mädchen, sexuell mißbraucht; unzulängliche familiäre Betreuung.
Nach Beurlaubungen zur Familie kam das Kind oft enttäuscht über das Familienleben ins Heim zurück, litt aber trotzdem an Heimweh. Die beiden Bilder entstanden nach einer solchen Wochenendbeurlaubung.
Zu beachten ist, welche Körperteile vom Mädchen nicht gezeichnet werden (Arme, Unterleib und Beine). Das sind problembesetzte Körperteile. Die Positionierung im unteren Bereich des Blattes und am Blattrand deutet auf Unsicherheit.

194
GLÜCKLICHES KIND

64poor2
Buntstifte, 420 x 297 mm

Themenstellung: Glückliches Kind

Farbgebung, Ausdruck des Gesichtes, Augen mit Pupillen und nicht mehr gebrochenes Herz drücken die heitere Stimmungslage des Kindes aus. Das Fehlen des Unterleibes spricht weiterhin dafür, daß das Problem der sexuellen Übergriffe nicht aufgearbeitet ist.

195
ROTE BLUME

64poor3
Malfarbe, 630 x 450 mm

Themenstellung: Eine Blume

Zwölfjähriges Mädchen, sexuell mißbraucht, unzulängliche familiäre Betreuung.
Vorerst hatte die Blume nur eine kleine, knollenartige Ausbuchtung am unteren Ende des Stengels. Auf die Frage, was dies sei, übermalte das Kind diese Knolle mit schwarzer Farbe. Dies spricht für ein schwaches Abstammungsmilieu, für welches sich das Mädchen schämt. Die Abschüssigkeit des Bodens deutet Haltlosigkeit an. Die Material- und Farbwahl symbolisieren im Vergleich zu den etwa ein Jahr früher entstandenen Bildern „Glückliches Kind" und „Trauriges Kind" mehr Lebensfreude. Sexuelles Mißbrauchserleben ist in diesem Bild nicht mehr symbolisiert und dürfte überwunden sein.

196
BÖSER KOBOLD

76seab1
Ölkreide, 420 x 297 mm

Themenstellung: Kobold

13-jähriges, intellektuell unterdurchschnittlich befähigtes Mädchen aus Gewaltmilieu; Einnässen. Das bedrohliche Rot von rechts oben berührt den Hals, welcher Symbol für die Autonomie des Mädchens sein könnte. Der auffallende Rumpf spricht für eine Störung des Körperschemas. Der Querbalken im Schulterbereich erinnert an „Last auf den Schultern tragen". Die schwarze Umrandung des Rumpfes spricht für den Wunsch, diesen von der Umgebung abzugrenzen. Der Rumpf endet unten in einem grünen Querbalken, aus dem Flüssigkeit herausrinnt, eine Darstellung des Symptoms „Einnässen".

197
GUTER KOBOLD
76seab2
Ölkreide, 420 x 297 mm

Themenstellung: Guter Kobold

Obwohl dieses Bild durch das runde Körperschema, (bei dessen Beurteilung der reduzierte Entwicklungsstand des Kindes zu berücksichtigen ist), die Farben der Figur und den Ausdruck des Gesichtes eine positivere Ausstrahlung hat (vermutlich provoziert durch die Themenstellung), bleibt der Hintergrund düster grau und damit depressiv-angstbesetzt. Die leichte Linkstendenz in der Positionierung im Blatt spricht für Wunsch nach Regression. Gegen die rote Bedrohung beim „Bösen Kobold" wird nun eine grüne Zipfelmütze gerichtet, vermutlich ein Versuch, wenn auch unzulänglich, sich zu schützen.

198
KOBOLD

11 1span1
Ölkreid, 420 x 297 mm

Themenstellung: Kobold

7-jähriges Mädchen; Störung des Sozialverhaltens; unzulängliches familiäres Milieu.
Im Vergleich dazu das Bild eines kognitiv altersentsprechend entwickelten Mädchens: Das Körperschema ist altersentsprechend. Die Arme sind geradeaus weggestreckt, der Arm rechts etwas länger, was der aggressiven Zuwendung zur Umwelt entsprechen könnte. Der strukturell und farblich chaotische Hintergrund entspricht dem Gefühlschaos des Mädchens.

199

IM DORF

48lete1
Buntstift, 210 x 297 mm

Themenstellung: Freie Zeichnung

12-jähriger, geistig behinderter Knabe mit auffallend sexualisiertem Verhalten, der zur umfassenden Entwicklungsförderung aus der Familie ins Heim kam.
Seine Wochenenden verbrachte der Knabe weitgehend bei seinen Angehörigen im Dorf, wo er relativ unbeaufsichtigt war und auch mit Feuerwehrleuten Kontakt pflegte. Ziel des Heimaufenthaltes war es, die Persönlichkeit zu stützen und ihm einen angemessenen Umgang mit Sexualität zu vermitteln.
Der Mißbrauchsverdacht wird gestützt durch die färbige Darstellung von Penis und Hoden in der menschlichen Gestalt und bei der roten Feuerwehrspritze in der Mitte (grüner Strich), bei einer ansonsten detailarmen, auf kleinkindlichem Niveau befindlichen Zeichnung. Das kleine Haus links außen weist auf ein Bedürfnis nach Geborgenheit, das nicht befriedigt wurde (Haus ist farblos und sehr klein). Aus der Zeichnung ist nur die Betonung der sexuellen Sphäre ersichtlich, nicht ein sexuelles Trauma.

200

WARTEN BEI GERICHT

70saan4
Buntstift, 297 x 420 mm

Themenstellung: Freie Zeichnung vor einer Zeugenvernehmung wegen sexuellen Mißbrauchs im Gericht.

Die Verwendung von Lineal für die Linien ist häufig bei unsicheren Kindern beobachtbar. Eckige Formen und spärliche Farbgebung drücken das Unbehagen des Mädchens aus. Die dicke Mauer rechts könnte Symbol für die bevorstehende Einvernahme sein.

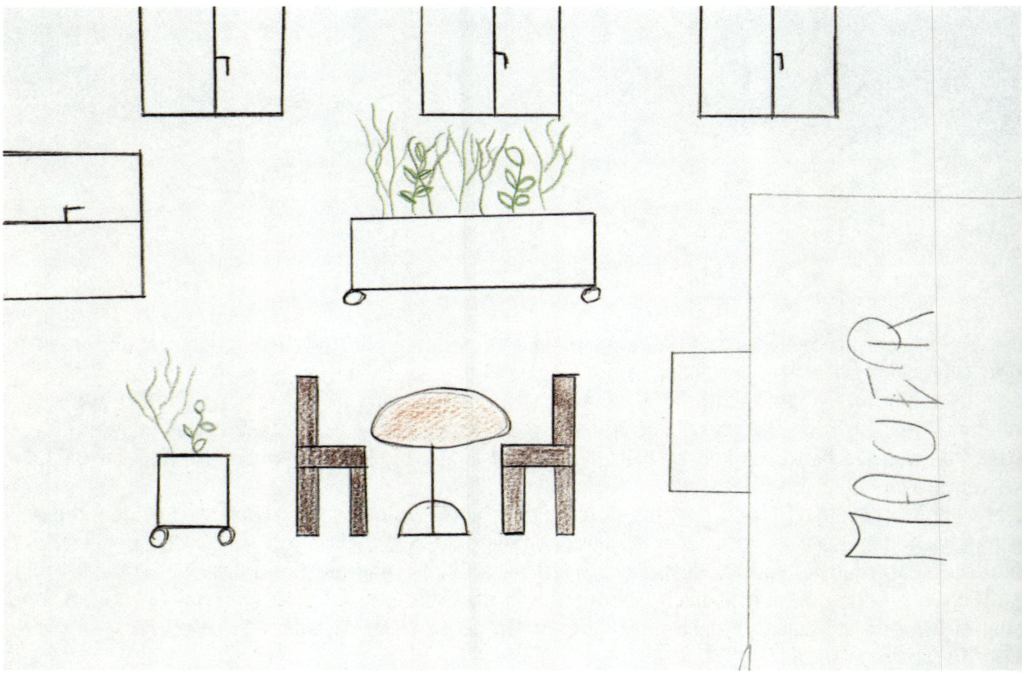

201

MENSCH MIT SPITZEN

125disa1
Bleistift, 297 x 210 mm

Themenstellung: Ein Mensch

10-jähriges, intellektuell unterdurchschnittlich entwickeltes Mädchen, sexuell mißbraucht.
Das Mädchen zeichnet den Mißbraucher, den es einerseits zärtlich liebt, dessen Übergriffe es jedoch schmerzhaft und schutzlos erlebt hat. Die diskrete Betonung und Schwarzfärbung der spitzen Ohren und der Nase/Schnauze deuten sehr verhalten die Gefährlichkeit des Aggressors an. Das Fehlen von Händen und Füßen könnte einerseits der Versuch sein, ihn ungefährlich zu machen, andererseits aber auch die eigene Handlungsunfähigkeit und Immobilität in der Situation wiedergeben.

202

SIMPA

19diea1
Bleistift, 297 x 420 mm

Themenstellung: Familie in Tieren

10-jähriges, intellektuell unterdurchschnittlich befähigtes Mädchen, in der Familie sexuell mißbraucht.
Während alle anderen Familienmitglieder mit ganzem Körper dargestellt werden, zeichnet das Mädchen von sich und dem möglichen Aggressor nur den Kopf. Die Blickrichtung des Aggressors auf das Mädchen, welches keine Zeichen von Widerstand erkennen läßt, entspricht dem Abhängigkeitsverhältnis. Die Kleinheit der Augen des Pferdes und die herabhängende Mähne deuten Ergebenheit und Ängstlichkeit an. Im Vergleich dazu stehen die Haare des Aggressors zu Berge, seine Augen sind groß und mit Lidern ausgeführt.

203
TÄTER

tate1
Bleistift und Filzstift, 297 x 420 mm

Themenstellung: Kindergruppe

9-jähriger, intellektuell knapp unterdurchschnittlich befähigter Knabe, der sexuellen Übergriffen durch ältere Buben ausgesetzt war.
Der Knabe zeichnet sich selbst entgegen der Realität groß und stark als „Rambo". Das ist ein Versuch, die eigene Ohnmächtigkeit zu kompensieren. Nicht beteiligte Gruppenmitglieder gehen in der Zeichnung Freizeitbeschäftigungen nach. Die Täter hingegen sind verhüllt, gesichtslos bzw. ohne Körper dargestellt.

204
ZAHLEN

88tate2
Buntstift und Bleistift, 210 x 297 mm

Themenstellung: Freie Zeichnung

Zwölfjähriger Knabe mit Verwahrlosungssymptomatik und Erfahrungen als Strichjunge.
Für Symbiosetendenzen sprechen unter anderem ineinander verschmolzene Ziffern.

205
ZERRISSENE HOSE

88tate3
Filzstift, 400 x 610 mm

Themenstellung: Freie Zeichnung

Einige Monate später: Die Wiederholung derselben Motive betont ihre Wichtigkeit.
Symbiosefantasien bestehen nicht mehr. Das Gefühl von Zerstörtheit und Defekthaftigkeit dominiert und wird symbolisch in der Bekleidung zum Ausdruck gebracht.

25
74
33

WER MIT EINER SCHÖNEN
HOSE HINEIN GEHT KOMMT MIT EINER
ZERRISSENEN HOSE WIEDER
HERRAUS

BEARBEITUNG EINES THEMAS DURCH KINDER/JUGENDLICHE MIT UNTERSCHIEDLICHER SYMPTOMATIK

Diese Art des Settings erlaubt Vergleiche zwischen einzelnen Kindern bzw. ihren Mitteilungen über Zeichnung und Bild anzustellen. Teilweise hat ein und dasselbe Kind an mehreren Themenstellungen mitgearbeitet, so daß auch ein Vergleich der Werke desselben Kindes möglich ist.

Pädagogische Themenarbeit: Was ich gerne einen Tag lang sein möchte

„Was ich gerne einen Tag lang sein möchte", so ist der Titel einer Reihe von Zeichnungen, die im Zuge der Auseinandersetzung mit dem typisch weiblichen und typisch männlichen Klischee menschlichen Verhaltens entstanden ist.
Zwölf Mädchen und zwölf Burschen im Alter von 12 – 15 Jahren setzten sich mit diesem Thema auseinander.
Zu Beginn sprachen wir allgemein über typisch weibliche und männliche Rollenbilder und wie sehr jede(r) einzelne glaubt, diesen Anforderungen zu entsprechen.
Im Anschluß bearbeiteten wir das Thema mittels
Standbilder (Ein Mädchen und ein Knabe bilden ein Paar und stellen statisch eine Situation dar. Zuerst bestimmt das Mädchen, wie diese aussehen sollte – anschließend Positionswechsel; z.B.: Ich bin mächtiger als du!)
Farcen (Mädchen unterhalten sich über die Reparatur eines Tisches, Buben über den Kauf eines Waschmittels).
Rollenspiele (Mädchen spielen Cowboys im Saloon, Burschen stellen Bardamen dar – mit anschließendem Rollenwechsel).

Wichtig waren hierbei:
- die Freiwilligkeit der Akteure,
- wenn er/sie emotional überfordert ist, kann er/sie abbrechen,
- keine ordinären Ausdrucksweisen und Handlungen,
- unmittelbar nach einer Darstellung erfolgt eine Reflexion.

Nach anfänglicher Zurückhaltung war die Mitarbeit der Mädchen und Burschen überraschend groß. Viele wollten „Akteur" sein und Situationen darstellen. Aber auch interessante Gespräche entwickelten sich bei den nachfolgenden Reflexionen.
Die Mädchen und Burschen berichteten sehr offen über Gefühle, die beim Beobachten der Spieler entstanden waren. Einige reagierten mit Zwischenrufen schon während des Zusehens. Auch die Aktiven sprachen über ihre Schwierigkeiten bei ihren Darstellungen, die z.B. aus Unwissenheit über Waschmittel resultierten. Anderen fiel es schwer, eine gewisse Rolle zu übernehmen, z.B. Mädchen – Triumph über Burschen. Aber auch der Bezug zum Alltag wurde hergestellt. Von typisch weiblichen und männlichen Anforderungen wurde gesprochen, welche als unfair oder gar störend erlebt werden.
Nach den Darstellungen, Berichten und Gesprächen wurden die 12 bis 15-Jährigen eingeladen, eine Figur, Person,... zu zeichnen, deren Rolle sie gerne einen Tag lang übernehmen möchten.
.... und es zeichneten alle.

Karin Enigl

206

ICH ALS FEE

78stabx20

Buntstift, 420 x 297 mm

Themenstellung: Was ich gerne einen Tag lang sein möchte

Kommentar des Kindes: „Einen Tag lang eine Fee sein, das wäre wunderschön".

12-jähriges Mädchen aus einer kinderreichen Familie; Betreuungsmängel, extrem beschränkte Lebensverhältnisse.
Das Mädchen ist ruhig, eher ausgeglichen, paßt auf schwächere Kinder auf, steht eher am Rande der Gruppe und sucht bevorzugt die Zuwendung der Erzieher.
Das Aufsetzen der Figur am unteren Blattrand weist auf das Fehlen einer tragfähigen Basis hin.

207
SCHWESTER IRIS

79star1
Bleistift und Faserschreiber, 420 x 297 mm

Themenstellung: Was ich gerne einen Tag lang sein möchte

11-jähriger Knabe mit Schulproblemen und familiären Konflikten.
Die fahrige dünne Strichführung und das Vorzeichnen mit Bleistift sprechen für Unsicherheit. Fehlen der rechten Hand, der Unterbeine und Füße lassen abgespaltene, verdrängte Konfliktbereiche vermuten.

208
MR. JOLLY

90wirn1
Bleistift, 420 x 297 mm

Themenstellung: Was ich gerne einen Tag lang sein möchte

15-jähriger, adipöser Knabe mit Schulproblemen und erhöhter Aggressivität.
Der vordergründig mitteilsame, tatsächlich aber sehr verschlossene Knabe entstammte einer Familie, in der die Mutter dominierte. Sein Interesse galt vor allem dem Kraftsport.
Die Unsicherheit in der geschlechtlichen Identifikation wird durch die Betonung von physischer Kraft (Verbreiterung des rechten Arms und Boxhandschuh) kompensiert.

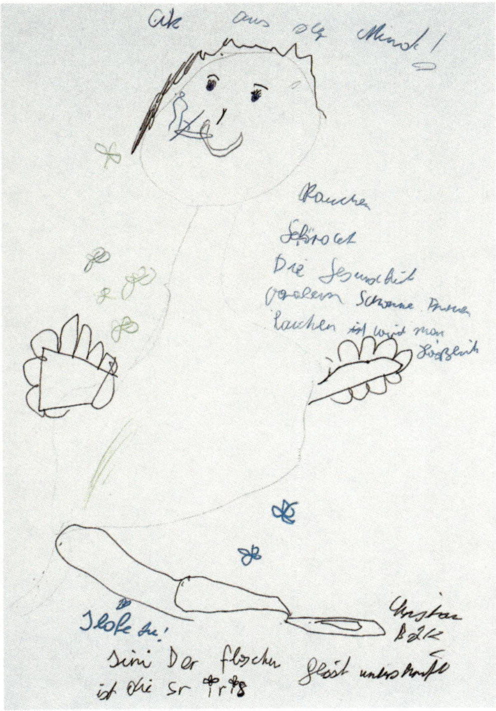

209

CHRISTIAN VON KOMMISSAR REX

85veer1

Bleistift, Filzstift und Faserschreiber, 420 x 297 mm

Themenstellung: Was ich gerne einen Tag lang sein möchte

15-jähriger, intellektuell schwach begabter Jugendlicher mit geringem Realitätsbezug und ungebremster Triebhaftigkeit.
Die einfache und sehr schwache Strukturierung der Persönlichkeit ergibt sich sowohl aus der Ausführung (kleinkindhafte Strichführung) als auch aus dem Fehlen eines stabilen und harmonischen Rumpfes.

210

AUSSERIRDISCHER

86vrat1

Faserschreiber und Filzstift, 297 x 420 mm

Themenstellung: Was ich gerne einen Tag lang sein möchte

14-jähriger Knabe mit ambivalenter Mutterbeziehung und ausgeprägter Legasthenie.
Dreiecksform (Mund, Schädel), Querformat und detailreich ausgeführtes Gebiß verweisen auf die ambivalente Mutterbeziehung. Das Motiv „Außerirdischer" deutet den Wunsch nach örtlicher Realitätsflucht (Schule?) an, die Zigarette nach zeitlicher, nämlich ein „freier Erwachsener" zu sein. Die dunklen Augen erschrecken, eine Folge des eigenen Schreckens?

211
EINE KLEINE MAUS

70saan3
Buntstift, 297 x 420 mm

Themenstellung: Was ich gerne einen Tag lang sein möchte

12-jähriges Mädchen mit schulischer Leistungsschwäche und Problemen mit der Mutter.
Die schwache Strichführung und die klischeehafte Zeichnung weisen auf ein schwaches Ich hin.

212
EIN PUNKT

35jorn2
Buntstift, 297 x 420 mm

Themenstellung: Was ich gerne einen Tag lang sein möchte

13-jähriger, sehr angstbesetzter Knabe, der wegen Hyperaktivität und unangemessenem Verhalten die Stammschule verlassen mußte.
Der Knabe versuchte seine Ängstlichkeit und seine körperliche Schmächtigkeit durch Viel-Reden zu kompensieren. Er ist das jüngste von drei Kindern, wollte immer gewinnen und reagierte bei Niederlagen mit Herumhüpfen und Schimpfen. Sein Schulverhalten hat sich wesentlich gebessert. Seine Ängste bezogen sich auf Sterben, Kometen, Außerirdische. Der Vater hatte während der Schwangerschaft der Mutter mit diesem Knaben Selbstmord verübt.
Die Winzigkeit der Darstellung und die inhaltliche Bezeichnung Punkt zeigen die massive Angst des Kindes, die verworrene Strichführung die Hyperaktivität. Der Punkt hat die Umrisse einer menschlichen Gestalt.

213
KILLERTOMATE

49maür1
Faserschreiber und Filzstift, 297 x 420 mm

Themenstellung: Was ich gerne einen Tag lang sein möchte

Kommentar des Kindes: „Killertomate".

14-jähriger Knabe, Schulversagen, Vaterproblematik.
Emotionale Vernachlässigung und aggressives Ausagieren sind erkennbar aus dem Sujet, der Farbwahl rot, schwarz und dem Mangel an farblichen Bemalungen.

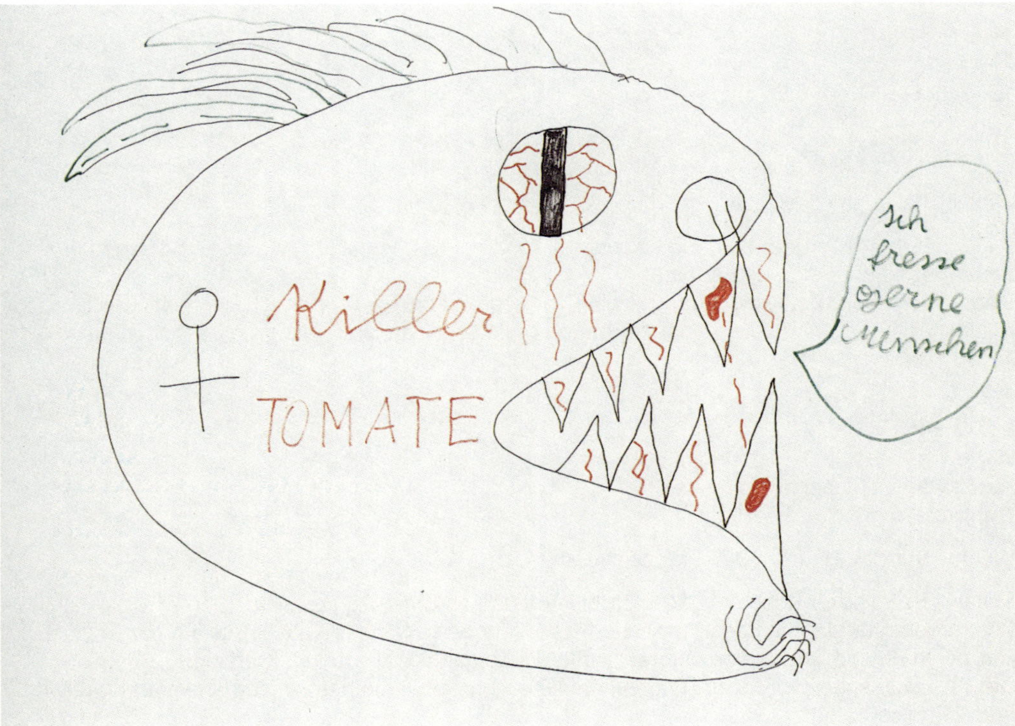

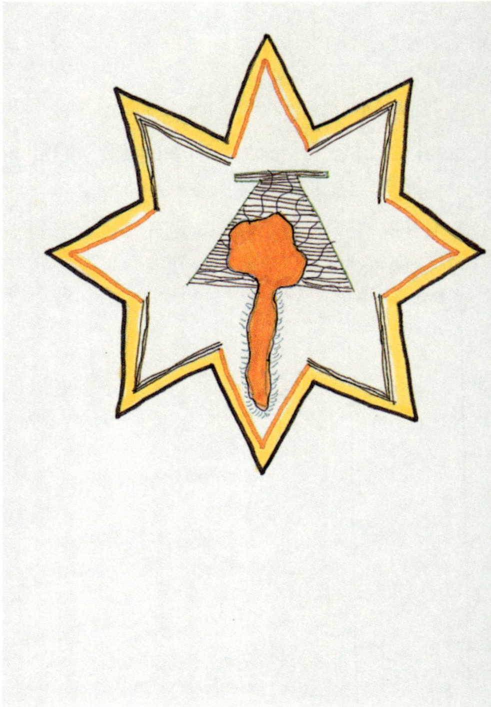

214
ICH ALS STERN
44laom
Buntstift, 297 x 210 mm

Themenstellung: Ich als Stern

9-jähriger Knabe mit der Neigung zu versteckt-aggressivem Verhalten mit ausgeglichener Stimmungslage und Distanziertheit.
Sowohl Form- als auch Farbgebung wirken vordergründig unproblematisch und heiter. Es ist anzunehmen, daß das Kind auch in der Zeichnung seine Scheinanpassung aufrecht erhalten hat.

215
ICH ALS STERN
90wirn2
Filzstift, 297 x 210 mm
Themenstellung: Ich als Stern

Kommentar des Kindes: „Das Orange ist Österreich".

15-jähriger adipöser Knabe mit Schulproblemen und erhöhter Aggressivität.
Der vordergründig mitteilsame, tatsächlich aber sehr verschlossene Knabe entstammte einer Familie, in der die Mutter dominierte. Sein Interesse galt vor allem dem Kraftsport.
Die Verschlossenheit wird formal durch intensive Abgrenzungen betont. Vorhandener Raum wird großteils nicht genützt.

216
ICH ALS STERN

71scai2
Filzstift, 297 x 210 mm

Themenstellung: Ich als Stern

9-jähriger Knabe aus schwierigen familiären Verhältnissen mit großen Betreuungs- und Förderungsmängeln.
Der Knabe hatte unregelmäßigen und seltenen Kontakt zum Vater, fühlte sich von der Mutter vernachläßigt und versuchte, seine Ängste zu kaschieren. Er verbrachte viel Zeit in Spielhallen und mit dem Anschauen von Horrorfilmen. Er forderte von der Mutter materielle Werte, erhielt sie auch und blieb unzufrieden.
Die Dominanz der dunklen Farben und geringe Strukturiertheit sprechen für nicht bewältigte Ängste und Getriebenheit.

217
ICH ALS STERN

35jorn1
Filzstift, 297 x 210 mm

Themenstellung: Ich als Stern

13-jähriger, sehr angstbesetzter Knabe, der wegen Hyperaktivität und unangemessenem Verhalten die Stammschule verlassen mußte.
Der Knabe versuchte seine Ängstlichkeit und seine körperliche Schmächtigkeit durch Viel-Reden zu kompensieren. Er ist der Jüngste von drei Kindern, wollte immer gewinnen und reagierte bei Niederlagen mit Herumhüpfen und Schimpfen. Sein Schulverhalten hat sich inzwischen wesentlich gebessert. Seine Ängste bezogen sich auf Sterben, Kometen, Außerirdische. Der Vater hatte während der Schwangerschaft der Mutter mit diesem Knaben Selbstmord verübt.
Die schwarze Farbe des Sternes läßt eine tiefliegende Angst vermuten. Die vier Sonnen erinnern an ihn und seine 3 Geschwister, der Mond an die Mutter.

218
SO GEHT ES MIR

91zeet1
Buntstift, 297 x 210 mm

Themenstellung: Wie geht es mir am Sonntag Abend, nach dem Wochenende zu Hause.

15-jähriger Knabe mit Hörbehinderung; depressive Mutter und überforderter Vater; mangelndes Selbstwertgefühl, Nintendo-Spieler.
Das Kind erlebte seine Familie spannungsgeladen und konfliktreich. Die Farben Rot/ Schwarz entsprechen dieser Gefühlslage, die Farbe Grün spricht dafür, daß er beim Spielen Entspannung findet und dadurch aus seiner familiären Situation flieht.

219
SO GEHT ES MIR

78stab1
Filzstift, 297 x 210 mm

Themenstellung: Wie geht es mir am Sonntag Abend, nach dem Wochenende zu Hause

12-jähriges Mädchen aus einer kinderreichen Familie; Betreuungsmängel und extrem beschränkte Lebensverhältnisse. Das Mädchen war ruhig, eher ausgeglichen, paßte auf schwächere Kinder auf, stand eher am Rande der Gruppe und suchte bevorzugt die Zuwendung der Erzieher.
Die bunten Farben zeigen die gute emotionale Ansprechbarkeit.

220
SO GEHT ES MIR

70saan2
Bleistift und Filzstift, 297 x 210 mm

Themenstellung: Wie geht es mir am Sonntag Abend, nach dem Wochenende zu Hause

12-jähriges Mädchen mit schulischer Leistungsschwäche und Problemen mit der Mutter.
Angedeutete, aber farblich stark akzentuierte Möbelstücke können die Schulproblematik symbolisieren, welche von dem Mädchen als sehr bedrohlich erlebt und in passiver Resignation (schwacher Bleistiftstrich und Linkstendenz) hingenommen wird.

221
SO GEHT ES MIR
15buoa1
Faserschreiber und Flizstift, 297 x 210 mm

Themenstellung: Wie geht es mir am Sonntag Abend, nach dem Wochenende zu Hause

12-jähriger Knabe, der durch alleinerziehende Mutter viel alleingelassen war und durch sie vor allem Kritik und wenig Unterstützung erfuhr.
Mangel an Farben spricht für Verdrängung von Emotionen. Die männliche Figur hält sich die Ohren in Anwesenheit der sichtlich schimpfenden Frauengestalt (Mutter-Sohn-Beziehung) zu. Die Einsamkeit des Kindes ist am Fehlen von anderen Lebewesen und der Dominanz von elektronischen Medien ersichtlich.
Die Mutter-Kind-Symbiose, von der Mutter nach wie vor angestrebt, wird durch den Rahmen um beide Figuren dargestellt.

DIE BAUMZEICHNUNG

C. G. Jung beschreibt, daß Bäume Individualität haben und daher oft Synonyme für die Persönlichkeit sind.
Wenn ein Jugendlicher einen Baum zeichnet, will er in diesem Moment bewußt nur einen Baum auf einem Blatt Papier darstellen. Gleichzeitig werden mit der Zeichnung unbewußte Inhalte mittransportiert. Diese Abbilder der inneren Wirklichkeit, die dabei entstehen, sind nicht gewollt, können jedoch wertvolle Hinweise auf das Persönlichkeitsbild eines Jugendlichen liefern.

Was fällt nun bei der Betrachtung eines solchen Baumes auf?

Zu allererst wirkt der Baum als Gesamtes. Hier fällt auf, ob er klar oder chaotisch, kräftig oder kraftlos, karg oder üppig, usw. gezeichnet wurde. Ist der Baum besonders sorgfältig mit vielen Details gestaltet worden, kann dies ein Hinweis auf eine zwängliche Persönlichkeitsstruktur sein. Zeigt sich ein sehr chaotischer oder unrealistischer Baum, im Sinne von Vermischungen mit anderen Objekten (z. B. der Baum ist plötzlich gleichzeitig ein Haus), kann dies darauf hinweisen, daß die Unterscheidung von Wirklichkeit und Phantasie im Leben des Jugendlichen ein Problem darstellt. Bei ängstlichen oder depressiven Personen ist die Strichführung oft so schwach, daß sich nur ein „Hauch von Baum" auf dem Papier befindet.
Gleichzeitig wird beim Betrachten des ganzen Baumes auch die Raumverteilung deutlich. Hat der Jugendliche das ganze Blatt genützt oder nur einen Teil? Beginnt der Baum am unteren Blattrand oder „schwebt" er am Blatt? Wenn ein Jugendlicher nicht den Raum ausnützt, sondern einen sehr kleinen Baum zeichnet, kann dies einerseits ein Zeichen von Angst sein, andererseits versucht er vielleicht auszudrücken: „Schaut her, so klein und verloren fühle ich mich auf der Welt". Befindet sich der Baum hauptsächlich auf der linken Blattseite, so kann vermutet werden, daß der Jugendliche vorwiegend mit der Vergangenheit beschäftigt ist, sich den momentanen Anforderungen gegenüber eher passiv verhält und regressive Tendenzen zeigt. Im Gegensatz dazu drückt der Baum, der sich vorwiegend auf der rechten Blattseite befindet, eher eine aktive Auseinandersetzung mit dem Leben und bestehenden Konflikten aus.
Nun zu den einzelnen Teilen des Baumes: Die Hauptteile eines Baumes sind Wurzel, Stamm und Krone. Meist sind keine Wurzeln zu sehen, jeder weiß jedoch, daß sie vorhanden sind. Befinden sich bei der Baumzeichnung Wurzeln, so kann dies, nach Koch (1997), ein Hinweis darauf sein, daß der Jugendliche Halt in seinem Leben sucht, andererseits kann sich in ihnen auch Schwerfälligkeit bzw. Hemmung zeigen.
Im Normalfall ist der Stamm das stabilste Element eines Baumes, er hat die Aufgabe, Stütze und Träger der Krone zu sein. Jüngere Kinder zeichnen einen höheren Stamm im Vergleich zur Krone. Später wird der Stamm zunehmend gleich hoch wie die Krone bzw. sogar etwas kleiner gezeichnet. Zeichnet ein Jugendlicher einen überhohen Stamm, so ist das eher ein Zeichen von Entwicklungsverzögerung, Infantilität und Unreife.
Ist der Baum so proportioniert, daß die Krone überbetont groß dargestellt wird, äußert sich darin vielleicht die Betonung der Wunschwelt. Der Jugendliche neigt eventuell zu Größenwahn oder zeigt einen mangelnden Realitätssinn.
Betrachtet kann weiters die Darstellung der Krone werden. Besteht sie vorwiegend aus einer geschlossenen Fläche oder aus einzelnen Ästen? Sogenannte Kugelkronen (Krone ist eine geschlossene Fläche) weisen auf eine kindliche, naive Persönlichkeit hin und können einen Hinweis darauf darstellen, daß dieser Jugendliche eher in der Phantasie lebt und eine gewisse Angst vor der Realität zeigt. Werden Äste gezeichnet, liegt eine besondere Bedeutung in abgesägten Ästen. Diese können einerseits eine Hemmung oder Verschlossenheit anzeigen, andererseits etwas Fehlendes betonen, wie einen Mangel an Selbstvertrauen, ein Minderwertigkeitsgefühl, ein Gefühl von Unverstandenheit, aber auch ein Trauma nach Krankheit oder Schicksalsschlägen. Koch (1997) weist darauf hin, dass in der Pubertät der abgesägte Ast als ein Symbol der Wandlung gesehen werden kann.
Weitere Merkmale eines Baumes können Blüten, Blätter und Früchte sein: Blüten sind schmückend, jedoch wenig dauerhaft. Dementsprechend drücken sie auch einen Mangel an Voraussicht und Planung aus, zeigen eher an, daß der Jugendliche vorwiegend in der engsten

Gegenwart lebt und deuten auf eine gewisse Oberflächlichkeit hin.
Wirken die Blätter spontan gezeichnet und gut verteilt auf der Baumkrone, so deuten sie auf eine Lebhaftigkeit und Leichtigkeit hin, gleichzeitig drücken sie ein Bedürfnis nach Erfolg und Anerkennung aus.
Werden Früchte gezeichnet, so drücken sie häufig Geltungsbedürfnis aus. Es zeigt sich in ihnen, nach Koch (1997), eventuell ein Mangel an Ausdauer und ein Überschätzen oder falsches Einschätzen der Realität, jedoch auch ein Sinn für Äußerlichkeiten.
Blüten, Blätter und Früchte, die mit völlig stereotyper Regelmäßigkeit gezeichnet werden, kommen bei kleineren Kindern häufig vor. Zeigen sich solche Stereotypien auch noch im Jugendlichenalter, weisen sie auf eine Entwicklungshemmung und Minderbegabung sowie einen Mangel an Ausdrucksfähigkeit hin.
Abfallende oder abgefallene Früchte, Blätter oder Äste drücken im positiven Sinne Sensibilität und Feinfühligkeit aus sowie die Fähigkeit sich leicht auszudrücken und abzulösen. Im negativen Sinn zeigen sich darin ein Verlust, etwas Verlorenes bzw. ein Mangel an Festigkeit oder auch eine depressive Stimmungslage.

Marianne Mairhofer

222
BAUM

11blag1
Buntstift, 297 x 210 mm

Themenstellung: Baum

18-jähriger Jugendlicher mit paranoiden Tendenzen und psychotischen Symptomen.
Graue Bemalung: ängstlich depressiv.
Stereotype, zum Teil ineinander verwachsene Äste: Realitätsverlust.
Baum ohne Grundlinie: Hinweis auf wenig Halt im Leben.
Situierung auf der linken Blattseite: Probleme, sich mit der Gegenwart auseinander zu setzen.

223
BAUM

27gaas2
Buntstift, 297 x 210 mm

Themenstellung: Baum

16-jähriger, intellektuell unterdurchschnittlich befähigter Jugendlicher aus Verwahrlosungsmilieu, langjährige Fremdunterbringung. Vermutlich als Kind sexuell mißbraucht.
Überhoher Stamm: Hinweis auf Entwicklungsverzögerung.
Unrealistische Darstellung: Schwäche der Realitätswahrnehmung.
Vogel als Gefahr von rechts: Hinweis auf Zukunftsängste, Symbol für Mißbraucher?
Sehr breiter Stamm im Verhältnis zur Krone: Triebstärke.
Verkümmerte Krone: Minderwertigkeitsgefühle.

224
BAUM

45le1
Buntstift, 297 x 210 mm

Themenstellung: Baum

Intellektuell unterdurchschnittlich befähigter Jugendlicher mit Leistungsproblemen.
Überhoher Stamm: Zeichen für Unreife.
Mangelnde Ausprägung der Krone: Geringe Entfaltung der Persönlichkeit.

225
BAUM

106scar1
Buntstift, 297 x 210 mm

Themenstellung: Baum

16-jähriger, intellektuell unterdurchschnittlich befähigter Jugendlicher mit psychotischer Symptomatik und psychotischer Mutter.
Unrealistische Darstellung: Hinweis auf Schwierigkeiten in der Unterscheidung von Fantasie und Realität.
Stereotyp gezeichnete Blätter: Minderbegabung.
Blätter und Äste im Bauminneren: Hinweise für Einengung, geringe Entfaltungsmöglichkeiten.

226
BAUM

96noün1
Bleistift, 297 x 210 mm

Themenstellung: Baum

16-jähriger, unterdurchschnittlich begabter Jugendlicher mit erhöhter Ängstlichkeit und Minderwertigkeitsgefühlen.
Viele Details: Hinweis auf Zwänglichkeit.
Übergroße Krone: Größenfantasien
Loch im Stamm und abgefallene Blätter: Mangelndes Selbstvertrauen, Hinweis auf Fehlendes, Verlorenes

227
BAUM

110anau1
Buntstifte, 297 x 21mm

Themenstellung: Baum

16-jähriger, unterdurchschnittlich befähigter Jugendlicher mit Leistungsproblemen.
Dünner, gebogener Stamm: Hinweis auf wenig Stabilität im bisherigen Leben.
Situierung links: Regressionstendenz, durch Rechtstendenz eines Astes etwas gemildert.
Detailarmut: Entwicklungsverzögerung.

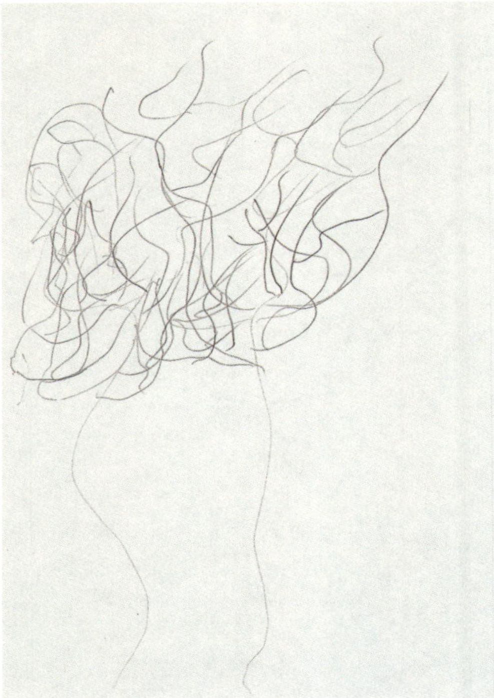

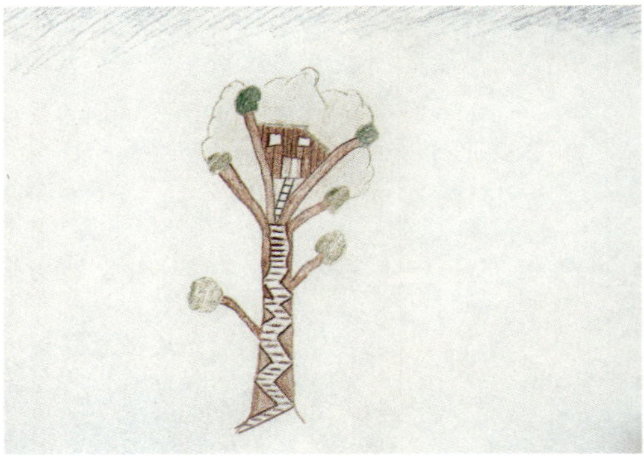

228
Baum
104höal1
Bleistift, 297 x 210 mm

Themenstellung: Baum

15-jähriger, unterdurchschnittlicher befähigter Jugendlicher mit aggressiven Durchbrüchen aus Verwahrlosungsmilieu.
Chaotische Krone: Hinweis auf mangelnde Realitätswahrnehmung und wenig Halt.
Überwiegen auf der linken Blattseite: Beschäftigung mit der Vergangenheit, Schwierigkeiten mit der Gegenwart.

229
BAUM
50mieo1
Buntstift, 210 x 297 mm

Themenstellung: Baum

16-jähriger, unterdurchschnittlich begabter, infantiler Jugendlicher.
Vermischung von Baum und Haus: Hinweis auf unrealistische Wahrnehmung, Ausdruck von Wünschen.
Verhüllung der Baumkrone, Hausmotiv: Wunsch nach Geborgenheit.
Querformat: Unreife.

230
BAUM
150paar
Bleistift, 297 x 210 mm

Themenstellung: Baum

16-jähriger, intellektuell unterdurchschnittlich befähigter, psychotischer Jugendlicher, der sich viel mit seinen Fantasien beschäftigte.
Laub und Nadeln auf einem Baum entsprechen dem inneren Chaos und weisen auf Realitätsverlust hin. Die übergroße Krone spricht für Größenfantasien.

231
BAUM
170kier1
Bleistift, 297 x 210 mm

Themenstellung: Baum

16-jähriger, intellektuell unterdurchschnittlich befähigter, infantiler Jugendlicher aus schwierigen familiären Verhältnissen; Leistungsproblematik.
Schwebender Baum (keine Verwurzelung, keine Grundlinie) ist Hinweis auf wenig Halt. Loch im Baum und abgeschnittener Stamm deuten auf Fehlendes, Unvollkommenes, Gefühl des Mangels hin.

232
BAUM

160lex1
Buntstift, 297 x 210 mm

Themenstellung: Baum

16-jähriger, unterdurchschnittlich begabter, ängstlicher Jugendlicher; Ablösungsproblematik von der Familie, Schwierigkeiten mit seiner Körperkoordination, da er sehr groß gewachsen war.
Die Farbe Grau spricht für Angst, der überhohe Stamm zusammen mit der Kugelkrone ist Hinweis auf eine Entwicklungsverzögerung. Die Gedrücktheit der Krone spricht für Einengung, zuwenig Platz für Entfaltungsmöglichkeit, vermutlich durch die Überängstlichkeit der Kindeseltern.

233
BAUM

94mara2
Bleistift, 420 x 297 mm

Themenstellung: Baum

16-jähriger, aggressiver Jugendlicher mit Leistungs- und Integrationsproblemen. Der Knabe wurde im Kleinkindalter adoptiert, hat fallweise Kontakt zur leiblichen Mutter und kannte seinen leiblichen Vater nicht.
Bleistift- bzw. Buntstiftzeichnung spricht für emotionale Hemmung.
Farben: Grau, Schwarz und Rot sind Ausdruck für Schrecken, Trauer und Aggressionen.
Relativ kleine Wurzeln: Hinweis auf wenig Halt.
Graufärbung: ängstlich depressiv.
Überschneidung von Ästen: Verheimlichungstendenzen.

234
BAUM

103judn1
Bleistift, 297 x 210 mm

Themenstellung: Baum

16-jähriger, intellektuell unterdurchschnittlich befähigter Jugendlicher, der als 10-Jähriger nach Österreich geflohen war und hier diverse Delikte setzte. Er überschritt laufend Grenzen und hatte einen schwachen Realitätsbezug. Er reagierte paranoid, war suicidal (Strangulierungsversuch) und zeitweise psychotisch. Die deutliche Spaltung des Baumes (in links und rechts) kann als Hinweis auf nicht geglückte Integration der Erlebnisse in der Vergangenheit im Ausland und in der Gegenwart hier sein.
Fehlende Äste und Blätter deuten auf Gefühl von Unverstandenheit bzw. Schicksalsschläge (Trauma) hin. Herabhängende Blätter können auf Traurigkeit hinweisen (depressive Verstimmung).

235
BAUM

103judn2
Buntstift, 420 x 297 mm

Themenstellung: Baum

Im Vergleich zur ersten Baumzeichnung leichte Besserung diagnostizierbar. Durch die Verwendung von Farben werden Emotionen ausgedrückt. Schließen des Stammes zeigt die ansatzweise gelungene Verbindung von Vergangenheit und Gegenwart.

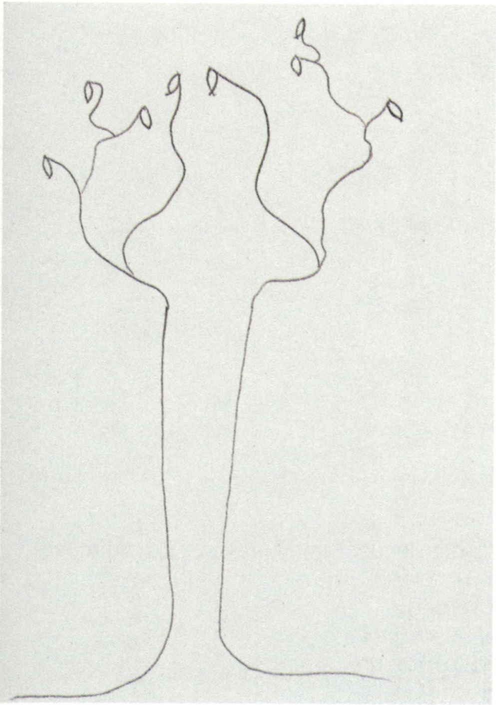

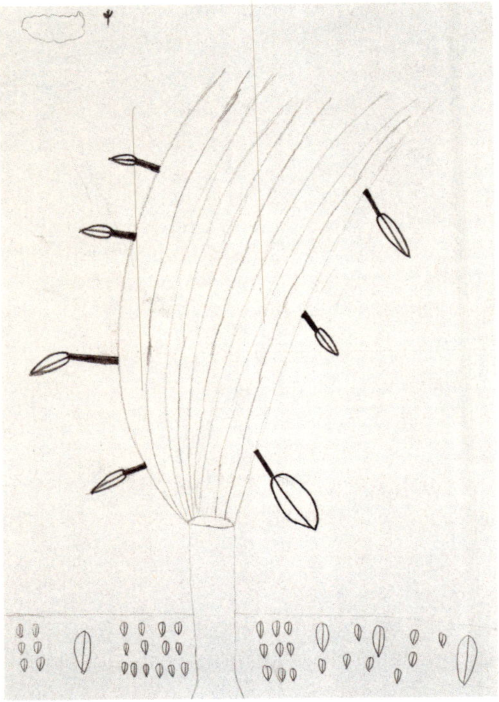

236
BAUM

109anol1
Bleistifte und Filzstift, 420 x 297 mm

Themenstellung: Baum

Unterdurchschnittlich befähigter Jugendlicher mit Leistungsproblematik.
Stereotypien: Entwicklungsverzögerung.
Abgefallene Blätter: Verlusterlebnis.
Strichäste: Verwahrlosungszeichen.

237
BAUM

107eind1
Filzstift, 420 x 297 mm

Themenstellung: Baum

16-jähriger, kontaktgestörter Jugendlicher mit paranoiden Tendenzen, depressiver Verstimmung, sehr zurückgezogen. Mutter psychotisch, Vater früh verstorben.
Brauner Fleck auf dem Stamm: Hinweis für Traumatisierung.
Betont große Krone: Größenfantasien, Betonung der Wunschwelt.
Viele Blätter und stereotype Verästelungen: Zwängliche Struktur.
Gute Verteilung der Blätter: Bedürfnis nach Anerkennung.

GRUPPENOBJEKTE

Grenzen – Inseln – big foot

7 männliche Jugendliche im Alter von 15-19 Jahren. 5 intellektuell unterdurchschnittlich befähigt. 2 Psychotherapeutinnen.

Symptomatik und Diagnose, familiäre Situation, Entwicklung während des stationären Aufenthaltes:

fa:
Angst, depressive Persönlichkeitsstruktur. Mutter nach mehrjähriger Krankheit verstorben, als Jugendlicher 13 Jahre alt war; Vater zu jener Zeit nur am Wochenende zuhause; 3 ältere Geschwister.
Während des Aufenthaltes wurde der Jugendliche deutlich selbstbewußter und konnte seine sozialen Kompetenzen erweitern.

aa:
Störung des Sozialverhaltens. Aus Gewaltmilieu kommend, seit 7. Lebensjahr im Heim; zum Vater kein Kontakt mehr; 3 ältere Geschwister.
Während des Aufenthaltes kam es immer wieder zu schwankenden Stimmungslagen und aggressiven Durchbrüchen, pyromanische Tendenzen.

ie:
Manisch-depressiver Formenkreis.
Jugendlicher kommt aus gutbürgerlichen Verhältnissen, Eltern verheiratet, Mutter überfürsorglich, 4 ältere Geschwister.
Zu Beginn des Aufenthaltes hatte der Jugendliche enorme Schwierigkeiten, einen adäquaten Kontakt zu Erwachsenen und Jugendlichen herzustellen, war meist distanzlos und provokativ. Dieses Verhalten verbesserte sich deutlich.

aar:
Arbeits- und Leistungshemmung. Als Säugling schwer mißhandelt; mit 22 Monaten Unterbringung bei einer Pflegefamilie; Scheidung der Pflegeeltern, als Jugendlicher 8 Jahre alt war; seit Schuleintritt im Internat wegen massiver Verhaltensauffälligkeiten.
Anfänglich pyromanische Tendenzen. Soziale Defizite versuchte der Jugendliche durch körperliche Stärke zu kompensieren; neigte zu körperlicher Gewalt in Konfliktsituationen.

ct:
Störung des Sozialverhaltens.
Eltern verheiratet, Vater nur am Wochenende zuhause; ältere Zwillingsgeschwister.
Jugendlicher war relativ rasch gut in die Jugendlichengruppe integriert, konnte deutlich an Selbstwertgefühl zulegen.

nn:
Arbeits- und Leistungshemmung.
Verheiratete Eltern leben mit Großmutter mütterlicherseits zusammen; älterer Bruder und jüngere Schwester.
Im Laufe seines Aufenthaltes gelang in kleinen Stücken eine soziale Integration in der Wohngruppe. Im Leistungsbereich zeigte er wenig Antrieb und eine starke Verlangsamung.

ca:
Störung des Sozialverhaltens mit Angst und depressiver Grundstimmung.
Scheidung der Eltern, als Jugendlicher 7 Jahre alt war. Seit 4 Jahren kein Kontakt mehr zum Vater.
Der Jugendliche zeigte immer wieder Kontaktverweigerung und Kontaktabbrüche mit deutlichen aggressiven Tendenzen. Er war schwer motivierbar.

238
GRENZEN

Diese Arbeit entstand am Beginn einer psychotherapeutischen Jahresgruppe. Ziel war es, jedem Gruppenmitglied das Finden eines Platzes innerhalb der Gruppe zu ermöglichen und den Einzelnen dabei zu unterstützen.
Um den Angstpegel innerhalb der Gruppe gering zu halten, ging es die ersten Stunden um die eigenen Grenzen, die jeder Einzelne benötigt, um sich sicher fühlen zu können.
In der ersten Stunde gestalteten die Jugendlichen eine Phantasiefigur aus Ton, diese sollten sie auf dem Karton plazieren und um die Gestalt eine Grenze aus Plastilin bauen.
Manche Grenzen sind zu den anderen hin verstärkt, manche sind brüchig oder durchbrochen.
Brüchige oder durchbrochene Grenzen können auf eine mangelnde Abgrenzung der eigenen Person zur Umwelt hinweisen.
Eine Grenze wurde mit Panzern und Raketen abgesichert. Bei diesem Jugendlichen wurde erkennbar, daß es sich hier auch um ein Kontaktangebot handelt. Er konnte zu Beginn nur durch aggressive Gesten mit anderen in Kontakt treten.
Manche Grenzen sind so eng, daß Bewegung innerhalb der Abgrenzungen kaum möglich ist. Eine Grenze zeigt ein dezentes Kontaktangebot, in ihr ist ein winziges Tor eingebaut.
In dieser Arbeit wird sichtbar, wie groß die Angst am Beginn von Gruppen sein kann, wie jeder versucht, sich nach seinen Möglichkeiten zu schützen. Kontaktangebote zu anderen sind nur im Ansatz erkennbar.

239
INSELN

Dieses Materialbild entstand in den darauffolgenden Stunden. Zuerst sollte die Landschaft innerhalb der Grenzen gestaltet werden. „Wie schaut meine persönliche Insel aus, welche Bereiche gibt es, wie bunt und abwechslungsreich ist sie?" Obwohl eine Fülle von Materialien angeboten wurde, wurden einzelne Inseln recht gleichförmig und leer.
In einem nächsten Schritt ging es darum, was jeder auf seine Insel mitnehmen möchte. Jeder hatte 3 Wünsche offen, die er auf die Fahnen schreiben konnte und auf seiner Insel befestigen sollte. Hier wurde deutlich, wie sehr technische Geräte für einzelne Jugendliche im Vordergrund stehen. Sie dienen oft dem Rückzug in eine Phantasiewelt. Die reale Welt ist zu bedrohlich und frustrierend geworden. In Computerspielen oder Filmen meistert der Held, mit dem sich der Einzelne identifizieren kann, alle Schwierigkeiten und vernichtet alles Böse und Fremde.
Die Gestaltung der Flaschenpost diente dann der Kontaktaufnahme zu anderen Personen. In den Flaschen sind die geheimen Wünsche der Jugendlichen aufbewahrt, deren Erfüllung von anderen Menschen abhängig ist. Ein Jugendlicher verriet uns einen seiner Wünsche: Er möchte Anerkennung.

240
BIG FOOT

Schließlich hatten die Jugendlichen innerhalb der Gruppe ihren Platz gefunden, sie begannen sich mehr zu zeigen und eigene Ideen zu entwickeln und einzubringen. Diese Ideen wurden gesammelt und mittels einer Abstimmung wurde beschlossen, einen Krampus in Lebensgröße zu bauen.
Mit dieser Figur hatten die Burschen die Möglichkeit, sich mit ihrer eigenen Männlichkeit auseinanderzusetzen. Wie groß, stark und furchterregend muß man sein, um Anerkennung und Macht zu erhalten? Welche „hellen" und „dunklen" Seiten gibt es bei den Einzelnen?
Die Gestalt des Krampus symbolisiert auch die Angst vor unbekannten Situationen. Die Jugendlichen stehen vor großen Veränderungen, sie sollen in die Berufswelt eintreten, selbständig werden, wollen eventuell selbst Väter werden, etc. Die Angst vor den Geheimnissen der Erwachsenenwelt und die Unsicherheit, in ihr bestehen zu können, wird deutlich.
Der kleine Drache „Little foot" zeigt vielleicht den Hoffnungsschimmer an, bei diesem schwierigen Schritt in die Zukunft unterstützt und nicht ganz allein gelassen zu werden.

241
HÄNDE

6 männliche Jugendliche im Alter von 15–17 Jahren. 5 intellektuell unterdurchschnittlich befähigt. 1 Psychotherapeutin

Symptomatik und Diagnose, familiäre Situation, Entwicklung
während des stationären Aufenthaltes:

ua:
Störung des Sozialverhaltens.
Verheiratete Eltern leben mit Großeltern im selben Haushalt; 1 Jahr jüngerer Bruder; laufend Abwertung des Jugendlichen durch den Großvater.
Zu Beginn des Aufenthaltes wirkte Jugendlicher sehr infantil, lachte z.B. öfter ohne ersichtlichen Grund und war im Kontakt mit Erwachsenen und Jugendlichen ängstlich und gehemmt.

zh:
Arbeits- und Leistungshemmung, Angst.
Frühgeburt im 6. Monat; Vaterschaftsprozeß; dann Heirat der Kindeseltern; bis zum 2. Lebensjahr häufig Krankenhausaufenthalte; mit 4 Jahren Schädelbasisbruch; Verdacht auf Kindesmißhandlung, Inhaftierung des Vaters.
In Belastungssituationen zeigten sich autoaggressive Tendenzen, die jedoch deutlich abnahmen. Der Jugendliche hatte geringe Frustrationstoleranz mit Arbeitsabbrüchen. Im Verlauf der Behandlung wurde er wesentlich stabiler und machte dann eine Lehre.

rh:
Störung des Sozialverhaltens.
Mißhandlung der Mutter durch den Vater; Scheidung, als Jugendlicher 2 Jahre alt war; gute Beziehung zum Stiefvater; 5 Halbgeschwister.
Zeigte zu Beginn des Aufenthaltes feminines Verhalten, konnte jedoch in Jugendlichengruppe gut integriert werden und entwickelte mehr Eigenverantwortung.

rl:
Störung des Sozialverhaltens.
Aus gut bürgerlichem Elternhaus; in der Kindheit Aufenthalt in verschiedenen Ländern, dort auch Kindergarten- und Schulbesuch; 1 älterer Bruder.
Zu Beginn hatte der Jugendliche Schwierigkeiten im Umgang mit Erwachsenen und Jugendlichen und drückte sich v.a. durch massive Schimpfworte aus. Er änderte sich rasch. Zu anderen Jugendlichen konnte er nur mit großer Unterstützung Kontakt herstellen.

ao:
Störung des Sozialverhaltens.
Eltern verheiratet; 2 ältere Geschwister; Kontaktschwierigkeiten seit der Kindergartenzeit.
Er versuchte zuerst immer wieder, anderen Jugendlichen Befehle zu erteilen und wurde so zum Außenseiter. Im Laufe des Aufenthaltes konnte er sich jedoch gut in die Gruppe integrieren.

rn:
Störung des Sozialverhaltens.
Vater Alkoholiker, Mißhandlung der Mutter durch den Vater; Scheidung der Eltern, als Jugendlicher 6 Jahre alt war; Einnässen bis zum 10. Lebensjahr.
Der Jugendliche war zu Beginn des Aufenthaltes sehr verschüchtert und sprach kaum. Durch sportliche Aktivitäten konnte er sich in die Jugendlichengruppe integrieren. Im Leistungsbereich war er langsam und unselbständig.
Diese Arbeit entstand am Beginn einer psychotherapeutischen Jahresgruppe. Hauptthema der Gruppe zu dieser Zeit war die Verweigerung, an einem gemeinsamen Projekt zu arbeiten.
Das gegenseitige Eingipsen der Hände war ein gelungener Versuch, die Jugendlichen zur Zusammenarbeit zu motivieren. In der Gruppe herrschte viel Angst vor Abwertung. Sobald ein Gruppenmitglied eine Idee hatte oder eine Arbeit vorzeigte, wurde es von den anderen massiv kritisiert.

Die Hände symbolisieren den Wunsch und die Angst etwas zu tun, kreativ zu werden und Anerkennung zu erhalten. Diese Hände sind noch sehr auf der Suche. Sie zerstören nicht mehr. Der Weg zur Kreativität ist aber noch nicht sichtbar. Sie wühlen sich durch Morast und Schlamm auf der Suche nach Halt, einer Aufgabe, einem Ziel, dem sie sich auch gewachsen fühlen.

242
DER TERMINATOR III

4 männliche Jugendliche im Alter von 15-18 Jahren. 2 intellektuell unterdurchschnittlich befähigt.
1 Werkerzieher (Metall) und 1 Ergotherapiepraktikantin.

Symptomatik und Diagnose, familiäre Situation, Entwicklung
während des stationären Aufenthaltes:

el:
Arbeits- und Leistungshemmung.
Nach Scheidung Versöhnung der Kindeseltern und Geburt dieses Kindes und noch 2 weiterer; Zweitgeborener; wiederholte Trennungen und Streit der Kindeseltern.
Im Laufe des Aufenthaltes zeigte sich ein Zuwachs an sozialer Kompetenz. In neuen Situationen wirkte der Jugendliche sehr unsicher und scheu. Er war sehr verlangsamt
Beim Projekt entschied sich der Jugendliche, die Beine des Terminators zu gestalten. „Sie sind wichtig zum Gehen und Stehen," meinte er. Auf Grund der benötigten Stabilität hatten die Beine dann mehr die Funktion des Stehens und Haltgebens als der Beweglichkeit.
Obwohl auch reale Kriterien Grund für die kurzen Beine waren, zeigen sie doch, daß der

Jugendliche es noch nicht wagte, „große Sprünge" zu machen, d.h. mehr aus sich herauszugehen und beweglicher zu werden.

ca:
Störung des Sozialverhaltens mit Angst und depressiver Grundstimmung.
Scheidung der Eltern, als Jugendlicher 7 Jahre alt war. Seit 4 Jahren kein Kontakt mehr zum Vater.
Er zeigte Kontaktverweigerung und Kontaktabbrüche mit deutlich aggressiven Tendenzen. Er war schwer motivierbar. Zunehmend gelang es jedoch, ihn bei gemeinsamen Aktivitäten miteinzubeziehen.
Beim Projekt weigerte sich der Jugendliche anfangs heftig mitzutun. Fühlte er sich unbeobachtet, nahm er rege am Geschehen teil und brachte viele Ideen ein. Das oppositionelle Verhalten Erwachsenen gegenüber stand im Vordergrund. Schließlich gestaltete er die Arme und die Füße des Terminators.
Beim Jugendlichen stand der starke Wunsch nach Anlehnung und „Gehalten-Werden-Wollen" im Konflikt mit seinen Bedürfnissen nach Abgrenzung und Unabhängigkeit.

ci:
Arbeits- und Leistungshemmung, Schwierigkeiten bei der Realitätsprüfung.
3. von 4 Kindern; Mutter latent psychotisch; Vater beruflich viel unterwegs.
Zu Beginn zeigte der Jugendliche starke Stimmungsschwankungen und verweigerte sehr oft Arbeitsaufträge. Inzwischen hat der Jugendliche mehr Selbstkontrolle und kann ausdauernder bei Auftragsarbeiten bleiben.
Beim Projekt war der Jugendliche eher teilnahmslos. Er entschied sich, den Hut des Terminators zu gestalten. Bei der Gestaltung des Körpers half er immer wieder kurzfristig mit.
Der Jugendliche zeigte aufgrund seines geringen Selbstwertgefühls eine starke Ablehnung, sich mit seinem Körper auseinanderzusetzen. Er wählte daher ein Statussymbol oder etwas zum Bedecken des Körpers. Der Hut zeigt auch einen starken Wunsch nach Schutz und Sicherheit.

nn:
Arbeits- und Leistungshemmung.
Verheiratete Eltern, leben zusammen mit der Großmutter mütterlicherseits; 1 älterer Bruder und eine jüngere Schwester.
Im Laufe seines Aufenthaltes gelang in kleinen Stücken eine soziale Integration in der Wohngruppe. Im Leistungsbereich hatte er noch immer wenig Antrieb und eine starke Verlangsamung.
Der Jugendliche war bei der Projektarbeit sehr motiviert. Er wollte den Kopf gestalten, „weil der Kopf das Sehen und Hören ermöglicht".
Der Jugendliche würde gerne mehr im Mittelpunkt stehen. Er möchte der „Kopf" der Gruppe sein. Beim gemeinsamen Arbeiten jedoch führt er alle Aufträge aus, die ihm andere Jugendliche geben, er kann sich nicht wehren und nur schwer abgrenzen.

243

ZUKUNFTSLANDSCHAFT

6 männliche Jugendliche im Alter von 15-17 Jahren. Alle intellektuell unterdurchschnittlich befähigt. 1 Psychotherapeutin

Symptomatik und Diagnose, familiäre Situation, Entwicklung während des stationären Aufenthaltes:

aa:
Angst und depressive Störung.
Scheidung der Eltern, als Jugendlicher 10 Jahre alt war; frühe Hospitalisierung (mit 5 Wochen wegen einer Bauchfellentzündung Krankenhausaufenthalt, mehrere Operationen); 1 älterer und 1 jüngerer Bruder.
Der Jugendliche zeigte eine große Abhängigkeit von Autoritätspersonen und ein ängstliches Verhalten gegenüber Gleichaltrigen.

aa:
Arbeits- und Leistungshemmung.

Laut Mutter kein Wunschkind; im Alter von 6 Monaten Gehirnhautentzündung (3-monatiger Krankenhausaufenthalt); 9 Jahre älterer Bruder.
Der Jugendliche konnte gut in die Gruppe der Gleichaltrigen integriert werden. Im Arbeitsbereich zeigte sich eine massive Verlangsamung, er war jedoch gut motivierbar.

rn:
Störung des Sozialverhaltens.
Vater Alkoholiker, Mißhandlung der Mutter durch den Vater; Scheidung der Eltern, als Jugendlicher 6 Jahre alt war; Einnässen bis zum 10. Lebensjahr.
Der Jugendliche war zu Beginn des Aufenthaltes sehr verschüchtert und sprach kaum. Durch sportliche Aktivitäten konnte er sich in die Jugendlichengruppe integrieren. Im Leistungsbereich war er langsam und unselbständig.

ea:
Störung des Sozialverhaltens.
Als Jugendlicher 9 Jahre alt war Weggang der Mutter aus der Familie; Vater Pensionist; 4 Halbgeschwister, 1 älterer Bruder.
Freundschaftliche Kontakte zu anderen Jugendlichen hatten wenig Kontinuität. Im Laufe des Aufenthaltes verbesserte sich seine Kritikfähigkeit.

nl:
Störung des Sozialverhaltens mit aggressiven Durchbrüchen.
4-wöchiger Krankenhausaufenthalt wegen Keuchhusten im Alter von 15 Monaten; Scheidung der

Eltern, als Jugendlicher 6 Jahre alt war; er litt sehr unter der Trennung; 2 ältere Brüder.
Zu Beginn neigte der Jugendliche bei Konflikten Dinge zu zerstören, wurde etwas kritikfähiger.

ae:
Störung des Sozialverhaltens.
Eltern verheiratet; wenig Kontakt zwischen Eltern und Jugendlichem; bereits im Kindergarten massive Kontaktschwierigkeiten, sprach nur zuhause; Schwester um 9 Jahre älter.
Zu Beginn versuchte der Jugendliche, Freundschaften zu schließen, indem er andere Jugendliche beschenkte. Zeigte große Versagensängste. Im Laufe des Aufenthaltes konnte er sich besser an Regeln halten, er ist reflexionsfähiger geworden.

Die Zukunftslandschaft stellt einen Versuch der Jugendlichen dar, mit ihren Ängsten und Schwierigkeiten in ihrer Umwelt und momentanen Lebenssituation fertig zu werden. Zu Beginn wurden Häuser und Kirchen geplant, dann jedoch wollten sie ihre Vorstellungen abstrakter darstellen.
Die Rohre stellen Kommunikationshilfen dar. Durch das Hineinblasen entstehen Töne. Es sind die Sprachrohre der einzelnen Gruppenmitglieder. Die Bedürfnisse sind für eine differenziertere Sprache noch zu vage und sprachlos.
Der Brunnen im Zentrum ist Sinnbild für das weibliche Element, etwas Unheimliches, in dem es verborgene Schätze gibt.
Die Lämpchen symbolisieren je einen Jugendlichen. Jeder möchte mit all seinen Fähigkeiten und Schwierigkeiten gesehen und beachtet werden.

LITERATUR

Bogyi, G.: Trauer. In: Reinelt, Bogyi, Schuch (Hrsg.) : Lehrbuch der Kinderpsychiatrie. Reinhardt 1997.

Döpfner, M., Schürmann, S. Lehmkuhl, G.: Wackelpeter und Trotzkopf. Beltz 1999.

Egle, U., Hoffmann, S., Joraschky, P. (Hrsg.): Sexueller Mißbrauch, Mißhandlung, Vernachlässigung. Schattauer 1997.

Endres, M. u. Biermann, G. (Hrsg.): Traumatisierung in Kindheit und Jugend. Reinhardt 1998.

Friedrich, M.: Tatort Kinderseele. Sexueller Mißbrauch und die Folgen. Überreuter 1998.

ICD-10. Huber 1993.

Julius, H., Boehme, U.: Sexuelle Gewalt gegen Jungen. Vlg. f. Angew. Psychologie, Göttingen 1997.

Koch, K.: Der Baumtest. (9. Überarbeitete Aufl.) Huber. Bern 1997.

Krisch, K.: Enkopresis. Huber, Bern 1985.

Lesigang Ch.: Die motoskopische Erkennung minimaler Cerebralparesen, Fakultas, Wien 1978

Resch F.: Entwicklungspsychopathologie des Kindes- und Jugendalters. Psychologie Verlags Union, Weinheim 1996.

Schäfer, Ulrike: Mußt du dauernd rumzappeln? Die hyperkinetische Störung: Ein Ratgeber. Huber, Bern 1998.

Steinhausen h. Chr.: Psychische Stöhrungen bei Behinderungen und chronischen Krankheiten in: Remschmidt H., Schmidt M.H. (Hsg.) Kinder und Jugendpsychiatrie in Klinik + Praxis, Band III: Alterstypische, reaktive und neurotische Störungen, Georg Thieme Verlag, Stuttgart, New York 1985

van Riper, C.: Die Behandlung des Stotterns. Bundesvereinigung Stotterer-Selbsthilfe e.V., Solingen 1986.

Wegner, W.: Mißhandelte Kinder. Grundwissen und Arbeitshilfen für pädagogische Berufe. Beltz 1997.

Zeltner Eva: Kinder schlagen zurück. Jugendgewalt und ihre Ursachen. dtv 1996.